JN085789

ニッチジャーニー VOL.3

Slovensko, nie Česko

チェコじゃない スロヴァキア

Stred strednej Európy

中欧の中央

Shogo Mashine

増根正悟

まえがき

ドブリー・ジェニュ Dobrý deň（スロヴァキア語でこんにちは）！

本書で紹介するのは、ヨーロッパの中心に位置するスロヴァキアという国だ。チェコではない。筆者がスロヴァキアに興味を持ち始めてから、「スロヴァキアはチェコと何が違うのか？」とか、「スロヴァキア？　ああ、チェコスロヴァキアね〜」と言われることが何度もあった。それもそのはず、チェコとスロヴァキアという国は、つい最近まで（と言いつつ、もう30年以上も前のことだが）存在せず、チェコスロヴァキアという国名で記憶されている方が今でも多いようである。チェコとスロヴァキアは、いつもセットで出てくるというわけだ。

チェコという国は日本で非常によく知られている。百塔の都プラハ、世界で最も美しい町と称されるチェスキー・クルムロフ、ロボットという造語の生みの親であるカレル・チャペック、アール・ヌーヴォーの寵児アルフォンス・ムハ（ミュシャ）、1964年の東京オリンピックで金メダルを獲得したヴェラ・チャースラフスカー、日本でも生ビールが飲めるようになったピルスナー・ウルケルは、ご存じの方も多いのではないだろうか。最近では2023年のワールド・ベースボール・クラシック（WBC）でのチェコ人野球選手の大健闘も話題となった。また、東京外国語大学では、チェコ語を専攻言語として学ぶことができる。チェコ外務省の外郭団体であるチェコセンター東京は、日本におけるチェコ文化の発信地となっている。

一方で、スロヴァキアはどんな国？と聞かれると、「・・・」。何も思いつかない、という方がほとんどかもしれない。何を隠そう、筆者もかつてはそうであった。しかし、スロヴァキアにも、知られていないけど特筆に値することや、これまでに知られていなかった魅力が、たくさんあるはず。その思いから、このプロジェクトが始動した。

例えば、スロヴァキアの産業。日本では、チェコは工業国で、スロヴァキアは農業国である、というイメージが強いようである。しかし、スロヴァキアの基幹産業は自動車製造であり、人口一人当たりの自動車生産台数は毎年世界一になっている。また、チェコでは古城が有名であるが、スロヴァキアで現存している城や城館（シャトー）の数は、廃墟になってしまったものも含めると580を超えており、人口一人あたりの城の数も世界で一番多いと言われている。歴史に目を向けてみると、1968年の「プラハの春」として知られるチェコスロヴァキアの改革運動を率いたのはスロヴァキア人のドゥプチェクであった。そのドゥプチェクの後任で、改革路線を撤廃して「正常化体制」を確立したフサークもスロヴァキア人であった。チェコスロヴァキアの歴史におけるスロヴァキア人のプレゼンスは、決して低いわけではなかった。

言うまでもないことだが、本書は、チェコばかりが目立っていることに対して不満を述べるものではなく、ましては、チェコよりもスロヴァキアの方が実は優れていると主張したいわけでもない。筆者にとって、チェコはスロヴァキアと同じぐらい大好きな国であり、通算7年間スロヴァキアに住んでいる間に、30回以上はチェコに遊びに行った。スロヴァキア人だけでなくチェコ人の友達にも恵まれ、本書を執筆する際に多数の有益なアドバイスをもらうことができた。

本書の目的は、チェコという「大樹」に隠れてしまっているスロヴァキアにも光を当てて、その魅力や面白さを存分に解き明かそうというものである。日本では（そして日本以外の国でも）チェコの情報はたくさん入ってくるが、スロヴァキアの情報はまだまだ限られているのが現状だ。「チェコじゃないスロヴァキア」はどういう国なのか？　知られざるスロヴァキアを探る旅に出かけよう。

基本情報

正式名称　スロヴァキア共和国 Slovenská republika
首都　　　ブラチスラヴァ Bratislava
国家語　　スロヴァキア語
面積　　　約 4 万 9000km² （日本の 7 分の 1）
人口　　　約 545 万人（2021 年国勢調査）
民族構成　スロヴァキア系 83.8％、ハンガリー系 7.8％、ロマ系 1.2％、チェコ系 0.5％、ルシーン系 0.4％、ウクライナ系 0.2％ など（2021 年国勢調査）
宗教　　　カトリック 55.8％、福音派 5.3％、ギリシャ・カトリック 4.0％、カルヴァン派 1.6％、正教 0.9％ など（2021 年国勢調査）
通貨　　　ユーロ
政治　　　国家元首は大統領（任期 5 年）。議会内閣制で、国会（一院制、任期 4 年）の定数は 150 名。
経済　　　自動車産業や機械産業が盛ん。近年、イノベーション産業の分野でも成長が見られる。
その他　　欧州連合 EU、北大西洋条約機構 NATO、シェンゲン協定の加盟国

凡例

1　スロヴァキア語の固有名詞（人名、地名、料理名など）の日本語表記は、できるだけ原発音に近いものを選んだ。ただし、すでに定着してしまったと考えられる日本語表記については、その限りではない（例：Spišský hrad は「スピシ城」ではなく、「スピシュ城」と表記）。
2　現在のスロヴァキアの領域は、1918 年まではハンガリー王国の支配下にあり、「上部ハンガリー」と呼ばれる地域であったが、本書では、1918 年以前の同地域を指す記述においても、基本的に「スロヴァキア」と表記した。
3　現在のスロヴァキアの諸都市は、ハンガリー王国時代には、ハンガリー語やドイツ語の名称でも呼ばれていたが、本書では、1918 年以前の歴史に関する記述においても、基本的に現在のスロヴァキア語の地名を優先した。
4　スロヴァキア以外の国の都市を、歴史に関する記述の中で表記する際も、基本的に現在その都市が所在している国で使用されている名称を用いた。
5　スロヴァキアのヨーロッパにおける地理区分については、基本的に「中欧」という名称を用いた。ただし、東西冷戦時代については「東欧」、旧社会主義国という文脈で用いる場合には「中東欧」という名称も用いた。
6　ハンガリー人の人名については、ハンガリー語圏の慣習に従い、苗字・名前の順で記載した場合もある。

リベレツ

リベレツ州

ウースチー・ナド・ラベム

ウースチー州

フラデツ・クラーロヴェー州

フラデツ・クラーロヴェー

カルロヴィ・ヴァリ

カルロヴィ
・ヴァリ州

プラハ

パルドゥビツェ

パルドゥビツェ州

モラヴィア
・スレスコ州

プルゼニュ

中央ボヘミア州

オロモウツ州

オロモウツ

プルゼニュ州

ヴィソチナ州

ズリー

イフラヴァ

ズリーン

南ボヘミア州

ブルノ

チェスケー・プジェヨヴィツェ

南モラヴィア州

スカリツァ

トルナヴァ県

ピエシュチャニ

トルナヴァ

プラチスラヴァ県

ドイツ

ペジノク

ブラチスラヴァ

ウィーン

ドゥナイスカー
・ストレダ

ド
ナ
ウ
川

オーストリア

ジェール

グラーツ

イタリア

リュブリャナ

ザグレブ

スロヴェニア

クロアチア

ポーランド

クラクフ

モラヴィア
・スレスコ州
オストラヴァ

コモウツ州
オロモウツ

ズリーン州
ズリーン

ジリナ　ジリナ県
ボヴァシュスカー・　ルジョムベロク
ビストリツァ
マルティン
高ファトラ山脈
トレンチーン
トレンチーン県
スカリツァ
プリエヴィザ
バンスカー・
ビストリツァ
パルチザーンスケ

タトラ山脈
(ヴィッゲーヒ山より)

ケジュマロク
ポプラト
レヴォチャ

バルジェヨウ

プレショウ県
プレショウ
フメンネー

リプトウスキー
・ミクラーシュ
ブレズノ

スピシュスカー・
ノヴァー・ヴェス
ロジュニャヴァ

コシツェ県
コシツェ
ミハロウツェ
トレビショウ

トルナヴァ県
ピエシュチャニ
トルナヴァ

ズヴォレン
バンスカー・ビストリツァ県
バンスカー
・シュチアヴニツァ

ァ県
ジノク
ブラチスラヴァ
ドゥナイスカー
・ストレダ

ニトラ
レヴィツェ

ニトラ県
ノヴェー
・ザームキ
コマールノ

ルチェニッツ

シュトゥーロヴォ

ジェール

ブダペスト

デブレツェン

ハンガリー

ド
ナ
ウ
川

ルーマニア

セルビア
ティミショアラ

ウクライナ

プラハ

ブラチスラヴァ

「チェコの首都はどこか？」と聞かれて「プラハ」と答えられる人は多いが、「スロヴァキアの
首都はどこか？」と聞かれて「ブラチスラヴァ」と即答できる人は少ないだろう。「百塔の町」
と称され、市の中心部全域が世界遺産に登録されているプラハは、世界中から観光客が訪れてい
るのに対し、ブラチスラヴァは、周辺都市のプラハ、ウィーン、ブダペシュトの観光のついでに、
半日または日帰りでおまけ程度に訪問されるに過ぎず、そもそも旅程に含まれないこともある。
プラハは旅行ガイドブックで大々的に取り上げられているが、ブラチスラヴァは記載無し、ある

首都 ブラチスラヴァ vs. プラハ

いは申し訳程度に数ページ紹介されているだけである。残念なことに、ブラチスラヴァは、世界的な観光都市であるプラハの魅力に隠れてしまっているが、これはあくまでもプラハと比較した場合の相対的な問題で、ブラチスラヴァが観光に値しないつまらない都市である、というわけではない。そこで、敢えてスロヴァキアとチェコの首都を様々な側面から比較することにより、プラハの影に隠れてしまっているブラチスラヴァの意外な特徴を抽出してみることにしよう。まずは日本からブラチスラヴァとプラハへの渡航方法を比較してみる。

日本からのアクセス

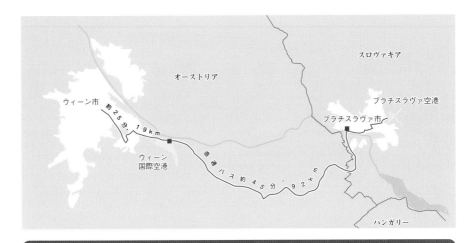

スロヴァキア

オーストリア

ブラチスラヴァ空港

ウィーン市

ブラチスラヴァ市

約25分・19km

ウィーン
国際空港

直通バス約45分・92km

ハンガリー

> ●ブラチスラヴァ▶日本から事実上の直行便が就航
> ●プラハ▶日本からの直行便は就航しておらず、乗り継ぎが必要

スロヴァキアの空の玄関、ウィーン空港

スロヴァキアはヨーロッパの中で日本から最も近い国の１つである。これは嘘のようで本当の話だ。日本から直行便が定期就航しているヨーロッパの都市は、イスタンブルのような欧州に分類できるか微妙な都市を除けば、ロンドン、パリ、ブリュッセル、アムステルダム、フランクフルト、ミュンヘン、ローマ、チューリヒ、ウィーン、ワルシャワ、コペンハーゲン、ヘルシンキなどに限られる。日本からは、ブラチスラヴァはもちろん、プラハへの直行便も現時点では飛んでいない。

しかし、ヨーロッパの地図をよく見てみると、オーストリアの首都ウィーンは、スロヴァキアの首都ブラチスラヴァに極めて近いことに気づくだろう。ブラチスラヴァに行く時は、日本から直行便でウィーンに飛んで、そこから陸路でスロヴァキアに入国することができるのだ。というより、日本からブラチスラヴァに行く場合、ウィーン経由でスロヴァキアに入国するのが一般的である。

ウィーン空港からブラチスラヴァまでは、直通バスが運行されており、所要時間はわずか片道45分である。これは、成田空港から東京都心への移動時間と比べて大差ない。日

スロヴァキアの空の玄関？ウィーン空港

本人の感覚的には、東京からスロヴァキアに直行便が飛んでいると認識しても差し支えないであろう（残念ながら、関西国際空港や中部国際空港（セントレア）からは、ウィーンへの直行便は飛んでいない）。オーストリアもスロヴァキアもシェンゲン圏に加盟しており、両国を移動する際に国境審査（パスポート・コントロール）は必要なく、両国ともにユーロ通貨導入国なので、両替の煩わしさもない。東京からウィーンまでは、アジアや中東での乗継便を利用することもでき、その場合には直行便よりも安い航空券を見つけることができるだろう。

　ウィーン空港とブラチスラヴァを結ぶ直通バスは、1時間に2〜3本の間隔で運行されている。空港バスの運行会社は、レギオジェット Regiojet、フリックスバス Flixbus、スロヴァーク・ラインズ Slovak Lines の3社である。チケットは、バスの運転手から直接購入できるが、オンラインで事前購入することもできる（片道10ユーロ前後）。

　ウィーンとブラチスラヴァの都市と空港の位置関係を並べてみると、西から、ウィーン市内ー（約25分／19km）→ウィーン空港ー（約45分／62km）→ブラチスラヴァ市内ー（約15分／11km）→ブラチスラヴァ空港、という距離感であり、ウィーン空港は

ブラチスラヴァ中心部のバス停（SNP橋付近）

ウィーンとブラチスラヴァの間に位置している。

　ウィーン空港からスロヴァキア方面に向かうバスの多くは、ブラチスラヴァ・バスターミナル Autobusová stanica Nivy が行先となっているが、その手前のブラチスラヴァ-SNP橋（Bratislava - Most SNP。別名、新橋 Nový most。ドナウ川に架かる橋を越えてすぐのバス停）で下車した方が、旧市街や中心部への移動に便利だ。なお、一部のバスはブラチスラヴァ空港 Letisko Bratislava が行先となっているので、乗り過ごさないように注意したい。

　目的地までダイレクトで移動したい人や、重い荷物を持っている人には、タクシー利用が快適だ。事前にオンラインでスロヴァキアのタクシーを予約すれば、空港到着ロビーで運転手が名前を書いた紙を持って待っていてくれる。料金は55ユーロほどなので、複数人で移動するのであればお得感がある（ただし、ウィーン空港のタクシー乗り場で停車しているオーストリアのタクシーは、事前予約が必要なスロヴァキアのタクシーと比べて、かなり高額）。

ブラチスラヴァ・バスターミナル

11

スロヴァキアとチェコの比較

スロヴァキア政府専用機に相乗り

　ウィーンとブラチスラヴァの距離はかなり近いため、ブラチスラヴァに住む人の多くは、発着便数が少ないブラチスラヴァ空港ではなく、中欧のハブ空港であるウィーン空港を利用している。逆に、稀なケースではあるが、ウィーンに住む人が、ブラチスラヴァ空港を利用することもある。以前、オーストリアの首相とスロヴァキアの首相が一緒に、スロヴァキアの政府専用機に乗って、ブリュッセルで開催された EU の首脳会合に出席したことがあった。オーストリアは政府専用機を持っていないので、スロヴァキアに頼んでブラチスラヴァ空港から同乗させてもらったようである。

　一方、日本からプラハに行く場合には、どのような方法が便利であろうか。両都市間には直行便が飛んでいないため、ヨーロッパ、アジア（韓国、中国など）、中東の都市で飛行機を乗り換える必要がある。日本からプラハまでは、乗り継ぎ時間が短い場合でも、最低 13 時間以上はかかる。東京とウィーンを結ぶ直行便の所要時間が約 12 時間であることを考えると、プラハの方がブラチスラヴァよりも遠く感じるかもしれない。プラハ空港から市内への移動は、プラハ本駅 Praha hlavní nádraží までの直通バスを利用するのが一般的で、所要時間は 35 分である（30 分おきに運行）。ウィーン空港からブラチスラヴァ市内までの所要時間はバスで 45 分なので、10 分しか変わらないことになる。

わざわざ遠回りしてブラチスラヴァに……

　意外と日本からのアクセスが便利なブラチスラヴァであるが、その事実はあまり周知されていないかもしれない。前述の通り、ブラチスラヴァにも空港が存在するが、就航しているのは主に欧州域内を発着する格安航空会社であり、日本からのアクセスに利用するのは不便である。しかし、ウィーンとブラチスラヴァの近さに気づかずに、遠回りしてスロヴァキアに入国する人は珍しくない。以前、ブラチスラヴァに出張に来た日本のビジネスマンが、東京からウィーンに直行便で到着し、そこから飛行機を乗り換えてプラハを経由してブラチスラヴァに空路入りしたことがあった。別の事例では、やはりウィーンまでは直行便で来たものの、列車で反対方向のウィーン市内に向かい、そこから別の列車に乗り換えてブラチスラヴァに来た出張者がいた。その出張者は、ブラチスラヴァ出張のついでにウィーン観光に行ったわけではなく、ウィーン空港からブラチスラヴァに直通バスがあることを知らなかったそうである。その他にも、ウィーン直行便よりも高額な航空券を購入して、中東やヨーロッパで飛行機を 2 度以上乗り継ぎ、24 時間近くかけて日本からスロヴァキアに到着したという話も聞いたことがある。どうしてもブラチスラヴァ空港に降り立ってみたいというわけでなければ、時間面でも価格面でもウィーン空港を利用することを推奨する。ブラチスラヴァ空港は、ウィーン空港と比べて遥かに就航便が少ない分、いつ行っても混雑していないという利点はあるが。

　なお、時間がかかってでも日本から最も安上がりにスロヴァキアに入国したい場合には、ハンガリーのブダペシュト空港を利用するという手がある。中欧の最重要都市であり国際機関も多数集中しているウィーンよりも、ブダペシュトを発着するフライトの方が、大抵の場合、航空券代金が安いからだ。ブダペシュト空港からブラチスラヴァ市内までは、本数は多くないものの、直通バスが片道 3 時間で運行されている。ちなみに、日本からブラチスラヴァではなく、スロヴァキア東部のコシツェなどに行く場合には、ウィーン空港をよりもブダペシュト空港を利用する方が圧倒的にアクセスが便利だ。ウィーン空港からコシツェまでは 450km 以上離れているが、ブダペシュト空港からコシツェの距離は約 250km であり、直通バスも出ている。コシツェにも空港があるが、就航路線は非常に少ない。

人口・面積

🛡ブラチスラヴァ▶人口約 47.5 万人。面積 368 km²
🏴プラハ▶人口約 130 万人。面積 496 km²

　プラハは人口 130 万人を数えるヨーロッパ有数の大都市だ。一方で、ブラチスラヴァの人口は約 47.5 万人であり、チェコ第 2 の都市ブルノ Brno（人口約 40 万人）の人口と比べて大差がない。日本の都市に置き換えると、大分市や倉敷市と同じぐらいの人口規模である。ただし、住民票を移さずにブラチスラヴァで就学、就労している者も多くいるため、ブラチスラヴァの実際の人口は統計上の人口よりも 20 万人ほど多いのではないかと言われている。とはいえ、統計人口と実態人口のずれは、どこの都市でも見られることであり、ブラチスラヴァが人口の少ない首都であることには変わりがない。

　実際にブラチスラヴァを訪れてみると、首都なのに街を行き交う人が少ないことに驚くかもしれない。夏の観光シーズンであれば旧市街は外国人観光客で混雑するし、金曜日と土曜日の夜も地元民が外出して多少は賑やかになるが、それでも日本の大都市と比べれば、随分と落ち着いた町に感じられるだろう。他方で、プラハはただでさえ 100 万都市の上、世界中から絶え間なく観光客が訪れるため、張り切って観光しようとしても、人の波に飲まれて疲れてしまうかもしれない。その点、ブラチスラヴァは、人口が少ない分のんびりとしているため、自分のペースで観光できるだろう。

　ブラチスラヴァの市域は、比較的市街地が連続しているプラハと異なり、山地、農地、治水施設、工場など非居住区域を多く含んでいるため、住民が住んでいる地域は比較的まとまっている。旧市街の周辺部に社会主義時代に建設された集合住宅が立ち並ぶ風景は、ブラチスラヴァもプラハも大きく変わらない。

　都市の人口規模で比べると、プラハとブラチスラヴァには 2 倍以上の差がある。そのため、ブラチスラヴァはチェコ人の冗談の的になることもある。とあるチェコ人は、「プラハには地下鉄が走っているが、ブラチスラヴァには地下鉄がない（社会主義時代に地下鉄の建設が開始されたものの、体制転換後に工事が中止になった）。プラハは大都市 metropole だが、スロヴァキアにはメトロ metro が無いので、原っぱ pole しかない（pole はチェコ語とスロヴァキア語で「野原」という意味がある）」と冗談を飛ばしていた。ただし、スロヴァキア人自身も、「ブラチスラヴァはスロヴァキア最大の村である」と自虐的に語ることがあり、チェコ人に挑発されてもすんなり受け止めてしまうのが可愛いところである。チェコスロヴァキア時代、連邦政府の首都はブラチスラヴァではなくプラハに置かれていたことからも、やはりプラハは別格であるという共通認識が存在しているのであろう。

ブラチスラヴァの地下鉄建設跡（ペトルジャルカ区）

都市の歴史

> ♛ブラチスラヴァ ▶ 2000 年以上の歴史を持つ「新しい首都」
> ◗プラハ ▶ 中世に最盛期を迎えた世界的な歴史都市

16 世紀のブラチスラヴァ

17 世紀のプラハ

「百塔の町 stověžatá」というニックネームを持つプラハは、旧市街全体が世界遺産に登録されている歴史的な古都だ。一国の首都でありながら、中世にタイムスリップしたような古い街並みは、訪れる人を魅了する。プラハは、ボヘミア王国の首都として最盛期を迎えた後、ハプスブルク家の支配下に入った。そして、1918 年のチェコスロヴァキア建国から現在に至るまで首都であり続けている（1993 年以降はチェコの首都）。

これに対し、ブラチスラヴァは、1993 年のスロヴァキア独立後にようやく世界の首都の仲間入りを果たした。EU27 か国の中で最も若い首都であり、プラハに比してその存在感は薄い。

しかし、首都としての新しさは、都市の歴史の浅さを意味するわけではない。実際、プラハよりもブラチスラヴァの方が長い歴史を有している。

プラハの歴史が始まるのは、9 ～ 10 世紀にプシェミスル朝の一族がプラハに定住してからのことである。それ以前にもプラハにはスラヴ人が定住していたが、詳しいことは分かっていない。これに対し、ブラチスラヴァの歴史は、紀元前 5 世紀頃のケルト人の時代まで遡ることができる。ブラチスラヴァのドナウ川沿岸に入植したケルト人は、オッピドゥム oppidum と呼ばれる城砦を建設した。紀元後 1 世紀頃にはローマ帝国の支配下に入り、軍事拠点が設けられた。現在ブラチスラヴァ城が位置するドナウ川付近の丘は、元々は古代ローマ軍の拠点であった。

中世になるとプラハは大きな発展を遂げる。1355 年にボヘミア王国のカレル 1 世が神聖ローマ帝国の皇帝に選出されると、プラハは宮廷都市としてヨーロッパ最大級の都市に成長した。ヴルタヴァ川に架かるカレル橋 Karlův most や、中欧最古の大学であるカレル大学 Univerzita Karlova v Praze も、カレル 1 世（ローマ皇帝としての称号はカール 4 世）の治世に建設された。1576 年に芸術や科学の振興を奨励したルドルフ 2 世が神聖ローマ皇帝に即位すると、プラハはヨーロッパ最大の文化都市として繁栄した。プラハは 15 世紀以降に段階的にハプスブルク家の支配下に組み込まれ、15 ～ 17 世紀に断続的に発生した宗教戦争の中心地となり被害を受けたが、産業革命以降はヨーロッパ屈指の工業都市に成長した。

ハンガリー王国の事実上の首都

　一方のブラチスラヴァは、中世以降ドナウ川の水運や周辺都市との交通の結節点として発展した。史上初めて本格的な世界地図を作成したと言われているアラブ人地理学者のイドリーシーは、12世紀前半にブラチスラヴァを訪問しており、「建造物が密集する中規模の都市」と描写している。ブラチスラヴァは、1291年にハンガリー王国より都市としての特権を与えられ、1405年には国王自由都市となり、経済的繁栄を享受した。16世紀にオスマン帝国がハンガリー王国に侵攻すると、1536年にハンガリー王国の首都機能はブダからブラチスラヴァに移された（ハンガリー王国議会も1542年にブラチスラヴァに移った）。また、1563年から1830年までの間、ブラチスラヴァの聖マルティン大聖堂で、マリア・テレジアを含む11人の君主がハンガリー国王として戴冠した。これに因み、現在でもブラチスラヴァでは毎年6月に戴冠式祭りが開催されている。ブラチスラヴァは、ハプスブルク帝国の帝都ウィーンとの近接性を生かしつつ、ハンガリー王国の事実上の首都として更なる繁栄を享受した。ハンガリーやオーストリアの貴族が建設した邸宅は、旧市街に多数残されている。オスマン帝国の脅威が消えて、1784年に首都機能がブダに戻された後も、ブラチスラヴァはハンガリー王国の中心都市の1つであり続けた（ハンガリー王国議会は1848年にブダに戻った）。

　プラハもブラチスラヴァも、ハプスブルク帝国における主要都市の1つであったが、どちらの都市も民族構成は多様であった。例えば、1910年のブラチスラヴァの人口統計によれば、ドイツ人が42%、ハンガリー人が41%を占めており、スロヴァキア人の割合は15%に過

マリア・テレジア

ブラチスラヴァ旧市街に残る城壁

ぎなかった。プラハでも、チェコ人の他、多数のドイツ人やユダヤ人が共住していた。

　第一次世界大戦後、プラハはチェコスロヴァキアの首都に定められ、ブラチスラヴァはスロヴァキア側の中心都市となった。チェコスロヴァキアの独立直前、チェコ人とスロヴァキア人は、共同国家を建設することで合意していたが、実際にはプラハに権力を集中させた国家体制が構築され、ブラチスラヴァは1928年にスロヴァキア州の州都として定められたに過ぎなかった。ブラチスラヴァは、ドイツ人やハンガリー人などの民族が混住しており、またオーストリアとハンガリーの二か国に接していて国防上の問題もあるとされ、果たしてスロヴァキアの中心都市として相応しいかという議論も一部に存在した。

　1938年のミュンヘン協定を経て、翌年チェコスロヴァキアが解体されると、スロヴァキアはナチス・ドイツの傀儡国家「スロヴァキア国」として独立する。それに伴い、ブラチスラヴァはスロヴァキア国の首都となった。第二次世界大戦中、ブラチスラヴァもプラハも空爆を受けたものの、幸いなことに大規模な戦闘は行われず、中世の街並みを残す旧市街はほとんど無傷で終戦を迎えた。

　第二次世界大戦後、チェコスロヴァキアの首都は引き続きプラハに置かれた。戦後のドイツ系住民追放や、ハンガリー系住民とスロヴァキア系住民の住民交換の結果、プラハの人口の約97%がチェコ人、ブラチスラヴァの人口の約90%がスロヴァキア人となった。ブラチスラヴァでは、市南部ドナウ川右岸のペトルジャルカ地区（元々はドイツ系住

スロヴァキアとチェコの比較

1915年のブラチスラヴァ

1914年のプラハ

民の村）に巨大な団地群が建設された。

1969年、チェコスロヴァキアに連邦制が導入されると、建前上はチェコスロヴァキアはチェコとスロヴァキアの2つの共和国から構成される連邦国家となり、プラハはチェコ社会主義共和国の首都に、ブラチスラヴァはスロヴァキア社会主義共和国の首都に定められた。ブラチスラヴァは、ハンガリー王国時代、第二次世界大戦期に続き、三度（みたび）首都となった。

社会主義体制崩壊後、チェコスロヴァキアの連邦解体が決定されると、1993年にチェコ共和国（首都プラハ）とスロヴァキア共和国（首都ブラチスラヴァ）が独立した。

いくつもの名前を持つ都市

907年、ハンガリー平原に移住したアールパード率いるマジャール人は、「ブレザラウスプルク」近郊で東フランク王国を打ち破っ

た。1536年、オスマン帝国に攻撃されたハンガリー王国は、首都機能をブダから「ポジョニ」に移した。1805年、アウステルリッツの戦いでオーストリア・ロシア連合軍に勝利したナポレオンのフランスは、「プレスブルク」で講和条約を結んだ。

ブレザラウスプルク、ポジョニ、プレスブルク。この3つの地名は、実はいずれも現在のブラチスラヴァを指している。古来より様々な民族が移り住み、歴史が重層しているブラチスラヴァは、いくつもの名前を持っているのだ。チェコの首都プラハが、基本的にプラハ Praha（英語ではプラーグ Prague、ドイツ語ではプラーク Prag）としか呼ばれてこなかったのとは対照的である。ブラチスラヴァの過去の名称について、代表的なものを列記してみよう。

①**ブレザラウスプルク** Brezalauspurc
『ザルツブルク年代記』によれば、前述の通り、マジャール人がブレザラウスプルク近郊で東フランク王国に勝利したと書かれている。この「ブレザラウスプルク」は、現在のブラチスラヴァを指すとの説が有力。
②**ポッソニウム** Possonium
ブラチスラヴァのラテン語名。ブラチスラヴァには「ポッソニウム」という名前の飲食店が存在する。
③**イストロポリス** Istropolis

映画のセットで復元された店舗。ドイツ語（FLEISCHEREI）、ハンガリー語（HÚSBOLT）、スロヴァキア語（MÄSIARSTVO）で「肉屋」と書かれている。20世紀初頭のブラチスラヴァでは、3言語表記が普通のことであった。

ブラチスラヴァにあるチェコ文化センター

ブラチスラヴァのギリシャ語名。「ドナウ川の都市」という意味。15世紀にブラチスラヴァに設置されたスロヴァキア最古の大学は、「アカデミア・イストロポリタナ Academia Istropolitana」という名前で知られていた。また、1960年代にブラチスラヴァに建てられた巨大文化センターは、「イストロポリス Istropolis」と呼ばれた（社会主義時代の正式名称は、革命的労働組合運動会館 Dom Revolučného odborového hnutia）。

④**ポジョニ** Pozsony
ハンガリー語では、一貫してポジョニという名前が使われてきた。ブダペシュトの鉄道駅の行先表示には、今でも Bratislava と Pozsony の両方の都市名が併記されている。

⑤**プレスブルク** Pressburg あるいは
Preßburg
ドイツ語では、プレスブルクという名前が使われてきた（現在ではブラチスラヴァという名称が一般的）。

⑥**プレシュポロク** Prešporok
近世以降、ドイツ語のプレスブルクが訛る形で、スラヴ語風にプレシュポロク（プレシュポレク Prešporek 等とも）という表記がスロヴァキア人によって使われることがあった。

⑦**ウィルソノヴォ・メスト** Wilsonovo mesto

チェコスロヴァキア独立直後、ヨーロッパの民族自決を提唱したアメリカのウィルソン大統領に敬意を示し、ブラチスラヴァは一時的に「ウィルソンの町」と呼ばれたことがあった。2015年、第一次世界大戦後のブラチスラヴァを舞台にした『ウィルソン・シティ Wilsonov』というスロヴァキア映画が公開された。

⑧**ブラチスラヴァ** Bratislava
18世紀以降のスロヴァキア民族覚醒運動の中で、中世に使われていた「ブレザラウスプルク」などの名前を変形させ、様々なヴァリアント（ブジェチスラウ Břetislav やヴラチスラヴァ Vratislava など）が生み出されていたが、1919年以降はブラチスラヴァという正式名称で落ち着いている。ブラチスラヴァという現在の名前で公式に呼ばれるようになったのは、直近100年間に過ぎないのだ。

なお、ブラチスラヴァ人のことは、スロヴァキア語でブラチスラウチャン Bratislavčan（男性）、ブラチスラウチャンカ Bratislavčanka（女性）、ブラチスラウチャニア Bratislavčania（複数形）と言う。他都市に住む者は、ブラチスラヴァのことをスラングでブラヴァ Blava と呼ぶこともある（ブラチスラヴァ人のことは Blavák）。スロヴァキア政府によるブラチスラヴァの正式な略語はベーアー BA。

スロヴァキアとチェコの比較

旧市街の中心地

🗣ブラチスラヴァ▶ 1 ㎢四方に収まるコンパクトな旧市街
🗣プラハ▶世界遺産に登録されている区域だけでも 8㎢以上

プラハの旧市街広場

ブラチスラヴァの旧市街

ブラチスラヴァの旧市街

🛡中央広場　Hlavné námestie

プラハに比べるとこじんまりとした正方形の広場。旧市庁舎、イエズス派教会 Kostol jezuitov（正式名称は、聖救世主教会）の他、日本、フランス、ギリシャ、アゼルバイジャンの大使館が並ぶ。旧市庁舎の時計台は、プラハの天文時計のようなランドマークは無いが、ナポレオン軍に打ち込まれた砲弾が今でも残っている。広場の噴水にハプスブルク皇帝マクシミリアン 2 世の像が立っているが、数百年前から市民には「ローラント像」と呼ばれている。なぜそのように呼ばれているのかは不明だが、支配勢力であるハプスブルク家の当主よりも、貴族から独立した自由の象徴である吟遊詩人ローラントの方が、市民は親しみを感じていたのかもしれない。

かつて中央広場は、その時の時代を反映し、フランツ・ヨーゼフ広場 Franz Joseph Platz、マサリク広場 Masarykovo námestie、ヒトラー広場 Hitlerovo námestie、4 月 4 日広場 Námestie 4. aprila（1945 年 4 月 4 日に赤軍がナチス・ドイツからブラチスラヴァを解放した）という名称が付けられていた。

なお、プラハの旧市街広場とブラチスラヴァの中央広場では、毎年 11 月下旬からクリスマス直前（12 月 22 〜 23 日頃）まで、広場全体を覆いつくすようにクリスマス・マーケットが開催される。

　社会主義体制崩壊から 30 年以上が経過し、チェコもスロヴァキアも鉄のカーテンの向こう側の国ではなく、観光客が気軽に訪問できるヨーロッパの普通の国となった。プラハは世界遺産に登録されている区域だけでも 8㎢以上もあるのに対し、ブラチスラヴァは 1 ㎢四方に収まるコンパクトな旧市街を有している。プラハとブラチスラヴァは規模が違い過ぎて比較対象にはならないかもしれないが、スポットごとに見ていくことで意外な発見があるかもしれない。

🌀旧市街広場　Staroměstské náměstí

ヨーロッパ屈指の美しさを誇る広場で、常に観光客でごった返している。11 世紀に成立したと言われており、天文時計を備えた旧市庁舎、2 つの高い尖塔が印象的なティーン教会、ロココ様式のキンスキー宮殿などが並ぶ。広場には、ヤン・フス（チェコの宗教改革者）の銅像が立つ。ティーン教会は、15 世紀前半にフス派の拠点が置かれていたが、その後カトリック勢力が奪還した。

ブラチスラヴァの中央広場

スロヴァキアとチェコの比較

プラハ城　Pražský hrad

ヴルタヴァ川の左岸の丘にそびえ立つ巨大な城。9世紀半ばに建設が始まり、カレル1世治世下（14世紀）にほぼ現在の姿になった。聖ヴィート大聖堂や王宮などの建造物から構成され、敷地内には黄金小路（かつて錬金術師が居住）と呼ばれる土産屋街がある。チェコスロヴァキア時代、そして現在でも大統領府も置かれている。三十年戦争の引き金となったプラハ窓外放出事件が発生するなど、世界史上の出来事の舞台にもなった。

ブラチスラヴァ城　Bratislavský hrad

ドナウ川の左岸の丘にそびえ立つ城。歴史はプラハ城よりも古く、1～2世紀に建てられた古代ローマ帝国の要塞がブラチスラヴァ城の前身である。13世紀にハンガリー王ジギスムントがゴシック様式による城を建て、15世紀にはほぼ現在の姿に改築された。しかし、1811年に城の敷地内に駐留していた軍隊の失火により全焼し、その後150年近く廃墟となった。第二次世界大戦後、廃墟を解体して学生寮を建設することが計画されたが、芸術家や市民の反対を受けて、城として修復された。

信仰の中心

🦅 聖ヴィート大聖堂

Katedrála svatého Víta
プラハ城の中心を成す建物。聖ヴィートはプラハ大司
教区の守護聖人。元々は円形の教会であったが、14
世紀に現在のゴシック様式の大聖堂となった。1420
年にフス戦争の影響で工事が中断し、大聖堂が完全に
完成するのは 20 世紀になってからのことであった。
地下には歴代ボヘミア王の墓が安置されている。

🦅 聖マルティン大聖堂

Dóm svätého Martina
ブラチスラヴァ旧市街と城の間に位置する。聖マル
ティンはブラチスラヴァ大司教区の守護聖人。14 世
紀にゴシック様式で建てられた。オスマン帝国のハン
ガリー王国への侵攻後、1563 年から 1830 年にかけ
て、マリア・テレジアを含む 11 名の君主がハンガリー
国王として聖マルティン大聖堂で戴冠した。

文化の発信地

🦅 国民劇場

Národní divadlo
旧市街のヴルタヴァ川沿いに位置。ハプスブルク帝国
の支配下のチェコにおいて、チェコ語によるチェコ民
族のための舞台を上演する場として、チェコ人の寄付
により 19 世紀後半に建設された。設計したのはチェ
コ人建築家のジーテク Josef Zítek。ジーテクは他に
もルドルフィヌム（チェコ・フィルハーモニー管弦楽
団の本拠地）を設計した。国民劇場は 1881 年に一度
は完成したものの、落成式直前の火災により焼失し、
2 年後の 1883 年に再建された。こけら落としはチェ
コ人作曲家スメタナのオペラ「リブシェ」であった。

🦅 スロヴァキア民族劇場

Slovenské národné divadlo
旧市街の南端に位置。スロヴァキア民族劇場がある場
所には 1772 年に市立劇場が建てられ、1886 年に現
在の建物が再建された。設計したのは、フェルナー
Ferdinand Fellner とヘルマー Hermann Helmer のド
イツ人コンビ。同コンビは、他にオデーサ（オデッサ）・
オペラ・バレエ劇場、チューリッヒ歌劇場、ウィーン・
コンツェルトハウスなどのヨーロッパの名だたる劇
場を設計した。チェコスロヴァキア独立以前は市立劇場
としてドイツ語とハンガリー語の演劇が公演されてい
たが、1920 年にスロヴァキア民族劇場となった。

旧市街の入り口

🐌 火薬門　Prašná brána

日本語では「火薬塔」とも呼ばれている。旧市街を取り囲んでいた城壁の門としての役割を果たしていた。武器庫として利用されていたことがあるため、このような名前が付けられている。火薬門の前にある共和国広場には、市民会館（コンサートホール）やショッピングセンターがあり、いつも賑やか。

🛡 ミハル門　Michalská brána

日本語では「ミハエル門」とも呼ばれている。ブラチスラヴァの旧市街には元々4つの門があったが、現存しているのはミハル門のみである。ミハル門の内部は、武器博物館として公開されており、中世の武器が展示されている。ミハル門のすぐ脇には、U Kata（死刑執行人の家）という名前の飲み屋があるが、実際にかつて死刑執行人がこの場所に住んでいた。

🌑 ナ・プシーコピェ通り　Na příkopě

ナ・プシーコピェは「堀の上」という意味で、旧市街を囲んでいた堀を埋めて作られた通り。プラハだけでなく、V4諸国（チェコ、スロヴァキア、ポーランド、ハンガリー）で最も地価が高い通りで、ブランド店、銀行、レストランが並ぶ。

🌑 ラウリン通り　Laurinská ulica

この通りにラウリン（ラウリンスカー）門があったことに由来し、旧市街東端に位置する。ブラチスラヴァで最も地価が高い通りで、ブランド店、レストラン、カフェが並ぶ。社会主義時代はレニングラード通りと呼ばれていた。

スロヴァキアとチェコの比較

▶カレル橋　Karlův most

ヴルタヴァ川に架かるプラハの橋の中で最も古く、14世紀後半にカレル1世の命令によって建設された。旧市街とプラハ城を結ぶ役割を果たしている。もともとヴルタヴァ川には木造の橋や石橋が架かっていたが、洪水によって流されてしまい、現在のカレル橋が建設された。30体の聖人像（日本に初めてキリスト教を伝えたフランシスコ・ザビエルもいる）が並ぶ美しい橋で、プラハ髄一の観光名所。

♨旧橋（スタリー・モスト）　Starý most

ドナウ川に架かる橋がブラチスラヴァで初めて建設されたのは、1890年になってからのことであった。橋の落成式には、ハプスブルク帝国君主のフランツ・ヨーゼフが出席し、橋の名前はフランツ・ヨーゼフ橋と名付けられた。チェコスロヴァキア独立以降はシュチェファーニク橋、第二次世界大戦後は赤軍橋という名前に変更され、社会主義体制崩壊後は現在の名称に落ち着いている。旧橋は老朽化に伴い2014年に取り壊され、2016年に新しい橋が架けられた（しかし、「旧橋」という名称は変わっていない）。

ヴァーツラフ広場　Václavské náměstí

旧市街に隣接したプラハで最も賑やかな繁華街の1つ。国立博物館、レストラン、ホテル、ショッピング・センターが立ち並ぶ、縦長の広場と大通りが組み合わせられた空間。チェコの守護聖人である聖ヴァーツラフの銅像が広場に立っている。ヴァーツラフ広場は、「プラハの春」の弾圧に抗議したヤン・パラフの焼身自殺や、共産党政権崩壊につながったビロード革命など、チェコスロヴァキア史の舞台となってきた。

スロヴァキア民族蜂起広場

Námestie Slovenského národného povstania

スロヴァキア民族蜂起（通称 SNP）は、第二次世界大戦中の反ナチス・ドイツ武力蜂起である。SNP は、反ファシズム闘争としてスロヴァキアの歴史上最も重要な出来事の1つと見なされており、SNP の名前を冠する広場は国中至るところに存在する。ブラチスラヴァの SNP 広場は、ビロード革命（スロヴァキア語では「優しい革命」）の舞台となり、多い日で推定約 10 万人（ブラチスラヴァ市の人口の 4 分の 1）の市民が集まったという。

25

スロヴァキアとチェコの比較

国旗　スラヴ民族三色旗と３つの山脈

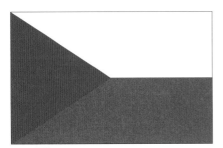

チェコ国旗

スロヴァキア国旗

国旗と汎スラヴ主義

　チェコの国旗は、チェコスロヴァキア時代から変わっていない。赤・青・白から構成されるチェコ国旗（チェコスロヴァキア国旗）は、スラヴ民族を表す三色（汎スラヴ色）が基になっている。この汎スラヴ色は、1848年にプラハで行われた第１回スラヴ会議 Slovanský zjazd で提案された。スラヴ会議は、ハンガリー王国を含むハプスブルク帝国内でスラヴ人の民族運動が盛んになる中で、スラヴ諸民族の連帯を強化する目的で開催された。スロヴァキア人、チェコ人、セルビア人、クロアチア人などの各スラヴ人がバラバラに活動するよりも、これらのスラヴ民族が政治的・文化的に一丸となって民族運動を行うべきだという思想が広まっていたのである。これがいわゆる汎スラヴ主義であるが、この思想を最初に考え始めた人物の一人が、スロヴァキア人のヤーン・コラール Ján Kollár（1793～1852年）であった。

コラール

　スロヴァキアの国旗も、赤・青・白の汎スラヴ色が基調となっており、これにスロヴァキアの国章が付けられている。スロヴァキアの国

タトラ山脈

旗から国章を取り除くと、ロシアの国旗と同じになる。３つの山に複十字が立つスロヴァキアの国章は、第１回スラヴ会議の開催年と同じ年の1848年に、スロヴァキア人のシンボルとして採用された。国章に描かれている青い３つの山は、タトラ Tatra、ファトラ Fatra、マトラ Matra という３つの山脈を意味している。ただし、このうちマトラ山脈は、スロヴァキアではなくハンガリーに位置している。タトラ山脈は、スロヴァキアからルーマニアへと続くカルパチア山脈の一部を形成しており、スロヴァキア最高峰のゲルラホウ峰（標高2655m）がそびえている。ファトラ山脈も、カルパチア系統の山脈である（ちなみに、神戸には、スロヴァキア人が開いたファトラという名前のレストランがある）。

チェコスロヴァキア＝チェコ？

　スロヴァキアとチェコは、1993年１月１

スロヴェニア国旗

日のチェコスロヴァキア解体に伴い、それぞれ独立した。独立を前にして、両国の間では国旗を巡る論争が発生している。スロヴァキアはわざわざ新しく国旗を作り直したのに、なぜチェコはチェコスロヴァキアと同じ国旗を使い続けるのかということに関する論争である。チェコがチェコスロヴァキアの国旗を受け継いだために、「チェコスロヴァキア＝チェコ＋スロヴァキア」ではなく、「チェコスロヴァキア＝チェコ」というイメージが定着してしまったようにも思われる。あたかも、スロヴァキアの存在がチェコスロヴァキアから消えてしまったかのようである。連邦解体直前の 1992 年 11 月、スロヴァキアの国会は、「チェコもスロヴァキアも、今後はチェコスロヴァキアの国家シンボルを利用すべきではない」という宣言を採択したが、チェコはこれに応じることはなかった。もっとも、スロヴァキア人は、チェコスロヴァキア時代の国旗を継続して利用することにこだわっていたわけではないし、スロヴァキアの国旗を嫌っているわけではない。むしろ、スロヴァキア国旗は、シンプルなチェコ国旗（チェコスロヴァキア国旗）と異なり、キリスト教で山国という国家イメージを端的に表す国章が描かれていることから、スロヴァキアの意匠がよく表れていると言えるだろう。

スロヴァ「キ」アの国旗

　なお、スロヴァキア憲法では、国章、国旗、国璽（国の公式な印章）、国歌の 4 つが国家シンボルとして定められており、国章や国旗を歪めて利用することは、政治的な論争に発展する場合もある。2019 年にスロヴァキア

保守派政治家の反発を受けた、スロヴァキア代表のユニフォーム（出典：pravda.sk）

のアイスホッケー連盟が、代表選手の新ユニフォームを発表した際に、アイスホッケーのスティックを模したパロディ風の国章が取り付けられていたことから、保守派政治家の反発を受けてユニフォームのデザインが急遽変更されたという事態が発生している。
　さて、スロヴァキアと非常によく似た国名で、スロヴェニアという国があるが、紛らわしいことに両国は国旗も類似している。どちらも、赤・青・白のロシアと同じ配列の汎スラヴ色が基調となっており、国旗の左側に国章がつけられている。スロヴェニアの国章も、スロヴァキアと同様 3 つの山が書かれているが、こちらはスロヴェニアの最高峰トリグラウ山 Triglav を意味している。スロヴァキアの国旗が正式に制定されたのは 1992 年で、スロヴェニアの国旗が制定されたのはその前年の 1991 年である。筆者のある友人は、両国の国旗の見分け方として、「スロヴァキアの国旗に書かれている複十字は、カタカナの『キ』に似ている。複十字がある方の国旗がスロヴァ『キ』アだ」と言って覚えていた。

国歌　長調で牧歌的なのに対して短調で民族覚醒的

国歌で見る両国のお国柄の違い

　ヨーロッパの国歌のメロディーの中には、クラシック作曲家の音楽が採用されるケースがある。例えば、ドイツ国歌の旋律には、古典派の巨匠ハイドンが作曲した弦楽四重奏曲が基になっている。チェコ国歌を作曲したのは、ロマン派の作曲家であるフランチシェク・シュクロウプ František Škroup（1801 ～ 1862 年）という人物だ。シュクロウプは、劇作家ティル Josef Kajetán Tyl(1808 ～ 1856 年)が書いた戯曲『フェドロヴァチカ、あるいは怒りもなく争いもなく』で歌われる「わが故郷はいずこ Kde domov můj ？」という歌を作曲した。この戯曲自体は成功をおさめることはなかったが、歌だけはチェコ人の間で人気を集め、チェコスロヴァキア独立後にチェコ国歌となった。

　一方で、スロヴァキア国歌「タトラ山上に稲妻光り Nad Tatrou sa blýska」のメロディーは、作詞・作曲者不詳の民謡「お嬢さんが井戸を掘った Kopala studienku」の旋律が採用されている（スロヴァキアだけでなく、ハンガリーにも同じメロディーの民謡がある）。「タトラ山上に稲妻光り」という曲が誕生した経緯は以下のとおりである。1844 年、スロヴァキア民族運動を牽引していたリュドヴィート・シュトゥール Ľudovít Štúr（1815 ～ 1856 年）は、ハンガリー王国当局によって、当時勤めていたブラチスラヴァのリセ（高校）での職務を停止させられた。これに抗議した学生たちが、シュトゥールとともに、スロヴァキア東部の町レヴォチャ Levoča まで行進した。レヴォチャは、スロヴァキアで最も有名なカトリックの巡礼地であるとともに、城壁で囲まれた美しい旧市街が有名な古都である。レヴォチャへの行進の過程で、当時 23 歳だった詩人のヤンコ・マトゥーシュカ Janko Matúška が、前述の民謡に詩を付けた。これが、スロヴァキアの民族歌として人々の間で広まり、チェコスロヴァキア独立以降にスロヴァキアの国歌に採用された。なお、作詞者のヤンコ・マトゥーシュカが住んでいたブラチスラヴァの民家は、「おかしなヤンコ Divný Janko」という名前のレストランに改装され、スロヴァキアの家庭料理を出す店として好評を博している。

　スロヴァキア国歌の歌詞の内容は、基になった民謡の歌詞とはかけ離れており、スロヴァキア人の民族覚醒運動を鼓舞する勇ましい内容となっている。一方で、チェコ国歌は、チェコの美しい自然を取り上げた牧歌的な歌詞となっており、スロヴァキア国歌とは対照的である。

1番チェコ国歌、2番スロヴァキア国歌

　ところで、旧チェコスロヴァキア国歌は、チェコ国歌とスロヴァキア国歌から構成されていた。まずチェコ国歌が歌われた後に、続けてスロヴァキア国歌が歌われていたのである。チェコ国歌の旋律が長調であるのに対し、スロヴァキア国歌は短調であり、両者は全く異なる曲風のメロディーであるが、2 つの国歌がやや不自然な形で繋がれていた。現在のスロヴァキア国歌は、1 番と 2 番が歌われるが、チェコスロヴァキア時代は 1 番しか歌われなかった。チェコ国歌は現在もチェコスロヴァキア時代も 1 番のみ歌われている。両曲の 1 番を比べると、チェコ国歌の歌詞の方がスロヴァキア国歌より長いため、チェコスロヴァキア国歌としては、チェコ国歌を歌っている時間の方が 2 倍ぐらい長かった。なお、チェコスロヴァキア時代は、チェコ人もスロヴァキア人も、両方の国歌を続けて歌っていたようである。

スロヴァキアでハンガリー国歌？

　2019 年、スロヴァキア国会に提出された国歌に関する 1 つの法案が物議を醸した。この法案

は、民族主義的な国会議員が提出したもので、公式の場を除いて、スロヴァキアで外国の国歌を歌うことを禁止するというものであった。これは、スロヴァキアの国内サッカーリーグの試合で、DAC ドゥナイスカー・ストレダ DAC Dunajská Streda というサッカーチームのサポーターが、ハンガリー国歌を歌っていることを念頭に置いたものであった。このチームが拠点を置くドゥナイスカー・ストレダは、ハンガリー系住民が 80% を占める都市であり、スロヴァキアの中で最もハンガリー色が強い地域である。そのため、チームのサポーターも、ハンガリー系住民がほとんどである。このような背景があるのだが、スロヴァキアの一部の政治家にとって、国内のサッカーリーグ戦でハンガリー国歌が歌われることは我慢できなかったのである。スロヴァキア以外の国歌を歌うことを禁ずる法案は、一度は国会で可決されたものの、様々な議論を呼び、再度国会で審議された後に最終的に否決された。ハンガリー本国も、ハンガリー系少数民族を狙い撃ちにしたスロヴァキアの法案に不快感を示していた。結局のところ、スロヴァキア政界の大多数は、国歌ナショナリズムがハンガリーとの民族問題を煽る火種となることは望んでいなかったのである。

チェコ国歌「わが故郷はいずこ？ Kde domov můj?」

わが故郷はいずこ、わが故郷はいずこ？ Kde domov můj, kde domov můj?
草原に水がささやき Voda hučí po lučinách,
岩のそこここに松がざわめき bory šumí po skalinách,
園には春の花が輝く v sadě skví se jara květ
その眺めは地上の楽園！ zemský ráj to na pohled!
そしてそれは、あの美し国 A to je ta krásná země,
チェコの国、わが故郷 země česká, domov můj,
チェコの国、わが故郷 země česká, domov můj.

邦訳は、石川達夫「チェコ国歌に潜んでいた矛盾—
両大戦間チェコスロヴァキアの民族問題—」（2010）を参照した。

スロヴァキア国歌「タトラ山上に稲妻光り Nad Tatrou sa blýska」

【1 番】
タトラ山上に稲妻光り Nad Tatrou sa blýska,
雷鳴が荒々しく轟きわたる hromy divo bijú,
兄弟たちよ、雷撃を押しとどめよ zastavme ich, bratia,
いずれ、その雷撃は消え去り veď sa ony stratia,
スロヴァキア人がよみがえるのだ Slováci ožijú.

【2 番】
我らがスロヴァキアは To Slovensko naše
これまで深い眠りについていた posiaľ tvrdo spalo,
だが、雷撃のきらめきが ale blesky hromu
今こそ目覚めよと vzbudzujú ho k tomu,
この大地を奮起させるのだ aby sa prebralo.

邦訳は、長與進・神原ゆうこ編『スロヴァキアを知るための 64 章』明石書店（2023 年）を参照した。

言語　西スラヴ語群に属しアクセントの位置も同じ

スロヴァキア語とチェコ語の似ている単語、全く違う単語

似ている（同じ）表現、単語		
スロヴァキア語	チェコ語	日本語
Dobrý deň	Dobrý den	こんにちは
Ďakujem	Děkuji	ありがとう
Prosím	Prosím	お願いします
Som Japonec	Jsem Japonec	私は日本人です
Na zdravie	Na zdraví	乾杯
Námestie	Náměstí	広場
Vlak	Vlak	列車
Obed	Oběd	昼食
Syr	Sýr	チーズ
Nemocnica	Nemocnice	病院

似ていない表現、単語		
スロヴァキア語	チェコ語	日本語
Dovidenia	Na shledanou	さようなら
Hovorím po slovensky	Mluvím slovensky	私はスロヴァキア語を話します
Je mi zle	Je mi špatně	具合が悪いです
Páči sa mi	Líbí se mi	気に入りました
Krčma	Hospoda	飲み屋
Stanica	Nádraží	駅
Električka	Tramvaj	トラム
Raňajky	Snídaně	朝食
Zemiaky	Brambory	ジャガイモ
Izba	Pokoj	部屋

　スロヴァキア人とチェコ人は、それぞれのスロヴァキア語とチェコ語で話し合っても、ほぼ100％理解することができる。これには2つの理由がある。

　1つ目の理由は、スロヴァキア語とチェコ語が非常に近い言語であるということだ。スロヴァキア語は、インド・ヨーロッパ語族のスラヴ語派に分類される。スラヴ語派は更に3つの語群に分類でき、東スラヴ語群（ロシア語、ウクライナ語、ベラルーシ語など）、西スラヴ語群（スロヴァキア語、チェコ語、ポーランド語など）、南スラヴ語群（セルビア語、クロアチア語、スロヴェニア語、ボスニア語、マケドニア語、ブルガリア語など）に分けることができる。西スラヴ語群に分類されるスロヴァキア語、チェコ語、ポーランド語は互いに近い関係にあるが、中でもスロヴァキア語とチェコ語は、語彙面でも文法面でも共通点が非常に多く、アクセントの位置も同じ（最初の音節を強く発音する）だ。

　2つ目の理由は、スロヴァキアとチェコが約70年間同じ国であったということだ。チェコスロヴァキア時代も、基本的にチェコではチェコ語、スロヴァキアではスロヴァキア語が話されていた（チェコ人はチェコ語を、スロヴァキア人はスロヴァキア語を話していた）。なので、チェコスロヴァキア語という言語が存在していたわけではない。1918年のチェコスロヴァキア建国までは、スロヴァキアはハンガリー王国の支配下にあり、チェコはハプスブルク家の影響を強く受けていた。そのため、スロヴァキア語とチェコ語の標準語が成立する歴史的経緯は、相互に影

響はあったにせよ、それぞれ異なるものであった。いずれにせよ、チェコスロヴァキアが成立したことにより、スロヴァキア人とチェコ人が接触する機会は飛躍的に増加し、スロヴァキア人とチェコ人は日常的にスロヴァキア語とチェコ語のバイリンガルの環境に置かれることになった。例えば、チェコスロヴァキア時代は徴兵制度があったが、チェコ人はスロヴァキアで、スロヴァキア人はチェコで軍務に就くことが慣例であった。スロヴァキア人がチェコ語の出版物を読み、チェコ人がスロヴァキア語の歌を聴くことも、日常的な光景であった。

　チェコスロヴァキアは 1993 年に解体したが、スロヴァキア語とチェコ語のバイリンガル環境は維持されている。スロヴァキア人とチェコ人の交流は、仕事、家族、友人関係などを通して今でも非常に活発だ。しかし、チェコスロヴァキア時代と比べると、スロヴァキア語とチェコ語の関係はややアンバランスなものになった。スロヴァキア語話者よりも、チェコ語話者の方が 2 倍以上多く、スロヴァキアよりもチェコの方が市場が大きいため、チェコスロヴァキア解体以降、外国の出版物や映画は、チェコ語のみに翻訳されるケースが多い（夏目漱石の小説や、NARUTO などの人気漫画も、チェコ語のみに翻訳されている）。スロヴァキア人はチェコ語を十分理解できるため、市場が小さいスロヴァキアのためにあえてスロヴァキア語に訳す必要がないということだ。インターネットで調べ事をする際も、スロヴァキア語で検索するよりも、チェコ語で検索する方がより多くの情報を得ることができる。このような状況であるため、スロヴァキア人は会話の中で、チェコ語の単語をよく使う。そうなると、スロヴァキア人がチェコ語に触れる機会は引き続き変わらないが、チェコ人がスロヴァキア語に触れる機会は相対的に少なくなるため、将来的にはスロヴァキア語を理解できないチェコ人が出てくるのではないかと指摘する者もいる。

　しかし、個人的な経験であるが、チェコでスロヴァキア語が通じなくて困ったことは一度もないし、スロヴァキア人とチェコ人の若者が意思の疎通に苦労している場面は見たことがない。チェコのテレビでスロヴァキア語が話されている時に、翻訳や字幕が付くことは一切ないし、その逆もしかりである。

チェコで生活しているスロヴァキア人はスロヴァキア語を、スロヴァキアで生活しているチェコ人はチェコ語を話しているため、チェコでスロヴァキア語を聞く機会と、スロヴァキアでチェコ語を聞く機会は、失われているわけではない。スロヴァキア語とチェコ語の関係は、国が分かれても、人的交流の機会が失わなければ、類似の二言語による相互コミュニケーションが成立し続けることを示している。

スロヴァキア語とチェコ語の「微妙な」違いの一例。上はスロヴァキア語で「ラチャのブルチアク Račiansky Burčiak」、下はチェコ語で「ラチャのブルチャーク Račanský Burčák」と書かれている。ブルチアク／ブルチャークは、発酵途中の若いワインのこと。ブラチスラヴァのラチャ区のワイン祭りで撮影。

スロヴァキアとチェコの比較

少数民族 チェコ人とスロヴァキア人以外の民族

チェスキー・チェシーン。チェコのシレジア地方の中心都市。

チェコ	
チェコ系	57.3%
モラヴィア系	3.4%
スロヴァキア系	0.9%
ウクライナ系	0.7%
ヴェトナム系	0.3%
ポーランド系	0.3%
ロシア系	0.2%
シレジア系	0.1%
回答無し	31.6%

スロヴァキア	
スロヴァキア系	83.8%
ハンガリー系	7.8%
ロマ系	1.2%
チェコ系	0.5%
ルシーン系	0.4%
ウクライナ系	0.2%
回答無し	5.4%

　2021年に実施されたチェコとスロヴァキアの国勢調査によると、両国の主な民族の割合は、上の表の通りとなる（割合が0.1%以上の民族のみを記載した）。チェコとスロヴァキアは元々同じ国ではあったが、両国の少数民族の違いには差異が見られる。

►チェコの少数民族

　現在のチェコは、①ボヘミア（チェコ語とスロヴァキア語でチェヒ Čechy。いわゆる狭義のチェコ）、②モラヴィア（チェコ語とスロヴァキア語でモラヴァ Morava）、③シレジア（チェコ語でスレスコ Slezsko、スロ

ヴァキア語でスリエスコ Sliezsko）という3つの歴史的領域から構成されている。そのうち、スロヴァキア国境に接しているモラヴィアは、チェコの国土の3分の1を占めており、最大都市はチェコ第2の都市のブルノである。モラヴィアは、歴史的にボヘミア王冠領に帰属しつつもモラヴィア辺境伯領として一定の自治を保ち、独自の法律と議会を有していた。また、モラヴィアはオーストリアに近いこともあり、ドイツ系住民との接触の中で、独特のアイデンティティーを築いてきた。モラヴィアに住んでいた人々は、ボヘミアを中心とするチェコの民族運動に取り込まれる形で、チェコ人に同化していったが、現在のチェコではモラヴィア人は個別の民族カテゴリーとして認められている（上述の国勢調査の結果によれば、3.4%がモラヴィア系と回答）。モラヴィア系住民は、チェコ人であると同時に、モラヴィア人としての同郷意識を有していると指摘されている。

　シレジアは、ポーランド南西部に位置する歴史的領域であるが、チェコ北東部にも若干またがっている。豊かな炭田を有することから、ハプスブルク帝国とプロイセン王国による領土争いが発生したことで知られた地域である。シレジアでも、その複雑な歴史的経緯から独自の民族アイデンティティーを見出す者がおり、ポーランドでもチェコでも国勢調査で自らをシレジア人と申告する者がいる。

　チェコでは、特定の民族への帰属について回答しない人がかなり多い（31.6%）。国勢調査では、民族を申告することは義務ではないのだが、これだけ多くの人が回答を拒む理由について明らかではない。複数の民族への帰属意識を持っている人が、回答を拒んでいる可能性があるが、チェコでは（また、後述する通りスロヴァキアでも）、国勢調査で1つの民族だけでなく、2つ目の民族を選択することができる。

2つの民族への帰属

スロヴァキアの国勢調査では、2021年から、2つ目の民族を選択できるようになった。これまでは、例えば両親や先祖の民族が異なる場合でも、自分自身が選択できる民族は1つだけであった。

2021年の国勢調査で、2つ目の民族を選択した人は、30万6175人いた（スロヴァキアの総人口の6%弱に相当する）。

2021年国勢調査結果に基づくスロヴァキア民族分布図（出典：Denník N）
赤：スロヴァキア系、青ハンガリー系
緑：ロマ系、黄：ルシーン系

ロマ系：8万8985人（2つ目の民族を選択した人のうち29%）
スロヴァキア系：5万5496人（同18%）
ルシーン系：3万9810人（同13%）
ハンガリー系：3万4089人（同11%）
チェコ系：1万6715人（同5%）
ドイツ系：5255人（同2%）

2つ目の民族の選択を可能にするという新しい試みは、様々な民族が暮らすスロヴァキアにおいて、少なくない数の人々が複合的なアイデンティティを抱いていることが明らかになったという点で、興味深いものである。

国家の少数民族

スロヴァキアとチェコでは、国家の少数民族 národnostné menšiny（チェコ語では národnostní menšiny）というものが定められている。国家の少数民族は、国によって正式に認められた少数民族ということになるが、単に人口の多さによって決まるものではなく、歴史的背景や少数民族としてのこれまでの活動に基づいて決定される。国家の少数民族として認可されると、文化イベントへの助成金を申請する権利が与えられる一方で、政府の少数民族政策に参画する義務を負うこ

とになる。

スロヴァキアでは14民族が、チェコでは12民族が、それぞれ国家の少数民族として定められている。

スロヴァキアにおける国家の少数民族（スロヴァキア語のアルファベット順）：ブルガリア系、チェコ系、クロアチア系、ハンガリー系、モラヴィア系、ドイツ系、ポーランド系、ロマ系、ルシーン系、ロシア系、セルビア系、ウクライナ系、ユダヤ系、ヴェトナム系の14民族。

チェコにおける国家の少数民族（チェコ語のアルファベット順）：ブルガリア系、クロアチア系、ハンガリー系、ドイツ系、ポーランド系、ロマ系、ルシーン系、ロシア系、ギリシャ系、スロヴァキア系、セルビア系、ウクライナ系の12民族。

両国を比較すると、スロヴァキアでは、チェコと異なり、モラヴィア系、ユダヤ系、ヴェトナム系が国家の少数民族となっている。他方で、チェコでは、スロヴァキアと異なり、ギリシャ系が国家の少数民族となっている。1947～1948年に発生したギリシャ内戦の影響で、1万人以上のギリシャ難民がチェコスロヴァキアに移住したことが、チェコでギリシャ系コミュニティが形成された理由である。

スロヴァキアとチェコの比較

♠スロヴァキアの少数民族

ハンガリー人

　スロヴァキア最大の少数民族はハンガリー人である。第一次世界大戦後に成立したチェコスロヴァキアは、ハンガリー人が多数を占める地域（その中には、交通の要衝や、肥沃な農業地帯も含まれる）も自国の領土に取り入れることに成功した。そのため、スロヴァキア南部では、現在でも多くのハンガリー系住民が居住している。イェスチツェ Jestice という小村では、実に人口の 95% 以上がハンガリー系住民で占められており、ドゥナイスカー・ストレダ Dunajská Streda やコマールノ Komárno といった都市でも、人口の過半数はハンガリー系住民だ。中にはハンガリー語しか話せないハンガリー系住民もいるが、多くはスロヴァキア語とのバイリンガルである。

　ハンガリー系住民は、ハンガリー語で授業が行われる初等学校や中等学校に通うことができる。また、コマールノにはハンガリー語を教育言語とするシェイェ大学 Univerzita J. Selyeho（ハンガリー語では Selye János Egyetem）がある。大学の名前に付けられたシェイェという人物は、ストレス研究の父と呼ばれる生理学者で、ウィーンで生まれてカナダで研究活動を行ったが、幼少期をコマールノで過ごした。英語圏ではハンス・セリエと呼ばれている。筆者はシェイェ大学の入学式に招待されて参加したことがあるが、式はハンガリー語とスロヴァキア語の両方の言語で実施されていた。

ロマ

　ロマ（ジプシー）の割合は、国勢調査によると 1% 強を占めるに過ぎないが、実際にはハンガリー人に匹敵するぐらい多いと言われている。ロマの中には、差別を避けるためにあえて「スロヴァキア系」や「ハンガリー系」と申告する者がいると指摘される。内務省が 2019 年に実施した調査によると、実際のロマの割合は 7 ～ 8% と見積もられている。

　ロマは、中世にインド北西部からヨーロッパに移動してきたと考えられており、現在では中東欧諸国を中心に居住している。スロヴァキアに住むロマの母語は、多くの場合ロマ語であるが、ほとんどのロマがスロヴァキア語（住んでいる地域によってはハンガリー語やルシーン語も）を話すことができる。ロマ語の単語は、スロヴァキア語のスラングにも一部取り入れられている（お金という意味の lóve など）。

　ロマの約半数は、荒廃した集合住宅やバラックに集住しており、その劣悪な居住環境、高い失業率、低い就学率、貧困家庭での高い出生率は、大きな社会問題となっている。一方で、ロマの社会統合を目指す試みも見られる。例えば、東スロヴァキアのスピシュスキー・フルホウ Spišský Hrhov 村は、村のインフラ整備のためにロマを積極的に雇用し、住居問題と失業問題を同時に解決することに成功して、ロマの社会統合のモデル地域としてニューヨーク・タイムズ紙にも取り上げられた。

スロヴァキア語とハンガリー語の二重言語表記（スロヴェンスケー・ノヴェー・メスト町。ハンガリー語ではウーイヘイ）

ブラチスラヴァで毎年開催されるロマ・フェスティバル

ルシーン人

スロヴァキアの人口の 0.4% を占めるルシーン人は、同国の北東部を中心に居住している。ルシーン人が多い都市としては、メジラボルツェ Medzilaborce（人口の約 47%）やスヴィドニーク Svidník（同約 35%）が挙げられる。ルシーン人の母語であるルシーン語（キリル文字を使用）は、ウクライナ語の方言と見なされることがある。ルシーン人は、東スラヴ系の民族に分類され、中世にカルパチア山脈に沿ってスロヴァキアに移住してきたと考えられる。宗教面では、ルシーン人の過半数以上はギリシャ・カトリックを信仰しているが、約 30% のルシーン人は正教を信仰している。ウクライナ最西端のザカルパッチャ州にも多くのルシーン人が住んでいるが、ウクライナではルシーン人は固有の民族として認められていない。

19 世紀の半ばから戦間期にかけて、ルシーン人の間でも、スロヴァキア人と同様に、ハンガリー王国の枠組みの中で、政治的権利を求める動きが見られたが、国民国家を形成するような強固な民族運動を展開できなかった。それでも、ルシーン人の中には、ウクライナ人とは異なるアイデンティティーを保持し続ける者がいる。

体制転換後のスロヴァキアでは、ルシーン人が固有の民族として認められ、その言語と文化を保護する活動が再開された。プレショウには、ルシーン文化博物館 Múzeum rusinskej kultúry や、ルシーン語の演劇を上演するアレクサンデル・ドゥフノヴィチ劇場 Divadlo Alexandra Duchnoviča がある。

ヴェトナム人

スロヴァキアでもチェコでも、最大のアジア系コミュニティーを形成しているのはヴェトナム人だ（中国人よりもヴェトナム人の方がはるかに多い）。スロヴァキアの国勢調査では 2793 人がヴェトナム人として申告している（2 つ目の帰属民族としてヴェトナム系を選択したのは 489 人）。

ヴェトナムからスロヴァキアへの移民が始まったのは、1950 年代のことであった。チェコスロヴァキアは、共産圏の友好国であった北ヴェトナム（及び 1976 年以降の統一ヴェトナム）から、留学生や労働者を受け入れてきた。スロヴァキアに渡ったヴェトナム人の中には、ビロード革命後も本国に帰らず、ヴェトナム料理屋や衣服販売業等を営む者が数多くいる。ヴェトナム料理は、スロヴァキアにおけるファーストフードとしての地位を完全に獲得しており、牛肉や鶏肉のフォーや、ブンボーナンボー（汁無し米麺）は、スロヴァキア人の間でも人気メニューだ。

現在のヴェトナムの政治家の中には、スロヴァキア留学組も複数名含まれており、スロヴァキアの政治家と会談する際に通訳を付けずにスロヴァキア語で話す者もいる。近年では、スロヴァキア生まれのヴェトナム系移民二世・三世が育っている一方で、ヴェトナムで生まれ育った後にスロヴァキアの大学に進学する若い世代も増えている。同胞のヴェトナム人が多数居住しているスロヴァキアは、魅力的な留学先になっているのだ。

スロヴァキア語とルシーン語の二重言語表記（メジラボルツェ）

ブラチスラヴァのヴェトナム料理屋

スロヴァキアとチェコの比較

宗教　無信仰とカトリック

シュチートニクの福音派教会

　スロヴァキアとチェコの大きな違いは、宗教に見ることができるかもしれない。2021年のスロヴァキアの国勢調査によれば、55.8% がカトリック、5.3% が福音派（プロテスタントの一種）、4.0% がギリシャ・カトリック、1.6% がカルヴァン派（プロテスタントの一種）、0.9% が正教会、8.4% がその他の宗教、23.8% が無信仰であった。これに対し、同年行われたチェコの国勢調査によると、特定の信仰を有すると回答したのは

僅か 13.1% に過ぎず（そのうちカトリックは 7.0%、福音派は 0.3%）、何も信仰していないと回答したのは 47.8%、何かを信仰しているが特定の宗教等に与していないと回答したのが 9.1%、無回答が 30.1% であった。つまり、スロヴァキアでは人口の半数以上がカトリックを信仰しているのに対し、チェコでは事実上 9 割近くの人が宗教を信じていないのである。周辺諸国を見てみると、ポーランドは約 85% がカトリック信者、ハンガリーは約 37% がカトリック信者で約 12% がカルヴァン派、オーストリアは約 55% がカトリック信者で約 8% がムスリムであり、チェコの世俗化は他国と比べても際立っている。

なぜチェコに無信仰が多いのか？

　チェコで無信仰者の割合が多い理由について、19 世紀以降の近代化の影響、自由主義の浸透に伴う世俗化の進行、社会主義時代の宗教弾圧などが指摘されている。しかし、

コシツェの聖アルジュベタ大聖堂。ヨーロッパで最も東に位置するゴシック様式のカトリック大聖堂。

プレショウにあるギリシャ・カトリック教会

「なぜチェコは他の国よりも無信仰者が多いのか」という理由については、明確な回答を導き出すのは難しい。ここでは、チェコ特有の歴史と宗教の関係について振り返ってみよう。

15世紀に活動したチェコ人宗教家のヤン・フスは、イングランドの神学者ウィクリフの影響を受けて、聖書が信仰において最も重要であると主張し、教会組織の刷新を訴えて、人々の支持を集めた。マルティン・ルターが宗教改革を行う100年以上前のことである。フスは、コンスタンツ公会議で火あぶりの刑となったが、その影響力は残り、フス派の信者とカトリック勢力の間で戦争が発生し

た（フス戦争）。フス派は内部分裂を起こすが、その後、ルターの宗教革命の影響がチェコにも及び、プロテスタントが民衆から貴族の間にまで浸透する。そして、プロテスタントとカトリックの対立が頂点に達し始まったのが、三十年戦争であった。しかし、プラハ近郊のビーラー・ホラ（「白い山」という意味）の戦いで、チェコのプロテスタント貴族は、カトリック勢力のハプスブルク家に敗れ、プロテスタント勢力は大打撃を受けた。それ以後、ハプスブルク家によるチェコの支配が強化されることになる。

ところで、宗教改革の波はスロヴァキアにも及んだが、その後は再カトリック化が進ん

メジラボルツェの正教会

ブラチスラヴァのイエズス会教会

スロヴァキアとチェコの比較

だ。ブラチスラヴァの旧市街にあるイエズス会教会は、元々はプロテスタントの教会として建てられたが、その後カトリック勢力によって接収されたものである。そのため、教会の外装は通常のカトリック教会のように派手ではなく、プロテスタント教会のシンプルな特徴を残している。

チェコにおいてフスは重要な歴史的人物として見なされており、フスが火刑に処された7月6日は祝日になっている。プラハの旧市街広場にはフス像が佇んでいるが、フス像の建立は、チェコでナショナリズムが大きなうねりを見せた19世紀末から検討され、フス没後500年にあたる1915年に除幕式が行われた。チェコ民族再生のシンボルとして、フスが担ぎ出されたわけである。その3年後、チェコスロヴァキアが独立した直後、同じ旧市街広場にあった聖母マリアの円柱が群衆に引き倒された。この聖母マリア像は、三十年戦争中にスウェーデン（プロテスタント派）の攻撃からプラハを防衛したことを記念し、再カトリック化を推進したハプスブルク家のフェルディナント3世によって1650年に建設されたものであった。チェコ人にとって、聖母マリアの円柱は、カトリックの象徴、あるいはチェコを支配したハプスブルク家の象徴として、否定的に見られていたのであろう。なお、1990年代以降、聖母マリアの円柱の再建に向けた議論が沸き上がり、紆余曲折を経て、2020年に再建された。

スロヴァキアにおける宗教の位置づけ

スロヴァキアの歴史において、宗教は重要な役割を果たしてきた。最初にスロヴァキア語の正書法を考案したベルノラークはカトリックの司祭であり、現在使われているスロヴァキア語の基になる正書法を確立したシュトゥールは、福音派の学校で教師を務めていた。戦間期のチェコスロヴァキアでスロヴァキアの自治を要求したフリンカと、その後継者でスロヴァキア国の指導者となったティソは、どちらもカトリックの聖職者であった。社会主義政権下ではカトリック教会は弾圧さ

れたが、1988年に蝋燭デモと呼ばれる信仰の自由を求める集会を主導したのはカトリック系の秘密教会であった。蝋燭デモは、その1年後のビロード革命に繋がる出来事の1つとして評価されている。

スロヴァキアには16日の祝日があるが、実に9日がキリスト教に関連した祝日である。そのうち最も重要な祝日が、イースターとクリスマスで、どちらも家族と一緒に過ごして祝う。イースター（スロヴァキア語では「大きい夜 Veľká noc と言う」）は、キリスト教が伝わる前の民間信仰とも結びついており、春の到来を祝う側面もある。宗教が弾圧された社会主義時代は、宗教色が排除され、純粋に春の訪れを祝う日であった。

その他の宗教

スロヴァキアの宗教はカトリックだけではない。最初に紹介した通り、プロテスタント（福音派やカルヴァン派）も一定数の信者がいる。興味深いのは、ギリシャ・カトリック（東方典礼カトリック教会とも言う）と呼ばれる宗派だ。ギリシャ・カトリックは、正教会の典礼を維持しつつ、ローマ教皇の首位権を認めてカトリック教会に属しており、いわば正教会とカトリックを折衷した宗派だ。1646年に、ウジホロド（ウクライナ西部、スロヴァキア国境に位置する都市）で、正教信者のカトリック教会への参加が合意された。ギリシャ・カトリックの信者はスロヴァキア北東部に集中しており、主にルシーン人によって信仰されている。スロヴァキア以外では、ウクライナやポーランドにギリシャ・カトリックの信者が多い。正教会については、チェコスロヴァキア正教会が独立正教会として存在している。

なお、スロヴァキアは西欧諸国と比べるとムスリムの数は非常に少なく、約3900人を数えるに過ぎない。スロヴァキアはEU諸国の中で唯一モスクが無い国だと言われている。ユダヤ教徒はかつて多かったが、第二次世界大戦中に強制収容所に送られ、多数が犠牲になった。現在のユダヤ教徒の数は約2000人である。

経済関係　スーパーマーケットの商品はほぼ同じ

チェコ語（MEDVÍDCI）とスロヴァキア語（MEDVEDÍKY）でパッケージの表記が書かれているグミ。どちらも「くまさん」という意味

元々同じ国を構成し、言語的な壁もないスロヴァキアとチェコは、当然のことながら経済的な結びつきが強い。スロヴァキアにとって、チェコはドイツに次いで、2番目に貿易取引額が多い。チェコとスロヴァキアのスーパーマーケットを覗いてみると、食料品から日用品に至るまで、販売されている商品の大半は同じであり、パッケージの表記にはチェコ語とスロヴァキア語の両方の言語が書かれている。両国ともに EU 加盟国で単一市場を構成しているが、この2か国ほど市場が統合されている国々は EU で類を見ないだろう。

チェコに本社が所在し、スロヴァキアに支店を置く企業（あるいはその逆）も珍しくはなく、出張ベースで両国を行き来する人は多い。例えば、大手金融企業ペンタ Penta と J&T グループは、どちらもスロヴァキアで設立されたが、チェコでも幅広いビジネスを展開しており、両国において銀行、不動産、エ

ネルギー、医療、メディアなどの企業を傘下に置いている。ちなみに、チェコのバビシュ Andrej Babiš 元首相は、ブラチスラヴァ出身の実業家で

バビシュ元首相（出典：首相官邸 HP）

あり、スロヴァキア最大の化学メーカーであるドゥスロ Duslo 社は、バビシュが代表を務めていた複合企業アグロフェルト Agrofert 社の傘下にある。なお、バビシュは、アグロフェルトが多額の EU 補助金を受け取っていたころから、利益相反の疑いがかけられている。

5人に1人の大学生が外国の大学に

2018年の OECD の統計によると、外国で就学するスロヴァキア人大学生の割合は19% に達しており、5人に1人のスロヴァキア人大学生が外国の大学に通っている計算になる（この数値は、ルクセンブルクに次いで、OECD 諸国で2番目に高い）。そしてその大多数が、言語的な障壁がなく、スロヴァキアの大学よりも格上だと考えられるプラハやブルノなどの大学で学んでいる。

チェコの大学に進学するスロヴァキア人が多いことにより、多数のスロヴァキア人が卒業後もチェコに留まり、チェコで就職している。チェコの労働局によれば、チェコで就労しているスロヴァキア人の数は約7万人に上るが、スロヴァキア労働局によれば、スロヴァキアで就労しているチェコ人の数は約6000人に過ぎない（2018年のデータ）。スロヴァキアとチェコの経済指標を比較すると、両国の経済格差は縮まっているが、スロヴァキア人がチェコの労働市場に吸収される傾向は続いているようである。

祝日比較　スロヴァキア民族蜂起記念日と「脱チェコ化」

スロヴァキアの国家の祝日 Štátne sviatky、年間 6 日。非労働日は年間 5 日	
1 月 1 日	**スロヴァキア独立記念日** Deň vzniku Slovenskej republiky チェコとの連邦を解体した日（1993 年）
7 月 5 日	**聖キュリロスと聖メトディオスの祝日** Sviatok svätého Cyrila a Metoda 聖キュリロスと聖メトディオス によって、モラヴィア国にキリスト教が布教された日（863 年）
8 月 29 日	**スロヴァキア民族蜂起記念日** Výročie Slovenského národného povstania ナチス・ドイツ及びスロヴァキア国に対する武装蜂起が始まった日（1944 年）
9 月 1 日	**憲法記念日** Deň Ústavy Slovenskej republiky スロヴァキア憲法が採択された日（1992 年）
10 月 28 日	**チェコスロヴァキア独立記念日** Deň vzniku samostatného česko-slovenského štátu （1918 年）【ただし休日（非労働日）ではない】
11 月 17 日	**自由と民主主義のための闘いの日** Deň boja za slobodu a demokraciu ビロード革命が始まった日（1989 年）

　国家の祝日は、その国が重要視する事象を端的に示している。日本では、海の日や山の日といった四季折々の自然の恵みに感謝する祝日や、春分の日や昭和の日のような宮中祭祀や天皇の誕生日に由来する祝日が定められていることが特徴であろう。

　スロヴァキアとチェコは 20 世紀の大半を通じて共同の国家を形成していたため、共通の現代史を共有しており、また共にキリスト教文化圏に位置している（チェコは無信仰者がかなり多いが）。そのため、スロヴァキアとチェコが独立した後も、両国が同じ祝日を保持しているのではないかと思われがちであるが、実際には異なる祝日も有している。

　スロヴァキアの祝日は、「国家の祝日

Štátne sviatky」「休日 Dni pracovného pokoja」「記念の日 Pamätné dni」の 3 つのカテゴリーに分かれている。そのうち、「国家の祝日」と「休日」は、仕事や学校が休みになる日（非労働日）なので、日本のいわゆる「祝日」に相当する。ただし、ややこしいことに、「国家の祝日」のうち「チェコスロヴァキア独立記念日（10 月 28 日）」だけは、祝日であるが非労働日ではない。

　チェコの祝日もスロヴァキアの分類に類似しており、「国家の祝日 Státní svátky」「その他の祝日 Ostatní svátky」「重要な日 Významné dny」の 3 つに分かれている。そのうち非労働日は、「国家の祝日」と「その他の祝日」だ。

聖キュリロスと聖メトディオス

スロヴァキア西部シャシュチーンにある教会。毎年 9 月 15 日に信者が集まりミサが開催される。

1 月 6 日	**公現祭** Zjavenie Pána (Traja králi) 東方三博士 が幼子イエスを訪問した日。復活祭（イースター）、降臨祭（クリスマス）と並ぶキリスト教の三大祝祭日。
	聖金曜日 Veľký piatok 復活祭（イースター）直前の金曜日。教会暦に合わせた移動祝日（毎年 3 月下旬から 4 月下旬の間）。キリストが処刑された日。
	復活祭の月曜日 Veľkonočný pondelok 復活祭の翌日の月曜日。教会暦に合わせた移動祝日（毎年 3 月下旬から 4 月下旬の間）。キリストの復活を祝う。
5 月 1 日	**メーデー** Sviatok práce 1886 年 5 月 1 日にアメリカの労働者が労働時間短縮（1 日 8 時間労働）を求めるデモ活動を行ったことに由来し、世界中で労働者の祭日となった。
5 月 8 日	**ファシズムに対する勝利の日** Deň víťazstva nad fašizmom 第二次世界大戦戦勝記念日（1945 年）。
9 月 15 日	**悲しみの聖母マリアの日** Sedembolestná Panna Mária 聖母マリアの人生に起こった 7 つの悲しみを記念する日。聖母マリアはスロヴァキアの守護聖人。
11 月 1 日	**万聖節** Sviatok všetkých svätých 全ての聖人を記念する日。日本のお盆に相当し、人々は墓参りをする。
12 月 24 日	**降誕祭** Štedrý deň クリスマスイヴ
12 月 25 日	**降誕祭** Prvý sviatok vianočný クリスマス
12 月 26 日	**降誕祭** Druhý sviatok vianočný キリスト教世界で最初の殉職者である聖シュチェファンを記念する日。スロヴァキアでは、12 月 24 日と 25 日は家族と過ごし、26 日は友人に会いに出かける、という習慣になっている。

　スロヴァキアの祝日は全部で年間 16 日制定されているが、「チェコスロヴァキア独立記念日」は非労働日ではないため、実質的な祝日の数は年間 15 日である。一方のチェコは、年間 14 日間の祝日が定められているが、「チェコ独立記念日」と「元旦」は共に 1 月 1 日で重なっているため、実質的な年間祝日数は 13 日間である。

　ちなみに、スロヴァキアとチェコでは、日本のように振替休日という概念は無く、土日に休日が重なる場合でも翌月曜日は休みにならない。なお、スロヴァキアでは、祝日は小売店の営業が原則禁止（個人経営の商店やガソリンスタンド付属のコンビニは除く）されている。一方のチェコでは、面倒なことに、祝日によって小売店営業が許可／禁止されている日が異なっている。いずれにせよ、日曜日の小売店営業が原則禁止されている隣国

オーストリアに比べると、スロヴァキアとチェコでは買い物に困る回数は圧倒的に少ない。

スロヴァキアとチェコの祝日比較

　スロヴァキアとチェコの歴史に関する祝日を比べてみると、第二次世界大戦終戦記念日（5 月 8 日）やビロード革命の記念日（11 月 17 日）など、基本的に両国の祝日は共通している。大きな違いはスロヴァキア民族蜂起記念日である。当時、スロヴァキアは、ナチス・ドイツの傀儡国家として独立し、枢軸国陣営に参加していた（第二次世界大戦はドイツがポーランドを攻撃したことにより始まったが、スロヴァキアもポーランド侵攻に参加している）。一方のチェコは、ナチス・ドイツの直接的な支配下に置かれていた。チェコでもナチス・ドイツに対する武装

チェコの「国家の祝日 Státní svátky」（年間 7 日。いずれも非労働日）	
1 月 1 日	**チェコ独立記念日** Den obnovy samostatného českého státu スロヴァキアとの連邦を解体した日（1993 年）
5 月 8 日	**第二次世界大戦戦勝記念日** Den vítězství（1945 年）
7 月 5 日	**聖キュリロスと聖メトディオスの祝日** Den slovanských věrozvěstů Cyrila a Metoděje モラヴィア国にキリスト教が布教された日（863 年）
7 月 6 日	**ヤン・フス記念日** Den upálení mistra Jana Husa チェコの宗教改革指導者ヤン・フスが処刑された日（1415 年）
9 月 28 日	**チェコ国体の日** Den české státnosti チェコの守護聖人である聖ヴァーツラフ Václav が死んだ日（935 年）
10 月 28 日	**チェコスロヴァキア独立記念日** Den vzniku samostatného československého státu（1918 年）
11 月 17 日	**自由と民主主義のための闘いの日** Den boje za svobodu a demokracii ビロード革命が始まった日（1989 年）

チェコの「その他の祝日 Ostatní svátky」（年間 7 日。いずれも非労働日）	
1 月 1 日	**元旦** Nový rok 【ただし、「国家の祝日」のチェコ独立記念日（1 月 1 日）と日にちが重なっている】
	聖金曜日 Velký pátek
	復活祭の月曜日 Velikonoční pondělí
5 月 1 日	**メーデー** Svátek práce
12 月 24 日	**降誕祭** Štědrý den
12 月 25 日	**降誕祭** 1. svátek vánoční
12 月 26 日	**降誕祭** 2. svátek vánoční

スロヴァキア民族蜂起のプロパガンダ・ポスター。「民主主義のために、チェコスロヴァキアのために」と書かれている

蜂起が無かったわけではないが、特に独立国家として枢軸国側にいたスロヴァキアにとっては、ナチス・ドイツに対して反旗を翻したという事実は極めて重要であった。ナチスに直接占領されていたチェコとは異なり、スロヴァキアは、枢軸国に立って参戦したという汚名を返上するために、反ナチス武装蜂起を歴史的偉業として位置づけることが必要だったのであろう。

　宗教（キリスト教）関連の祝日を見比べると、興味深いことに、スロヴァキアではキリスト教圏で広く一般的な祭日（公現の日や万聖節）が祝日として制定されている一方で、チェコではヤン・フス記念日やチェコ国体記念日（聖ヴァーツラフ逝去日）のように、チェコのみに関係のある宗教関連の祝日が盛り込まれている。無信仰者の割合が多いチェコでは、普遍的な宗教祭日よりも、チェコ史と結びついている祝日の方が受け入れられやすいのかもしれない。

チェコスロヴァキア独立記念日の復活

　冒頭で記した通り、スロヴァキアにおけるチェコスロヴァキア独立記念日は、チェコとは異なり、休日ではない。これまで、チェコスロヴァキア独立記念日は、スロヴァキアではさほど重視されてこなかった。1993年に独立してからの数年間は、スロヴァキアの政治家が民族主義的な政策を推進したためか、チェコ人との共通の歴史が軽視される傾向にあった。独立間もないスロヴァキアは、自国色を強く打ち出そうとするあまり、相対的な「脱チェコ化」が進行したのである。スロヴァキアでは、チェコスロヴァキア独立記念日は、1999年になるまで、祝日の下位カテゴリーである「記念の日」にすら制定されていなかった。もちろん、スロヴァキアとチェコは連邦解体後も友好国であったが、チェコスロヴァキア独立記念日を巡る歴史的な重みの違いが浮き彫りになったのである。

　状況が大きく変わり始めたのは、チェコスロヴァキア独立100周年に当たる2018年であった。スロヴァキアにおいても、チェコスロヴァキア独立という歴史的重要性が再度注目されるようになった。スロヴァキアにとって、チェコとの共同国家成立は、約1000年間のハンガリー王国支配からの脱却を意味しており、国際的に認められた国境を初めて獲得するきっかけとなった。スロヴァキア語が公用語としての地位を獲得したのはチェコスロヴァキア独立以降のことであり、また、当時世界で最も先進的であったチェコスロヴァキアの民主主義制度は、これまで封建制度しか知らなかったスロヴァキア人にとっても有意義なことであった。チェコスロヴァキアが独立していなければ、今ある姿のスロヴァキアは存在しないという自明の事実が、独立100周年を機に再確認されたのである。

　こうした機運の中で、ひとまず2018年にチェコスロヴァキア独立に関する一度限りの祝日を導入することが決まった。しかし、一度限りの祝日として選ばれたのは、10月28日の独立記念日ではなく、10月30日の「マルティン宣言記念日」であった。マルティン宣言とは、1918年10月30日にスロヴァキア中部のマルティンで、スロヴァキア人が、チェコ人との共同国家に参加することを宣言した日である。興味深いことに、その2日前の10月28日に、チェコのプラハでチェコスロヴァキアの独立宣言が行われたのだが、スロヴァキアにその事実が伝えられたのはマルティン宣言発出後のことだったという（当時はまだ第一次世界大戦中であり、電信等による情報伝達手段がスムーズではなかった）。つまり、マルティン宣言は、スロヴァキア人が（チェコの動向を知らずに）あくまでも自発的にチェコ人との共同国家参加の意思決定をしたという点においても、歴史的な意味があった。それゆえ、スロヴァキアの視点からチェコスロヴァキア独立100周年を祝うのに相応しい祝日として、10月30日が選ばれたのである。ただし、「チェコ人と同じ10月28日に独立を祝うことに意義がある」との意見も見られ、マルティン宣言記念日を祝日とすることに対して必ずしも全国民的な理解が得られたわけではなかった。

　そして、2020年、ようやく10月28日のチェコスロヴァキア独立記念日が、正式に「記念の日」から「国家の祝日」に格上げされた。しかし、非労働日をこれ以上（年間15日よりも）増やすことができないという都合から、チェコスロヴァキア独立記念日は非労働日にはなっていない。つまり、10月28日は一般の人にとっては（年によっては土日に重なることもあるが）基本的には単なる平日であり、現時点ではスロヴァキアにおけるチェコスロヴァキア独立記念日は象徴的な意味合いを持つに過ぎない。9月15日の悲しみの聖母マリアの日を「記念の日」に降格させて、チェコスロヴァキア独立記念日を非労働日にするという案も出されたが、宗教界の反発を受けて頓挫している。チェコスロヴァキア独立記念日が本当の意味での「祝日」になる日は、果たして来るのだろうか。

「農業国」という誤解　輸出志向型工業国の地位を確立

　チェコとスロヴァキアを比較する際に、「チェコは工業国で、スロヴァキアは農業国」「チェコは豊かで、スロヴァキアは貧しい」という話をよく聞く。確かに、第二次世界大戦前までは、スロヴァキアの産業はかなり遅れており、チェコとの経済格差は大きかった。1918 年の時点で、ハンガリー王国で最も経済が発展した上位 10 の県のうち、6 県は現在のスロヴァキアに所在していた。そのため、スロヴァキアは、ハンガリー王国の中では相対的に経済が発展していたと言えるが、当時ヨーロッパで最も先進的な工業地域の 1 つであったチェコと比較すると、経済の後進性は明らかであった。戦間期のチェコスロヴァキアでは、実にスロヴァキアの人口の約 50%が第一次産業に従事していたが、チェコの第一次産業従事者の割合はその半分の約 25% であった。それでは、現在もスロヴァキアは農業国で、チェコよりも経済的に立ち遅れているのだろうか？

産業別就業人口の割合（2020 年）

	スロヴァキア	チェコ	日本
第一次産業	2.6%	2.6%	3.2%
第二次産業	36.5%	37.2%	23.5%
第三次産業	60.9%	60.2%	73.3%

出典：帝国書院世界の統計

　両国の産業別就業人口の割合を比較してみると、第一次産業従事者の割合は、スロヴァキアもチェコも共に 2.6% である。第二次産業従事者の割合も、スロヴァキアとチェコは 37% 前後であり、第三次産業従事者は 60% 程度だ。つまり、スロヴァキアは決して農業国ではなく、むしろ工業とサービス業がチェコ並みに発展しているのだ。国際通貨基金（IMF）の統計によれば、一人あたりの名目 GDP（2022 年）は、チェコが 2 万 6832 ドルなのに対し、スロヴァキアは 2万 1263 ドルであり、平均的な豊かさはチェコがスロヴァキアを上回っていると言える。一方で、スロヴァキアの一人あたり名目 GDP は、ハンガリー（1 万 8579 ドル）やポーランド（1 万 8342 ユーロ）の数値を上回っている。ちなみに、世界銀行のデータによれば、スロヴァキアは世界で最もジニ係数が低い（所得格差が少ない）国である。

　スロヴァキアで本格的な工業化が始まったのは、社会主義時代のことだ。ソ連の経済支援なども背景に、チェコとの経済格差を埋めるべく、計画経済に基づく重点的な工業化がなされた。特に重視されたのは、重工業、軍需産業、金属加工業、化学工業であった。こうして、スロヴァキアは社会主義時代に農業国から工業国に転換したが、市場の競争原理が存在せず、西側諸国と比較して技術革新が遅れたことは問題であった。社会主義体制崩壊後は、コメコン市場が失われ、スロヴァキアの重工業や軍需産業の国際競争力が低下したことにより、一時的に経済は停滞する。しかし、1990 年代後半以降、比較的安い人件費、比較的多い熟練労働者、ヨーロッパの中心という地理的優位性を背景に、外国企業の進出が相次ぎ工業が活性化し、スロヴァキアは著しい経済成長を見せた。転機となったのは、2004 年の EU 加盟と 2009 年の欧州単一通貨ユーロの導入で、スロヴァキアは欧州経済に完全に組み込まれ、輸出志向型工業国としての地位を確立した。

自動車産業　人口あたりの生産台数は世界一

スロヴァキアで生産されたフォルクスワーゲンの自動車（交通博物館の展示）

スロヴァキア経済を牽引する自動車産業

　現在のスロヴァキア経済を支えているのは、自動車産業である。国内で４つの自動車メーカーが操業しており、2026 年にさらにもう１つの自動車メーカーが生産を開始する予定である。具体的には、フォルクスワーゲン（チェコの自動車メーカー「シュコダŠkoda」を傘下に置いている）、ステランティス（旧プジョー・シトロエン）、起亜自動車（KIA）、ジャガー・ランド・ローバーの組立工場が所在しており、2026 年にボルボが電気自動車のみの生産に特化した工場を稼働させる予定である。そして、これらの自動車メーカーに付随して、多くのサプライヤーがスロヴァキアに進出している。日本の自動車メーカーはスロヴァキアに工場を置いていないが、約 20 社の日系企業が自動車部品をスロヴァキアで製造している（なお、トヨタはチェコ、スズキはハンガリーに自動車組立工場を有している）。

　意外なことであるが、スロヴァキアは年間約 100 万台の自動車を生産しており、人口あたりの自動車生産台数は世界一である（2019 年のデータによれば、人口 1000 人あたりの自動車生産台数はスロヴァキアが１位で 202 台、２位はチェコで 126 台、３位はスロヴェニアで 101 台、４位は韓国で 71台、５位は日本で 66 台）。スロヴァキアの全GDP に占める自動車産業の割合は 12% であり、約 40 万人（スロヴァキアの人口は約545 万人）が自動車産業に従事している。全輸出に占める自動車産業の割合は約 43% に達している。まさに、スロヴァキアは自動車大国と言っても過言ではない。

　電気自動車には欠かせない電池の生産もスロヴァキアで始まっている。2023 年末、ステランティスの組立工場があるトルナヴァの近郊の町ヴォジェラディで、スロヴァキア企業のイノバット InoBat が電池の生産ラインを稼働させた。同社は、スロヴァキア西部のシュラニでも、中国の国軒高科（ゴーション）との合弁会社を設立しており、2026 年に電池の生産を開始する予定である。

スロヴァキアのアジア企業　60社以上の日系企業が進出

日系企業ミネベアミツミ社のコシツェ工場

アジア諸国の中でスロヴァキアにおける経済的なプレゼンスが最も大きいのは韓国だ。起亜自動車KIAがジリナ近郊で組立工場を操業している他、サムスン電子がガランタで液晶テレビを製造している。両社のサプライヤーを含め、スロヴァキアには100社以上の韓国系企業が進出している。EU以外の国でスロヴァキアへの投資額が最も多いのも韓国である。

なお、スロヴァキアには、台湾企業のフォックスコンもテレビ工場を有しているが、この工場は元々ソニーの工場であり、現在でもソニー製テレビが同工場で委託生産されている（そのため、日本人のマネージャーも駐在している）。

注目される日系企業のビジネス

チェコでは、アジア諸国の中で経済的なプレゼンスが最も大きいのは日本である。チェコにおける日本の直接投資額はドイツに次いで2番目に多く、約270社の日系企業が進出している。

一方で、スロヴァキアに進出している日系企業は60社以上で、チェコと比べると少ないが、そのビジネスは常に注目されている。

2018年にスロヴァキア第2の都市コシツェに進出したベアリング大手のミネベアミツミ社は、工場だけでなく、R&Dセンターも開設し、地元コシツェ工科大学との研究開発協力を実施している。折しもスロヴァキアは、労働集約型産業から知的集約型産業へのシフトを模索しており、その意味で、単なる製造に留まらず、研究開発への投資も含めたミネベアミツミ社のコシツェ進出は、大きな話題となった。

また、最近はスロヴァキアでもIT産業が高度に発展し、特に首都ブラチスラヴァは「ドナウ・ヴァレー」ともてはやされることもあるが、その観点からは、武田薬品が設立したイノベーション能力センターも注目に値する。同センターは、世界中にある武田薬品の工場やオフィスのデジタル・トランスフォーメーション（DX）を図るべく、関連するアプリなどの開発を行っている。

その他のスロヴァキアに進出している主要日系企業としては、自動車部品を製造しているパナソニック、曙ブレーキ、青木精機、矢崎総業、コンプレッサーを生産している日本電産、トナーカートリッジのリサイクル業務を行っているブラザーなどが挙げられる。

天才科学者　自然科学への偉大な貢献

　チェコは昔から小国ながら伝統的な技術大国として知られており、自然科学や工学の分野で多数の偉人を輩出してきた。遺伝の法則を発見したのはブルノの司祭メンデル Gregor Johann Mendel で、ソフトコンタクトレンズを発明したのはチェコ人化学者のヴィフテルレ Otto Wichterle であった。19世紀半ばにプルゼニュで設立された総合機械メーカーのシュコダ社 Škoda は、戦車などの兵器開発や自動車の生産でチェコスロヴァキアを代表する企業となった。プルゼニュと言えば、現在世界中で飲まれている黄金色のビールが生まれた都市でもある。これに対して、技術革新や自然科学の分野におけるスロヴァキアの功績は、チェコの影に隠れてあまり紹介される機会が無いかもしれない。以下、人類の科学の進化に貢献してきた知られざるスロヴァキア出身の天才達を紹介しよう。彼等彼女等にとって共通するのは（一番最後に紹介するゲッティングを除き）、「現在のスロヴァキア地域出身」ということであり、外国で活躍した人や、民族的にスロヴァキア人でない者（ハンガリー人やドイツ人）も紹介する。

金星を観測したスロヴァキア人

ヘル　Maximilián Hell　1720～1792

　ヘルは1720年に鉱山都市バンスカー・シュチアヴニツァ Banská Štiavnica で生まれ、ウィーン大学で物理学を学んだ。卒業後は、ウィーンやトルナヴァ（スロヴァキア西部）の大学で数学や物理学を教え、1755年に35歳の若さでウィーン大学天文台の初代所長に任命された。以後1792年に亡くなるまで、ヘルはハプスブルク帝国の宇宙科学研究を牽引し、トルナヴァ、クルジュ・ナポカ（現ルーマニア、当時はハンガリー王国領）、ブダペシュト、エゲル（現ハンガリー北部）に天体観測所を設立した。

　ヘルは、デンマーク王クリスチャン7世の依頼を受けて、北極圏バレンツ海に面するヴァードー（現ノルウェー。当時はデンマーク王国領）に観測所を設置し、1769年に金星の太陽面通過を観測した。当時、金星の太陽面通過の観測は、天文単位を正確に測るための国際的な研究プロジェクトであり、イギリス、フランス、アメリカ、ロシアなども調査に参加していた。ヘルは、この観測記録を基に、太陽視差と、太陽から地球までの距離を世界で初めて計算した。

　1757年、ヘルは世界最初の宇宙科学に関する国際学術雑誌『Ephemerides astronomicae』を刊行し、ロンドン、パリ、コペンハーゲン、ストックホルム、ゲッティンゲンの科学アカデミーのメンバーに名前を連ね、世界屈指の天文学者として認知されるようになった。兄のヨゼフ・カロル・ヘル Jozef Karol Hell も有名な発明家であり、鉱山用のポンプの開発に貢献した。

ダイナモの父

イェドリーク　Štefan Anián Jedlík　1800～1895

　スロヴァキア南西部の村ゼムネー Zemné で生まれたイェドリークは、ブラチスラヴァなどで中等教育を受けた後に、ベネディクト会に入会し、ハンガリーのパンノンハルマ修道院で神学を学んだ。同時に、電気工学の研究も行い、1831～1839年にブラチスラヴァの王立アカデミーで、1840～1878年まではブダペシュトの大学で教授を務めた。業績は多岐に渡るが、世界で初めて電磁力で回転するモーターを作製したことが特筆に値する。イェドリークはこのモーターの開発により、ダイナモの原理を発明したことになるが、特許を申請しなかったため、電気工学の世界で忘れられた存在になってしまっている。唯一特許を申請した新技術は、ソーダ水（炭酸水）の大量生産法であり、これによりハンガリー王国で世界初となるソーダ水工場が作られた。

ペツヴァル　Josef Maximilian Petzval　1807 ～ 1891

　ペツヴァルは、1807 年にスロヴァキア北部のスピシュスカー・ベラー Spišská Belá に生まれ、ブダペシュト工科経済大学で数学を学んだ後、ペシュト大学（現エトヴェシュ・ロラーンド大学）やウィーン大学で教鞭を執った。1840 年に、像面湾曲の計算を駆使して、従来の性能を遥かに上回る対物レンズを開発した。彼によって考案されたレンズは「ペツヴァル・レンズ（日本語ではペッツヴァール・レンズとも表記され、明治時代に紹介された）」と呼ばれており、撮影レンズの収差に関する計算式は「ペツヴァルの和」と名付けられている。数学者として微積分学の研究でも知られている他、音響学（音調システムの研究など）や建築工学（高層ビルの安定性に関する研究など）の分野でも業績を残した。

バヒーリュ　Ján Bahýľ　1856 ～ 1916

　スロヴァキア中部の村ズヴォレンスカー・スラチナ Zvolenská Slatina で生まれた。ウィーンの軍事アカデミーを卒業した後、オーストリア・ハンガリー帝国軍のエンジニアになり、1880 年から 1891 年にかけて、クラクフ、リヴィウ、サンクトペテルブルク、ドブロヴニクなどの軍事要塞建設に関わった。その際、水圧や蒸気タンクに関する発明で特許を取得しており、発明家としての片鱗を見せ始めた。
　バヒーリュは、自身が取得した特許をロシア軍に売却し、その資金を元手にブラチスラヴァでヘリコプターの研究を開始した。1895 年に自作のヘリコプターで浮遊に成功しており、1905 年には高度 4 m の高さで 1500 m の距離を飛行した。ヘリコプター関連の発明品を含め、生涯で 13 の特許を取得した。ヘリコプターの開発には、20 世紀初頭に世界中の発明家が挑戦しており、発明王エジソンもヘリコプターの研究に取り組んだ時期があった（ただし失敗に終わっている）。その後、ドイツのフォッケや、キーウ出身のシコールスキイなどが、ヘリコプターの実用化に成功している。バヒーリュの名前は他の発明家の間に埋もれてしまっているが、1978 年に『エジソンに勝った男 Premožiteľ Edisona』というタイトルで、バヒーリュのドキュメンタリー映画がチェコスロヴァキアで公開された。

ストドラ　Aurel Stodola　1859 ～ 1942

　タトラ山脈の麓に位置するリプトウスキー・ミクラーシュ Liptovský Mikuláš で生まれ、ブダペシュト、チューリヒ、ベルリン、パリで工学を勉強した後、プラハでラストン Ruston 社（イギリスのエンジン・メーカー）の工場建設を担当し、1892 年にチューリヒ工科大学の教授に就任した。チューリヒ時代の教え子の中には、相対性理論を発表したアインシュタインも含まれる。
　熱量学に関するイギリス人研究者マクスウェル James Clerk Maxwell の研究を応用し、蒸気タービンと燃焼タービンの開発に貢献した。また、現在冷暖房に利用されている熱ポンプの原理もストドラによって世界で初めて考案された。1915 年には、動力の研究を応用し、ドイツ人医師ザウアーブルッフ Ferdinand Sauerbruch と協力して、第一次世界大戦の傷痍軍人のために義手を設計した。
　ストドラは、タービン研究の権威として世界的に認められており、1941 年にイギリス機械学会よりジェームズ・ワット国際メダルを受賞した（1939 年には自動車王ヘンリー・フォードが同メダルを受賞している）。また、第二次世界大戦前に活躍した科学者としては珍しく、科学的な成果が戦争などで悪用される危険性について警鐘を鳴らし続けていた人物であった。なお弟コルネル Kornel Stodola は、スロヴァキアを代表する財界人であり、パリに本部を置く国際商業会議所の会長を務めた他、ヴィクトル・ユーゴーの『ノートルダム・ド・パリ』を原文のフランス語からスロヴァキア語に翻訳するなどして、兄に劣らぬ多彩な才能を発揮した。

レナルト　　Filip Lenard　1862 ～ 1947

　ブラチスラヴァで生まれたレナルト（日本語ではレーナルトとも表記される）は、ブダペシュト、ウィーン、ベルリン、ハイデルベルクの大学で物理学を学び、ヘルムホルツ（エネルギー保存の法則を確立した生理学者・物理学者）、ブンゼン（ルビジウムやセシウムを発見した化学者）、クインケ（音波の干渉の研究で有名な物理学者）といった名だたるドイツ人学者の教えを受けた。大学卒業後はブダペシュト、ボン、ヴロツワフ、アーヘン、キールの各大学で教鞭を執り、1907 年から 1931 年にかけては、ハイデルベルク大学の放射線学研究所の所長を務めた。同研究所は、後にフィリップ・レナルト研究所に改名されている。

　1905 年に、陰極線（真空管の電子の流れ）の研究により、ノーベル物理学賞を受賞した。スロヴァキア出身のノーベル受賞者は、これまでのところレナルトが唯一である。レナルトの研究は、ラジオ、テレビ、電子顕微鏡の開発に応用され、レントゲンがエックス線を発見するきっかけとなった。

　レナルトは、ドイツを代表する物理学者として大きな尊敬を集めていた一方で、熱心な反ユダヤ主義者としても知られていた。彼は、ユダヤ人であったアインシュタインの相対性理論を強烈に批判していた。

ムルガシュ　　Jozef Murgaš　1864 ～ 1929

　無線電信技術の開発に貢献したのは、アメリカのエジソンやイタリアのマルコーニだけではない。スロヴァキア出身のムルガシュは、興味本位で無線電信の研究を行い、アメリカで特許まで取ってしまったアマチュア発明家である。1864 年にスロヴァキア中部のタヨウ Tajov という村で生まれ、ブダペシュトとミュンヘンで絵画を学んだが、1896 年にカトリック神父としてアメリカに渡る決心をした。移住したのはペンシルヴァニア州ウィルクス・バリ Wilkes-Barre という町で、当時スロヴァキアからの移民が 300 世帯ほど住んでいた。

　ムルガシュは、アメリカに移住したスロヴァキア人のために神父としての活動を行うかたわら、趣味で無線電信の研究を始め、1904 年に連邦特許局（現在の米国特許商標庁）より 2 つの特許を取得した。1 つ目の特許は自作の無線電信機に関するもので、2 つ目の特許は、発信側と受信側で異なる周波を用いるメッセージの伝達方法に関するものである。同時期に、イタリア人発明家のマルコーニも類似の特許を登録したが、連邦最高裁判所はムルガシュの特許を認可し、マルコーニの特許を取り消した。その後マルコーニは、ムルガシュの技術を改良し無線電信の開発を進め、1909 年にノーベル物理学賞を受賞した。ムルガシュは、1905 年に世界で初めて無線を用いた会話の伝達に成功している。この業績により、ムルガシュは「ラジオの発明者」として世界に名前を知られるようになった。ウィルクス・バリにあるムルガシュの研究室には、時のアメリカ大統領セオドア・ルーズヴェルトも訪問した。研究領域は無線電信だけに留まらず、1912 年には釣り竿のリールを発明し特許を取得している。また、在米スロヴァキア人コミュニティーの政治活動にも関与し、1918 年のピッツバーグ協定（在米のチェコ人とスロヴァキア人による協定で、チェコスロヴァキア共同国家設立を支持した）の署名者にも名を連ねた。

パラシュートを発明

バニチ　Štefan Banič　1870 ～ 1941

　バニチは 1870 年にスロヴァキア西部のスモレニツェ Smolenice で生まれ、1907 年から 1920 年にかけてアメリカに出稼ぎに渡り、ペンシルヴァニア州グリーンビル Greenville の炭鉱、シカゴの農業機械メーカー、ニューヨークの造船所などで働いた。バニチは飛行機の墜落事故を目撃して以降、航空機から避難するためのパラシュートの開発に関心を持つようになった。

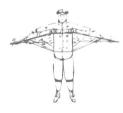

　1914 年 8 月 3 日、高層ビルの 41 階から自作のパラシュートで落下する公開実験を成し遂げ、その後航空機からの落下テストにも成功した。バニチが取得したパラシュートの特許は、後にアメリカ軍によって購入されたが、その額は僅か数ドルであったと伝えられている。

　アメリカから故郷スモレニツェに戻ったバニチは、煉瓦職人として生活し、果物栽培に没頭した。スモレニツェでは、1920 年代にドリニ洞窟 Jaskyňa Driny が発見されたが、バニチも第一発見者の一人であった。ドリニ洞窟は、スロヴァキアで一般公開されている洞窟の中で首都ブラチスラヴァから最も近い場所にあり、多くの観光客でにぎわっている。

バニチが作成したパラシュート（出典：スモレニツェ町役場 HP）

　バニチの業績は、アメリカでも祖国スロヴァキアでも忘れ去られていたが、スロヴァキア出身のスカイダイバーであるムリーク Slavo Mulik（1944 ～ 2016）の尽力により再評価が進んだ。ムリークは、元々炭鉱で働いていたが、地表ではなく空中に生きがいを見つけ、スカイダイビングにのめり込んでいった。1968 年の「プラハの春」改革が弾圧された後に、南アフリカに亡命し、その後アフリカとアメリカを拠点とする世界的なスカイダイバーとして名前が知られるようになった。ムリークは、バニチの偉業を世に広めるために、1997 年に「シュチェファン・バニチ・パラシュート基金」を設立し、スカイダイビングで重要な功績を残した人物を表彰している。受賞者の中には、アメリカのブッシュ（父）元大統領も含まれている。ブッシュ（父）は、太平洋戦争でパイロットとして従軍していた際に、日本軍によって戦闘機を撃墜されたが、奇跡的にパラシュートでの脱出に成功している。戦後ブッシュ（父）は、レジャーとしてのスカイダイビングを楽しむようになり、自身の 90 歳の誕生日にもスカイダイビングを敢行し世界を驚かせている。

数々の彗星を発見した女性天文学者

パイドゥシャーコヴァー　Ľudmila Pajdušáková　1916 ～ 1979

　1916 年にチェコ国境に近いスロヴァキア西部の村ラドショウツェ Radošovce で生まれ、1936 年以降初等学校の教員を務めていたが、1944 年にタトラ山脈に新設された国立天文台で助手として働き始めた。国立天文台は、1953 年にスロヴァキア科学アカデミー（SAV）の管轄下に入り、名称も「スロヴァキア科学アカデミー天文学研究所」に改名されている。天文学に関する勉強を専門的に開始して、1950 年にコメンスキー大学を卒業した。その後 1958 年から亡くなるまで、同研究所の所長を務め、主に太陽黒点や太陽コロナの研究に従事した。

　パイドゥシャーコヴァーは、1946 年から 1953 年にかけて、5 つの彗星を発見している。その中の 1 つの彗星は、パイドゥシャーコヴァーの他、日本人のアマチュア天文家である本田実と、チェコ人天文学者ムルコス Antonín Mrkos によって 1948 年に相次いで発見され、「本田・ムルコス・パイドゥシャーコヴァー彗星 45P/Honda–Mrkos–Pajdušáková」と命名された。この彗星の公転周期は約 5.3 年で、比較的頻繁に観測することができる。なお、1982 年にムルコスが発見した小惑星は、パイドゥシャーコヴァーに敬意を示すために、3636 Pajdušáková と名付けられている。

エレキ・ギターの先駆者

ドピエラ　Ján Dopjera　1893 ～ 1988

　スロヴァキア最大の巡礼地として知られるシャシュチーン・ストラージェ Šaštín-Stráže で生まれ、1903 年に一家で米国カリフォルニア州に移住した。そして、1920 年頃に兄弟と一緒にロサンゼルスで楽器工房を開き、ギター、バンジョー、ヴァイオリンの生産や修理を手掛け始めた。

　1920 年代後半、ドピエラは、木製のボディにリゾネーターという共鳴器を取りつけたギターを発明し、特許を取得した。ドピエラは、このギターに「ドブロ Dobro」というブランド名をつけて販売を開始した。「ドブロ」は、「ドピエラ Dopiera」と「兄弟 Brothers」を重ねあわせて命名されたが、dobro はスロヴァキア

語で「良い」という意味もある。ドブロ・ギターは、「Dobro means good in any language」のキャッチコピーで売り出された。ドピエラが発明したギターは、「リゾネーター・ギター」と呼ばれており、エレキ・ギターの先駆けとして知られているが、ドブロ・ギターの知名度があまりにも高かったため、今日でもリゾネーター・ギターと言えばドブロ・ギターのことを指すほど、一般化された名前として定着している。従来のギターよりも大きな音量を発することができるドブロ・ギターは、瞬く間に全米で好評を博し、フォーク、ブルース、ロック、ハワイアンなど幅広い音楽ジャンルで利用された。なお、ドブロ・ギターのブランドは、現在ではアメリカの大手エレキ・ギター・メーカーのギブソン社の傘下に入っている。

　ドピエラの故郷に近いスロヴァキア西部のトルナヴァ市では、毎年 8 月に DobroFest という名前の音楽フェスティバルが開催されている。

ドブロ・ギター

GPS の生みの親

ゲッティング　Ivan Alexander Getting 1912 ～ 2003

　全地球測位システム（GPS）の提唱者であるゲッティングは、スロヴァキア北部の町ビッチャ Bytča から米国に移住した両親の下に、ニューヨークで生まれた。父親ミランは、チェコスロヴァキアの独立のために尽力した有名なジャーナリストであり、またチェコスロヴァキア初代大統領マサリクの親友であった。チェコスロヴァキア独立後は、在米チェコスロヴァキア大使館の広報部長や、在ピッツバーグ・チェコスロヴァキア総領事を務めている。ゲッティングは幼少期から科学に興味を示し、11 歳でラジオを自作している。

　その後、エジソンが設立した若手物理学者のためのコンクールで優勝し、マサチューセッツ工科大学の奨学金を獲得して同校で学んだ。卒業後の 1935 年にハーヴァード大学の教員となり、1940 年にマサチューセッツ工科大学に転職した。戦時中は、アメリカのスティムソン国務長官の顧問として、レーダーやナビゲーション・システムの開発に従事している。ゲッティングなどが共同開発した SCR-584 レーダーは、1944 年のレイテ沖海戦にも投入された。

　戦後は、アメリカ空軍によってカリフォルニア州エル・セグンド El Segundo に設立された非営利団体エアロスペース・コーポレーション Aerospace Corporation の代表者となり、アメリカの航空・宇宙ナビゲーション研究を牽引した。ゲッティングは、ソ連が打ち上げた人工衛星の位置を監視するために開発したナビゲーション・システムを、地球上でも利用できないかと考えた。そして、異なる時間帯の位置情報を 3D 空間で表示するシステムを世界で初めて開発し、現在では当たり前の技術となった GPS の誕生に貢献した。ゲッティングは、アメリカ生まれだがスロヴァキア語も話し、何度も両親の生まれ故郷を訪問している。

製品　世界に通用する Made in Slovakia

　工業が古くから発展していたチェコは、モノづくり国のイメージがあるが、スロヴァキアも
チェコに負けず劣らず様々な製品を世に送り出してきた。ここでは、世界に通用する Made in
Slovakia の製品を紹介しよう。

中欧のかわいい陶器

モドラ陶器　Modranská keramika

　ブラチスラヴァから 30km の距離にあるモドラ Modra は、ワインと陶器の町として知られる。モドラ
では古来より、産出される粘土を用いて陶器作りが行われていたが、17 世紀以降にスイスから西スロヴァ
キアに移住したハバーン教徒 Habáni により、マヨリカ焼きの技術が持ち込まれた。ハバーン教徒とは、
キリスト教アナバプテスト派（幼児洗礼を否定し、成人してから洗礼を行う）の一派で、閉ざされたコミュ
ニティーで共同生活を送り、工芸の才能に秀でていた。マヨリカ焼きとは、錫釉（すずぐすり）で白い色
をつけてから、様々な色で装飾した陶器で、スペインのマヨリカ島を中継地として取引されたため、この
名が付いたと言われる。モドラ陶器も、「スロヴァキア風マヨリカ」「モドラ風マヨリカ」と呼ばれること
がある。
　ハバーン教徒のコミュニティーが消滅した現在でも、モドラでは陶器作りの伝統が継承されている。モ
ドラ陶器は、白地に黄色や青色を基調としており、色鮮やかでありながら素朴な雰囲気を醸し出している
のが特徴だ。モドラ陶器はブラチスラヴァ市内の土産屋でも購入できるが、モドラでは実際に陶器を作っ
ている様子を見学することができる（ワインが有名な土地柄のため、陶器工房見学とワイン試飲がセット
になったツアーも組まれている）。最近は日本でも、チェコのブルーオニオン、ハンガリーのヘレンド磁器、
ポーランドのボレスワヴィエツ陶器など、中欧の「かわいい」陶磁器が人気を集めているが、モドラ陶器
はまだあまり知られていない。モドラ陶器はブランド化が進んでいないためか、中欧の名だたる陶磁器と
比べて、安い価格で購入できるが、かわいらしさではひけを取らない。いつか日本でもモドラ陶器がブー
ムになる時が来るだろうか。

爆発的にヒットしたカトラリー

サンドリク Sandrik

　1958 年、第二次世界大戦後初めて開催された万国博覧会（ブリュッセル万博）で、チェコスロヴァキアは最優秀パヴィリオン賞を受賞した。パヴィリオン併設のレストランで使用された食器やカトラリーは、スロヴァキアのサンドリク Sandrik 社の製品であった。ブリュッセル万博のために製造されたサンドリクのカトラリー「ブリュッセル」は、チェコスロヴァキアの一般家庭で最も普及した食卓用品となり、2018 年まで製造が続けられるほどのロングセラーとなった。

　1895 年、当時銀の産出で有名であったスロヴァキア中部のホドルシャ Hodruša 地方に、銀製品を作る会社としてサンドリクが設立された。サンドリクは、銀器メーカーとしては、フランスのクリストフル、オーストリアのベルンドルフに次いで、世界で 3 番目に古い歴史を誇る。サンドリクの銀製カトラリーは、ヨーロッパ諸国で高く評価され、1900 年のパリ万国博覧会で金メダルを獲得した。また、サンドリクは、高級な銀製品だけでなく、一般家庭向けの洋白（銅と亜鉛とニッケルの合金）のカトラリーの製造も開始し、食卓用品メーカーとして大きく成長する。社会主義体制崩壊後は、オーストリアのベルンドルフの傘下に入った。

高級ワイングラス

ロナ RONA

　ボヘミア・ガラスと呼ばれるチェコのガラス製品は世界的に有名だ。日本では、大相撲の優勝力士に、チェコ製のカットグラスが贈呈される。また、オーストリアに拠点を置くクリスタル・ガラスの高級ブランド「スワロフスキー」の創業者ダニエル・スワロフスキーは、元々チェコ出身である。一方のスロヴァキアには、北西部のレドニツケー・ロヴネ Lednické Rovne に、1892 年創業のロナ RONA というガラスメーカーがある。ロナのグラスは、世界 80 か国以上に輸出されており、イギリス王室やアメリカのホワイトハウス、エミレーツ、エティハド、KLM などの航空会社、世界中の高級ホテルで使われている。

　ロナは 100 年以上の歴史の中で、ヨーロッパのガラス産業の技術革新を牽引している。1896 年にヨーロッパ大陸で最初にパントグラフ（ガラスに繊細な装飾を施すための技術）のための機材を導入し、1998 年からはクリスタリンと呼ばれる無鉛グラスを製造している。クリスタリンは、クリスタル・グラスとは異なり鉛を含有していないが、透明度や光の屈折率はクリスタル・グラスに近いため、高級ワイングラスとしての需要が高い。

　ロナの特徴は、機械生産のグラスでも、ハンドメイド並みの高い芸術性を兼ね備えていることである。1940 年代には、マルティン・ベンカ Martin Benka やヴィンツェント・フロジュニーク Vincent Hložník といったスロヴァキアを代表する芸術家がロナと提携していた。現在でも、一流の芸術家がグラスのデザインに参画している。大量生産される日用品であっても芸術性を追求する理念は、社会主義時代のチェコスロヴァキアの製品に共通しているように思われる。芸術が大衆に広く行き渡る現象は、チェコスロヴァキアの「伝統」なのかもしれない。ロナのグラスは、日本語の公式ホームページからも購入できる。

スロヴァキア製オートバイ

マネット Manet ジャワ Jawa

　意外なことであるが、社会主義時代にスロヴァキアで生産されていたオートバイは、世界中（5大陸全て）に輸出されていた。スロヴァキア北西部ポヴァシュスカー・ビストリツァ Považská Bystrica にかつて存在した機械工場は、1986年までに250万両のオートバイ（モペッド）を製造し、その多くが外貨獲得のために輸出に回された。最初のヒット作は「マネット Manet」で、アフリカのブルキナファソでは切手のデザインに採用されるほど高評価を受けた。1950年代以降は、チェコの人気オートバイ「ジャワ Jawa」がポヴァシュスカー・ビストリツァ工場でライセンス生産されるようになった。それまで同工場で製造されていた自動小銃 vz51 の生産ラインが、チェコのウヘルスキー・ブロトにある工場に移されたため、余剰の生産能力を用いて Jawa の製造が始まったのである。スロヴァキアで製造された Jawa 207（通称「バベッタ Babetta」）は資本主義諸国でも人気を博し、1974年に西ドイツのグッドデザイン賞を受賞している。

エアカー（出典：クライン・ヴィジョン社 HP）

ザラ・ラザフォード（出典：スロヴァキア飛行士連盟 HP）

Shark UL（出典：Shark.Aero 社公式 HP）

世界初の都市間飛行に成功した空飛ぶ自動車／世界記録を塗り替えた小型飛行機

クライン・ヴィジョン　Klein Vision ／ シャーク・アエロ　Shark Aero

　2021 年 6 月、スロヴァキアで世界初となる実験が成功した。空飛ぶ自動車の都市間飛行である。スロヴァキアのクライン・ヴィジョン Klein Vision 社が開発した「エアカー」は、同社の本拠地があるニトラからブラチスラヴァ空港までの約 70km を飛行し、着陸後は目的地であるブラチスラヴァの旧市街まで走行した。エアカーはその後も飛行実験を繰り返し、2022 年 1 月には欧州航空安全機関（EASA）の基準を満たしていると認められ、スロヴァキアの交通当局より耐空証明を取得した。今後は、ブラチスラヴァとパリの国家間飛行を目指すという。

　スロヴァキアは空飛ぶ自動車だけでなく、小型航空機の分野でも、世界記録に貢献している。2022 年 1 月に単独での世界一周飛行の女性最年少記録を塗り替えたザラ・ラザフォード（ベルギーとイギリスの二重国籍、当時 19 歳）は、スロヴァキアのシャーク・アエロ Shark.Aero 社が開発した、世界一速い超軽量航空機（マイクロ・ライト・プレーン）「Shark UL」を旅のパートナーに選んだ。ラザフォードはベルギーを出発して世界 57 か国を周遊したが、途中でスロヴァキア西部のセニツァ Senica にも立ち寄った。セニツァは、シャーク・アエロ社の本社がある町で、ラザフォードが世界一周飛行のためのトレーニングを行った場所でもある。ラザフォードはインタビューの中で、「スロヴァキアの乗り物は素晴らしい、自動車だけでなく飛行機も」と述べている。

ノヴェスタのスニーカー（公式 HP より）

ノヴェスタ　Novesta

　チェコ発祥のバチャは、知る人ぞ知る世界的な靴メーカーだ。創業者のトマーシュ・バチャ Tomáš Baťa は、1894 年にチェコ東部ズリーン Zlín で靴工房を開き、一代で大企業に成長させた。戦間期に世界一の靴輸出企業になったバチャ社であるが、ナチス・ドイツによってチェコスロヴァキアが解体される直前にカナダに移転し、それ以降はグローバル企業としての特性をより一層強め、現在に至っている。チェコとスロヴァキア以外の国では、チェコ語名のバチャ Baťa ではなく、バタ Bata いう社名で呼ばれている。

　トマーシュの義理の弟で、バチャ社の 2 代目社長であるヤン・アントニーン・バチャ Jan Antonín Baťa は、1938 年に、つまりバチャ社がカナダに移転する直前に、スロヴァキア中部のシモノヴァニ Šimonovany という小村に大規模で近代的な工場と社員住宅を備えた計画都市を建設した。この企業城下町は、バチャの名前を取ってバチョヴァニ Baťovany という市名になった。トヨタ自動車の本拠地が挙母市から豊田市に改名されたのと同じような話が、スロヴァキアでもあったということだ。ちなみに、世界中に進出していたバチャ社は、バチョヴァニ以外にも、バタヴィル（フランス）、バタナガル（インド）、バタトゥバ（ブラジル）、カリバタ（インドネシア）、バタワ（カナダ）といった企業城下町を各国に築いている。戦後、チェコスロヴァキアが社会主義国になると、旧バチャの靴工場は「8 月 29 日工場」という名前に、市名はバチョヴァニからパルティザーンスケ Partizánske に、それぞれ改名された。「8 月 29 日」は、1944 年にパルチザンなどによるスロヴァキア民族蜂起（対ナチスの武装蜂起）が始まった日で、「パルティザーンスケ」は「パルチザンの（都市）」という意味である。

　現在パルティザーンスケでは、バチャの伝統を引き継いだ「ノヴェスタ Novesta」という靴メーカーが、スニーカーの生産を続けている。ノヴェスタは、レトロなデザインながら品質が高いことで好評を博しており、製品の 90% が日本を含む世界各国に輸出されている。ノヴェスタの公式ホームページによれば、ほぼ全ての製品が天然素材から作られており、生産工程の約 9 割が職人によるハンドメイドだという。ノヴェスタは、「マラソン Marathon」という名前のランニング・シューズも生産しているが、これは 1988 年ソウル五輪で金メダルを獲得したスロヴァキア人競歩選手プリビリネツ Jozef Pribilinec のために作られたシューズをモデルに復刻されたものだという。また、アメリカ人歌手マドンナの弟であるクリストファー・チッコーネ氏が、2012 年に自身初の靴ブランドを立ち上げた際には、ノヴェスタと業務提携を結んだことが話題となった。近年、ノヴェスタは、日本国内のブランドとも積極的なコラボ活動を展開しており、今後の活動が注目される。ノヴェスタのスニーカーは、日本語の公式サイトでも購入できる。

イーセット　Eset

スロヴァキア発祥で最も成功していると言える企業は、ウイルス対策ソフトの開発・販売会社として国際的な知名度を誇る Eset（イーセット）であろう。まだパソコンが普及していなかった 1987 年、創業者であるスロヴァキア人のトルンカ Miroslav Trnka とパシュコ Peter Paško は、後に Eset のヒット商品になる NOD32 アンチウイルスの初期版を開発し、1992 年にブラチスラヴァで Eset 社を創設した。Eset はスロヴァキア語で、エジプト神話のイシス（豊穣の女神で、蘇生や解毒の能力も有する）のことである。Eset の製品は、ウイルス検出能力が高く、ソフトの動作が軽快であることから、世界中でシェアを伸ばし、200 か国以上で、1 億 1000 万人以上の人々と 40 万社以上の企業に利用されている。日本では、Eset とキヤノン IT ソリューションズの合弁会社が 2018 年に設立された。

Eset は、サイバーセキュリティの啓蒙活動にも熱心で、「We Live Security」という英語の情報サイトを開設し、個人向けのウイルス対策や、マルウェアの解析記事等を公開している（一部記事は、キヤノン IT ソリューションズのサイトで日本語でも公開されている）。

Eset のロゴ

ネドバルカ美術館

スロヴァキア製のスイス・チョコレート

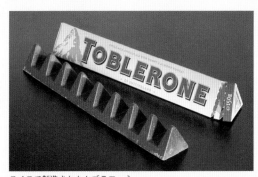

スイスで製造されたトブラローネ

空港の免税店でよく見かける三角型のチョコレート「トブラローネ Toblerone」は、これまで 100 年以上スイスの首都ベルンで製造されてきた。しかし、トブラローネの所有権を持つアメリカのモンデリーズ Mondelēz 社は、人件費を抑えるために、2023 年末以降に一部のトブラローネをスロヴァキアで製造することを発表した。スイスの老舗チョコレートが初めてスイス国外でも製造されるのは衝撃的なニュースではあるが、同時にスロヴァキアのチョコレート製造技術のクオリティも注目されるべきであろう。トブラローネが製造されるのは、同じくモンデリーズの傘下にある、ブラチスラヴァのチョコレート・メーカー「フィガロ Figaro」の工場である。この工場でチョコレート製造が始まったのは、トブラローネの製造が始まる前の 1896 年のことであり、当時はドイツのチョコレート・メーカー「シュトルヴェルク Stollwerck」の製造拠点として、ミルク・キャラメルを作っていた（シュトルヴェルクは、チョコレートの自動販売機を開発したことで知られている）。フィガロの看板商品であるフィガロ・チョコレートは、半世紀以上スロヴァキアで販売されているロングセラーとなっている。

ノーベルとアポロ　工業化を支えた化学工場

スロヴナフトの石油精製所

ノーベルのブラチスラヴァ工場（出典：Nový Čas）

19世紀後半、チェコと比べて経済的に立ち遅れていたスロヴァキアにも、最初の工業化の波が訪れた。スロヴァキアの工業化を支えたのが、ブラチスラヴァに設立されたノーベル社とアポロ社である。

ノーベル社はその名前の通り、スウェーデンの科学者アルフレッド・ノーベルによって、1873年にダイナマイト製造工場としてブラチスラヴァに設立された。当時、ノーベルは、ドイツのハンブルクを拠点とし、ヨーロッパ各地にダイナマイト工場を展開していた。ノーベルのダイナマイト工場は、ハンガリー王国で最も重要な化学工場として成長したが、1920年代にダイナマイトの生産ラインがチェコに移され、その後は総合化学メーカーとしての地位を歩み始める。第二次世界大戦中は、ドイツの化学メーカー「IG・ファルベン」に接収された（IG・ファルベン社は、ユダヤ人虐殺に用いられた毒ガス「ツィクロンB」を製造した企業として悪名高い）。

ノーベル社は戦後国有化され、1951年にブルガリアの共産主義者ディミトロフ Georgi Dimitrov に因み、ディミトロフ化学工場と改名された。社会主義時代は主に化学繊維を製造した。体制転換後はイストロヘム Istrochem 社と名前を変えて、スロヴァキアの大手化学メーカー「ドゥスロ Duslo」の傘下に入った。現在は化学製品を生産しておらず、ブラチスラヴァにあった大工場は閉鎖

され、その代わりに、不動産、エネルギー供給、産業廃棄物の処理などの多様なビジネスを展開している。

中欧屈指の石油企業

太陽神アポロンの名前に因んだアポロ Apollo 社は、石油精製企業で、1895年に設立された。石油精製所はブラチスラヴァのドナウ川沿いに建設され、操業開始当初はロシアのカフカス地方やポーランドのガリツィア地方の原油を、後に西シベリアやルーマニアの原油も取り扱った。1950年代にアポロに代わる新しい石油精製所が建設され、新企業スロヴナフト Slovnaft 社が設立された。1960年代にはソ連とスロヴナフト石油精製所を結ぶ原油パイプライン「ドゥルジュバ（友好という意味）」が建設された。スロヴナフト社は、2000年以降、ハンガリーの石油会社 MOL の傘下に入ったが、現在でもスロヴァキア最大の石油企業として君臨している。スロヴナフトは、生産した石油製品（ガソリンや軽油）の約75%をオーストリアやチェコなどの中欧諸国に輸出しており、スロヴァキア国内のガソリンスタンドのシェアの約30%を抑えている。そんなスロヴナフトであるが、2022年のロシアのウクライナ侵略後は、エネルギー源の脱ロシア化の問題に直面している。スロヴァキアは2021年の時点で、原油の100%をロシアから輸入しており、原油

供給先の多様化をすぐに実現するのは簡単なことではない。また、スロヴナフトの石油精製所は、西シベリアの重質油の精製に適しており、もし軽質油（北海のブレント油など）を精製することになる場合、生産ラインを取り換えるために多額の投資が必要となる。

ヨーロッパ最年少の女性スパイ

　第二次世界大戦中の 1944 年 6 月、当時のアポロ石油精製所は、アメリカ軍による空襲を受けている。数百人が犠牲となったこの空襲には、ヨーロッパ最年少の女性スパイと言われた、あるスロヴァキア人が関わっていた。この女性スパイの名は、ベアトリクス・ポスピーシロヴァー Beatrix Pospíšilová で、1925 年にブラチスラヴァで生まれた。16 歳の時、プラハで反ナチス地下運動をしていた叔母の影響を受け、スパイとしてのキャリアをスタートさせる。当初は、ユダヤ人のための犬の散歩、薬の購入（ユダヤ人は犬の散歩や薬の購入が禁止されていた）といった簡単な仕事が与えられたが、純粋無垢に見える風貌、たぐいまれな語学能力といった魅力が評価され、プラハのバランドフ映画撮影所に送り込まれた。

　バランドフ映画撮影所は、中欧のハリウッドと言われた映画製作の中心地で、ナチスのゲッベルス宣伝相も度々訪問した。ポスピーシロヴァーは、すぐに映画の上流社会に潜り込み、ナチスの高官と接触し、そこで得た情報を地下組織に伝えた。しかし、あまりにも魅力的な女性であったためか、逆にナチスの諜報機関にスパイとして協力するよう打診される。ポスピーシロヴァーは、ナチスの申し出を拒否したことから、ゲシュタポから監視される羽目になり、危険を察知してスロヴァキアに戻り、タトラ山

ベアトリクス・ポスピーシロヴァー

脈のサナトリウムでしばらくの間潜伏する。

　その後、ポスピーシロヴァーには、偽装された身分証明書が与えられ、再びスパイ活動をするように命じられる。新しい任務は、アポロ石油精製所での情報収集であった。当時、連合国は、ドイツのエネルギー供給網を破壊するために、アポロ石油精製所の空襲を検討していた。ポスピーシロヴァーは、アポロの職員として採用され（人事部長が金髪の女性が好きなことを知り、髪の色をブルネットから金に染めたという）、すぐに会社の幹部とも仲良くなり、石油生産量やプラントの位置等の機密情報を収集し、写真撮影も行った。そこで得られた情報や写真は、ロンドンのチェコスロヴァキア亡命政府にも伝えられた。不思議なことに、ポスピーシロヴァーは、空襲が実施される日を事前に知らされたにも関わらず、いつも通り出社していたという。空襲の犠牲になった人の中には、ポスピーシロヴァーの知人も含まれていたが、彼女自身は生き残った。

　戦後、ポスピーシロヴァーは、タトラ山脈で潜伏していた時に知り合った印刷会社の社長と結婚し、看護師として第二の人生を歩み始めた。スパイとしての活動については、ほとんど語ることなく、静かに余生を過ごしたという。ポスピーシロヴァーの前半生は、まるで映画のような人生であり、ヨーロッパ最年少の女性スパイというだけでも十分インパクトがあるが、彼女を題材にした映画は今のところ製作されていない（スロヴァキアの女性の偉人を取り上げたテレビのドキュメンタリー番組では一度紹介されたことがある）。第二次世界大戦中のチェコスロヴァキアのスパイ活動と言えば、ナチス高官ハイドリヒをプラハで暗殺した、ガプチーク（スロヴァキア人）とクビシュ（チェコ人）によるエンスラポイド作戦（猿人類作戦）が有名であり、国内外で何度も映画化されているが、ポスピーシロヴァーは忘れられた存在のままになっている。

ヨーロッパ王室を輝かしたスロヴァキア・オパール

スロヴァキアで見つかったオパール

ドゥプニーク鉱山内部（出典：www.slovenskeopalovebane.sk）

　ウィーンの自然史博物館に、ハーレクインと名付けられたオパール原石が展示されている。このオパール原石は 2970 カラットで、同博物館で最も価値のある収集品の 1 つであり、推定価格は 50 万ドルに達すると言われている。遊色効果により虹色の輝きを放つオパールは宝石として珍重されているが、世界で最初に本格的なオパール採鉱が始まった場所はスロヴァキアであった。

　東スロヴァキアのスランスケー丘陵の麓にあるドゥプニーク鉱山 Dubnícke bane は、世界最古のオパール鉱山であり、19 世紀末にメキシコとオーストラリアでオパール原石が発見されるまでは、世界で唯一のオパール鉱山であった。ウィーン自然史美術館で展示されているハーレクインも、1775 年にスランスケー丘陵付近の小川で発見されたものである。この地域では、11 世紀から本格的なオパール採掘が始まったと考えられており、1597 年の文献でスロヴァキアでのオパール採掘について言及されている。スロヴァキア産のオパールは、ハプスブルク家やナポレオン家などのヨーロッパ王室で愛用され、ナポレオンの最初の妻であるジョゼフィーヌ皇后は、「トロイの炎」という名前のオパールの装身具を愛用した。ドゥプニーク鉱山でのオパール採掘は、ウィーンの宝石商ゴールドシュミット氏とその一族が経営権を握った 1845 年から 1880 年にかけて、最盛期を迎えた。

　ドゥプニーク鉱山は今から 100 年以上前の 1922 年に閉山し、スロヴァキアのオパール採掘は終焉を迎えた。しかし、2012 年にオパール採掘が部分的に再開され、2015 年には博物館が開館した。この博物館は極めてユニークであり、坑道を徒歩で見学するツアーの他に、水に浸かった坑道を潜水士と一緒にダイビングするツアーにも参加することができる。

国防産業　社会主義時代からの伝統

自走式榴弾砲「ズザナ」

　社会主義時代、スロヴァキアは急速な工業化を成し遂げ、チェコとの経済格差を縮小させた。1989年の時点で、スロヴァキアの工業生産高はチェコスロヴァキア全体の30%を占めていた。スロヴァキアとチェコの人口比がおおよそ1対2であることを考えると、人口あたりの双方の工業生産能力はほぼ等しかったと言うことができるだろう。中でも、スロヴァキアでは国防産業が盛んで、1985年の統計によれば、スロヴァキアの武器生産高はチェコスロヴァキア全体の約60%に達していた。武器製造はチェコの方が強いイメージがあるが、生産高を見るとスロヴァキアがチェコを上回っていたのである。体制転換後、スロヴァキアの国防産業分野における雇用人数は数十万人から数万人に減少したが、その伝統は現在でも途絶えていない。

ボジェナとズザナ

　地雷撤去車「ボジェナ Božena」と自走式榴弾砲「ズザナ Zuzana」は、どちらもスロヴァキア製の軍用車両で、スロヴァキアの女性の名前が付けられている。ボジェナはスロヴァキア中部クルピナ Krupina の工場で製造されており、これまでに200台以上が30か

国以上の国々に輸出された。近年では、イラク、エチオピア、アフガニスタン、スリランカ、コソヴォ、クロアチア、ウクライナでのミッションに投入されている。ボジェナは、リモート操作により無人で地雷を撤去することができ、走行速度が速いことが特徴だ。

　52口径155m砲を搭載した自走式榴弾砲「ズザナ」は、スロヴァキア東部のモルダヴァ・ナド・ボドヴォウ Moldava nad Bodvou で製造されている。NATO加盟国が保有する榴弾砲に匹敵する性能を有し、射撃の正確性や耐久能力に定評がある。最新鋭のズザナ2は、当初はスロヴァキア陸軍に配備される予定であったが、ロシアのウクライナ侵略を受けて、ウクライナに優先的に売却されている。

　航空分野では、トレンチーンに拠点を置くVirtual Reality Media 社が、空軍パイロットの訓練用の航空シミュレーターを開発している。同社は、民間向けのものも含めると世界5大陸で航空シミュレーターを供給しており、2021年に開催されたドバイ万博にも出展した。

地雷撤去車「ボジェナ」

知られざる観光地　タトラ山脈と洞窟

中欧屈指の山岳リゾート、タトラ山脈

ヴェリケー・ヒンツォヴォ・プレソ（スロヴァキア最大の氷河湖）

シュトルプスケー・プレソ（スロヴァキアを代表する氷河湖、冬季は凍結する）

　　　丘陵地帯が広がっているチェコと比べて、スロヴァキアは山がちな国である。スロヴァキアの国土の約 8 割は標高 750m 以上の高地であり、中でもポーランドとの国境付近にそびえるタトラ山脈は、標高 2500m 級の峰が連なっており、中欧屈指の山岳リゾート地として知られている（スロヴァキアには、高タトラ山脈 Vysoké Tatry と、低タトラ山脈 Nizke Tatry があるが、タトラ山脈 Tatry と言えば通常は高タトラ山脈のことを指すことが多い）。タトラ山脈は、ブラチスラヴァから大きな弧を描いてルーマニアに至るカルパチア山脈の一部であり、更新世（約 258 万年前から約 1 万年前までの期間）に氷河の浸食を受けており、カールやモレーンといった氷河地形や、100 を越える氷河湖が点在している。夏はハイキングや登山、冬はウィンタースポーツを楽しむことができ、大規模な山岳リゾートがないチェコやハンガリーなどからも多くの観光客が集まる。タトラ山脈の観光の拠点となるスタリー・スモコヴェツ Starý Smokovec やシュトルプスケー・プレソ Štrbské Pleso には、登山鉄道でもアクセスできる

　スロヴァキアは地下にも見所がある。国土の約 5% がカルスト地形であるスロヴァキアには、短いものも含めると 7000 以上の洞窟があり、そのうち 59 の洞窟が一般公開されており、6 本の洞窟がユネスコ世界自然遺産に登録されている。特に有名な 18 の洞窟は、ガイドの解説を聞きながら見学する。また、洞窟は観光資源としてだけでなく、スペレオセラピー（洞窟療法とも。洞窟に滞在して呼吸をすると、喘息などの病気の治療に役立つという）としても活用されている。

（出典：Slovakia.travel）

ドプシンスカー氷穴

Dobšinská ľadová jaskyňa

ヨーロッパ最大級の氷の洞窟。洞窟の気温は年間を通して－ 3.9 ～－ 0.2℃に保たれている。1870 年に発見され、翌年から一般公開された。1890 年にオーストリア大公のカール・ルートヴィヒ・フォン・エスターライヒ（フランツ・ヨーゼフ 1 世の弟）が訪問し、世界最初の洞窟内でのコンサートが行われた。スケート場として利用されていた時期もあり、フィギュアスケート選手の浅田真央も日本の TV 番組のロケで滑ったことがある。

（出典：Slovakia.travel）

オフティンスカー・アラゴナイト洞窟

Ochtinská aragonitová jaskyňa

世界でも珍しい、アラゴナイト（あられ石）の鍾乳石が見られる洞窟。アラゴナイトとは、炭酸カルシウムから構成される鉱物のこと。洞窟内では、3 つの世代のアラゴナイト（13 万 8000 ～ 12 万 1000 年前、1 万 4000 年前、現在）から生成された鍾乳石を見ることができる。洞窟は、1954 年に地質調査をした際に偶然発見され、1972 年から一般公開されている。アラゴナイトがサンゴのような形をしている。

（出典：Slovakia.travel）

ドミツァ洞窟

Jaskyňa Domica

鍾乳洞が点在するスロヴァキア・カルスト Slovenský kras に位置し、洞窟は国境を越えてハンガリー側まで繋がっている（国境を越えて洞窟を見学することはできない）。洞窟には地底川が流れており、ボートで川下りできる（渇水時を除く）。洞窟内には 16 種類のコウモリが生息しており、頭上を飛んでいる様子を見ることができる。新石器時代には、人類が洞窟内で生活していた。

（出典：Slovakia.travel）

ゴンバセツカー洞窟

Gombasecká jaskyňa

ドミツァ洞窟同様、ハンガリー国境沿いのスロヴァキア・カルストに位置する。厚さ 2 ～ 3 ミリメートルの鍾乳管（洞窟の天井からしたたり落ちる水滴によって生成される細い鍾乳石）が無数に垂れ下がっており、幻想的な雰囲気を醸し出している。1951 年に、洞窟探検家によって発見され、1955 年から一般公開された。1968 年にスロヴァキアで初めて洞窟療法が行われた。

観光

温泉　上流階級向け保養地から一般市民向け湯治場へ

社会主義時代に整備された湯治施設（トゥリエツ温泉）

スパワッフル

ピエシュチャニ温泉のコロナード橋

　中欧の温泉大国と聞いてまずイメージするのは、ハンガリーだろうか。首都ブダペシュトにあるセーチェニ温泉やルダシュ温泉を始め、国内各地に温泉が点在しており、ハンガリーでは温泉が市民にとって身近な存在だ。チェコにも、同国西部のカルロヴィ・ヴァリやマリアーンスケー・ラーズニェが、世界遺産に登録された温泉保養地として知られている。チェコとハンガリーに挟まれたスロヴァキアにも、1800以上の鉱泉があり、国内法によれば22箇所の温泉地が登録されている。

　スロヴァキアでは古代ローマ人が温泉を利用していたことが確認されている。1763年には、マリア・テレジアがハプスブルク帝国内の全ての鉱泉を調査分析するよう命じたが、本格的に温泉地が開発されるようになるのは、ヨーロッパでレジャーが発展する19世紀のことであった。ハプスブルク帝国末期までに、スロヴァキアでもチェコでも、上流階級向け温泉保養地が整備されたが、社会主義時代は国民保険で利用できる一般市民向けの湯治場に様変わりした。現在でも、

温泉客は医療目的で利用する人が多くを占めるが、近年は日帰りで利用できる温泉や、温泉を利用したスパ・リゾート施設も増えており、スロヴァキアの温泉の多様化が進んでいる。

温泉は水着着用の混浴が主流で、ぬるい温泉（35℃前後）から日本並みに熱い温泉（40℃以上）まで様々である。温泉地では大抵、散策用の公園が整備されており、無料で利用できる飲泉用の泉が設置され、お土産としてスパワッフル（円形の薄いウエハースにクリームを挟んだお菓子）が販売されている。また、長期療養客が退屈しないために、コンサートなどのイベントが頻繁に開催され、近隣観光地への日帰り旅行が用意されている。

ピエシュチャニ温泉　Piešťany

スロヴァキア最大の温泉地。ブラチスラヴァから鉄道で1時間で行くことができ、便利な場所にある。温泉はヴァーフ川の中州の「温泉島 Kúpeľný ostrov」に集中しており、泥を用いた美容パックで有名。チャーター便が発着する空港があり、裕福な外国人客（特にアラブ人）も多く訪れる。Spa Irma では、日本のように男女別で裸で入浴できる。

バルジェヨウ温泉　Bardejovské kúpele

世界遺産に登録されている古都バルジェヨウの近くにあり、ハプスブルク帝国時代の古き良き温泉保養地の名残を残している。1809年には、オーストリア皇帝フランツ1世の娘で、後にナポレオンの妻となるマリア・ルイーザも、湯治に訪れた。温泉地の中に、東スロヴァキアの伝統的な木造建造物を集めた野外博物館もある。

スクレネー・チェプリツェ　Sklené Teplice

シュチアヴニツァ山脈の中に位置する歴史ある温泉地。ドイツの文豪ゲーテも滞在したことがある。洞窟をくり抜いて作った温泉が名物。温泉の温度は、ヨーロッパでは珍しく42℃もあり、熱い温泉を好む日本人も満足することができるだろう。ゲーテも訪れたカフェ「Kursalón」も有名。

カラメニ温泉　Kalameny

スロヴァキアでも大自然の中で湧き出ている野湯がいくつか存在するが、その中で最も有名なのが北部のリプトウ地方にあるカラメニ温泉。1991年から1992年にかけて掘削され、無料で利用できる野湯として整備された。温度は33℃で、日本の野湯と比べるとぬるく感じるが、冬でも多くの地元住民で賑わっている

スリアチ温泉　Kúpele Sliač

もし社会主義時代の療養施設の雰囲気を味わいたいのであれば、スリアチ温泉がおすすめであろう。スリアチの町を見下ろす山の上に、巨大で無機質な温泉療養施設群が広がっている。スリアチは基地の町として知られており、2022年のロシアのウクライナ侵略以降は NATO 軍の部隊が駐留している。

城　人口あたりの数で世界一

スピシュ城　Spišský hrad

中欧最大の城。広大な草原を見渡す丘の上に位置しているため、日本人観光客の間では、ジブリ映画『天空の城ラピュタ』のモデルになったのではないかと言われている。12世紀初頭に建てられ、タタール人からの攻撃を守るための拠点となった。1780年の大火で焼け落ち、廃墟となる。近隣の中世都市レヴォチャなどとともに、世界遺産に登録されている。

チェコは、プラハ城、カルルシュティン城、チェスキー・クルムロフ城、フルボカー城、リトミシュル城、レドニツェ城など非常に多くの名城を有する、お城の国だ。しかし、人口あたりの城の数が世界で一番多い国は、実はスロヴァキアなのだ。スロヴァキアには、180以上の城と、400以上の城館（シャトー）がある。タタール人やオスマン帝国からの攻撃を防ぐために、当時ハンガリー王国の一部であったスロヴァキアには、多数の城が建設された。また、ハンガリーがオスマン帝国に占領されていた期間に、多くの貴族がスロヴァキアに逃れ、城館を設立した。城の多くは廃墟になってしまっているが、訪れた者はその巨大な遺構に圧倒されることになるだろう。

観光

ボイニツェ城 Bojnický zámok

スロヴァキアで一番美しいと言われている、メルヘンチックな城。1637 年にハンガリー貴族のパールフィ家が城を手に入れ、以後 300 年間にわたり城の所有者となった。19 世紀に、フランスのロワール川沿いのシャトーをモデルに改築された。ボイニツェ城下には温泉プールと動物園もあり、子ども連れの家族で賑わっている。

ジェヴィーン城 Hrad Devín

ブラチスラヴァ郊外にある城の廃墟。ドナウ川とモラヴァ川の合流地点を見渡す丘の上にあり、戦略的な要地であった。ローマ帝国のリメス（防砦システム）の一部として建設されたが、1809 年にナポレオン戦争で破壊された。川の対岸はオーストリアで、社会主義時代に亡命を試みて命を落とした人々のための慰霊碑が設置されている。

ブドメリツェ城館　Budmerický kaštieľ

ブラチスラヴァ近郊ブドメリツェにある城館。フランスのロワール地方のシャトーをモデルに建てられた。

ケジュマロク城　Kežmarský zámok

タトラ山脈東麓の古都ケジュマロクにあるルネサンス様式の要塞。

オラヴァ城　Oravský hrad

ポーランド国境に近いオラヴァ地方に所在。ドラキュラをモデルとした映画『吸血鬼ノスフェラトゥ』のロケ地になった。

ニトラ城　Nitriansky hrad

スロヴァキアの古都ニトラを見下ろす丘の上にある。城の敷地内には、大聖堂と司教宮殿がある。

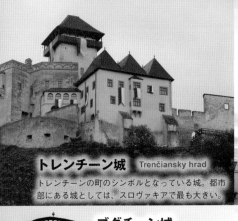

トレンチーン城　Trenčiansky hrad

トレンチーンの町のシンボルとなっている城。都市部にある城としては、スロヴァキアで最も大きい。

ブダチーン城

Budatínsky hrad

ジリナにあるルネサンス様式の城。城内には、スロヴァキアの伝統工芸である針金細工の博物館がある。

マルクショウツェ城

Kaštieľ Markušovce

東スロヴァキアのスピシュ地方にある城館。1933年まで、ハンガリー貴族マリアーシュ家の所有物であった。

観光

素朴な風景　世界遺産に登録されている木造教会

ヴルコリーニェツ

チチマニ

チチマニ村の伝統家屋の幾何学模様

　スロヴァキアはチェコと比べても、昔ながらの素朴な風景をよく残しており、伝統的な木造家屋が並ぶ村落も見どころの１つであ

る。世界遺産に登録されているヴルコリーニェツ Vlkolínec は、高ファトラ山脈の山腹に位置する人口僅か 20 人弱の集落で、19 世紀から景観がほとんど変わっていない。チチマニ Čičmany 村は、伝統家屋に描かれている幾何学模様がユニークな景観を作りだしている。この幾何学模様は、魔除けの意味が込められているが、雨や汚れから建物を守る機能も持っているという。オリンピックの開会式でスロヴァキア代表選手が着用するジャージには、チチマニの幾何学模様が描かれている。オラヴァ地方のポドビエル Podbiel 村や、タトラ山脈の麓に位置するジジアル Ždiar 村にも、多数の伝統家屋が残されている。

　山の国スロヴァキアでは、国内で 50 以上の木造教会が現存しており、その多くはポーランドやウクライナ国境に近い北東部に集中している。また、スロヴァキア国内にある 8 つの木造教会が世界遺産に登録されている。

ボドルジャル Bodružal の木造教会

木造教会では鉄の釘が一切使われていない
が、これは鉄の釘がキリストの磔刑を連想さ
せるからだと言う。

　スロヴァキア国内には、木造家屋や木造教
会を移転・保存した野外博物館が 15 箇所あ
る。野外博物館では、昔の生活の様子を追体
験できるほか、ミニ SL に乗れるところもあ
り、スロヴァキア版明治村と言えるかもしれ
ない。

スロヴァキア北部ズベレツ Zuberec にある野外博物館

ラドミロヴァー Ladomirová の木造教会

ポドビエル

穴場スポット　バズる可能性を秘めた隠れた観光地

　最後に、外国人観光客にはあまり知られていない、今後バズる可能性がある？スロヴァキアの穴場スポットを紹介しよう。スロヴァキア自体が穴場のような国であるが、今後人気が爆発するかもしれない隠れた観光地はまだまだたくさんあるはずだ。

スロヴァキアで一番美しい村

スロヴァキアで一番美しい村とも称されるシュパニア・ドリナ Spania Dolina は、元々は銅の採掘で繁栄した村で、スロヴァキア中部の中心都市バンスカー・ビストリツァから車で約 15 分の距離にある。丘の上から見渡す景色は絵のように美しい。

コシツェ子供鉄道

ヨーロッパの旧社会主義国では、子供が鉄道について実践的に学ぶために、子供鉄道が各地に設営された。チェコスロヴァキアではコシツェに設営され、現在でも運行が続けられており、乗車券の社内改札や鉄道運行のための補助業務を子供が行っている。

リスの楽園

スロヴァキア中部のムラーン高原 Muránska planina に、野生のリスが大量に生息しているリス園 Sysľovisko がある。このリス園は入場無料（エサは有料）で、リスと直接触れ合って遊ぶことができる。

スロヴァキアのホビット村

タトラ山脈の南方にあるリプトウスカー・チェプリチカ Liptovská Teplička 村には、丘に無数の小人の家のようなものが並んでおり、まるで「ホビット」の世界のようである。これらは、ジャガイモの貯蔵庫で、火事で巻き添えにならないように村外れの丘に設置されている。

ラベンダー・ランド

ブラチスラヴァから車で北に1時間弱のところにあるマレー・レヴァーレ Malé Leváre 村には、一面にラベンダーが植えられている庭園がある。来場者は、ラベンダーを摘んで持って帰ることができ、ラベンダーのジャムやワインも販売されている。

観光

共産主義建築　ノスタルジックな社会主義時代の名残

スロヴァキア・ラジオ局　Slovenský rozhlas

ピラミッドを逆さにしたような異様な建物は、スロヴァキア・ラジオの本拠地
である。1967 年に建設が開始されたが、完成したのは 1983 年であり、
まるでエジプトのピラミッドのように工期が長いと揶揄された。現在も
ラジオ局として機能しており、スロヴァキア放送交響楽団の本拠地
でもある。2017 年にスロヴァキア文化遺産に登録された。

石の広場　Kamenné námestie

　旧市街に隣接した繁華街にある広場。スロヴァキア語ではカメンネー・ナーメスチエと言い、1918年まではドイツ語でシュタイン・プラッツ Steinplatz、ハンガリー語でコー・テール Kő tér と呼ばれていた。いずれも「石の広場」という意味で、かつて石工の工房があったことからその名が付いた。ちなみに、石の広場には、元公衆トイレを改装した「シュタイン・プラッツ」という名の飲み屋がある。

　社会主義時代は、キエフ広場という名前に改名され、広場にはホテル・キエフが開業した。ブラチスラヴァとキエフは、1969年から姉妹都市協定を結んでいる。ホテル・キエフは、社会主義時代のブラチスラヴァで、唯一外国人の宿泊が許されたホテルだったという。2011年に閉業してしまったが、ウクライナのキーウ（キエフ）では、ホテル・ブラチスラヴァという名前の宿泊施設が営業を続けている（2022年のロシアのウクライナ侵略以降も営業を続けており、ホテル内には自家発電機とシェルターを完備しているという）。

　石の広場には、プリオル Prior というショッピング・センターがある。プリオルは、チェコスロヴァキアで最も古い歴史を誇るショッピング・センターで、社会主義時代に西側諸国の商品を販売していた数少ない店であった。

インヘバ　Incheba

ペトルジャルカにある国際展示場。社会主義時代から建設が始められたが、完成したのは1990年代に入ってからであった。インヘバとは、インターナショナル・ケミカル・ブラチスラヴァの略で、元々はスロヴァキアの優れた化学産業を誇示する場として建造された。国際会議の会場にもなっており、プーチン大統領とブッシュ（子）大統領の首脳会談も実施された。

スラヴィーン陵　Slavín

ブラチスラヴァを見下ろす丘の上にある、ソ連軍兵士の集団墓地。ソ連軍によるナチス・ドイツからのブラチスラヴァ解放15周年に当たる、1960年4月4日にオープンした。ブラチスラヴァ周辺の戦闘で命を落とした6845人のソ連兵に敬意を示すために建設された。オベリスクには、ソ連軍によって解放されたスロヴァキアの都市の名前が刻まれている。

パネラーク _panelák_

旧社会主義国では、住宅不足を解決すべく、工期を短くするために規格が揃えられた集合住宅が多数建設された。この集合住宅のことを、スロヴァキアやチェコではパネラークと呼んだ。ブラチスラヴァ旧市街からドナウ川を渡ったペトルジャルカ Petržalka にあるパネラーク群は、中欧最大規模の団地で、約 10 万人の住民が住んでいる。

自由広場　Námestie slobody

ブラチスラヴァで最も大きな広場の 1 つ。1980 年、社会主義時代諸国の友情を表すために、スラヴの象徴である菩提樹を型取った巨大な噴水が建てられた。社会主義時代はチェコスロヴァキアで最初の共産党員の大統領の名前を取って「ゴットヴァルト広場」と名付けられ、今でもブラチスラヴァ市民はこの広場のことを「ゴトゥコ」という愛称で呼んでいる。

ブラチスラヴァ中央駅　Bratislava hlavná stanica

ブラチスラヴァの鉄道の玄関口。ウィーン、ブダペシュト、プラハ、コシツェ方面の直通列車が発着する。1848 年に開業し、社会主義体制崩壊直前の 1989 年に現在の駅舎の正面コンコースが増築された。コンコースには、フランチシェク・ガイドシュ František Gajdoš 作による社会主義リアリズムを代表する巨大な壁画が掲げられている。

観光

ブラチスラヴァを拠点に中欧周遊旅行

ウィーン

ブダペシュト

スロヴァキアに観光で訪れる人の大多数は、スロヴァキアだけでなくオーストリア、チェコ、ハンガリーといった周辺諸国にも足を運んでいる。もちろん、スロヴァキア1国だけをじっくり旅行される方がいるのであれば、筆者としては望外の喜びであるが、限られた時間で日本から遠く離れたヨーロッパを旅行する場合、できるだけ多くの国を見てみたいという欲が出るのは当然のことであろう。もし、ヨーロッパ周遊旅行をする際には、ブラチスラヴァを拠点にすることをお勧めする。ブラチスラヴァは、周辺諸国とのアクセスが便利で、効率的な旅程を立てることができるのだ。

オーストリアへの移動

ブラチスラヴァとオーストリアの首都ウィーンは目と鼻の先であり、鉄道で1時間、バスでは1時間半弱で行くことができる。両都市は約80kmしか離れておらず、東京〜箱根間よりも距離が短い。ウィーンを観光する場合、物価や宿泊費が高額で、常に観光客でごった返しているウィーンに宿を取るのではなく、ブラチスラヴァを拠点としてウィーンに日帰り旅行するのも1つの方法である。

ハンガリーへの移動

ハンガリーの首都ブダペシュトまでは、ブ

ラチスラヴァからの直行列車で2時間半で到着する。十分日帰りで旅行できる距離である。ウィーンからブダペシュトまでは鉄道で3時間ほどの距離にあるため、3つの都市をトライアングルの経路で周遊することも可能だ。また、美しい旧市街を持つハンガリー第4の都市ジェール（Győr、スロヴァキア語ではRáb）までは、ブラチスラヴァから列車を乗り継いで片道1時間の近さだ。なお、ブラチスラヴァは、世界で唯一、2つの国（オーストリアとハンガリー）と国境を接している首都であるが、スロヴァキア、オーストリア、ハンガリーとの3つの国の国境が交わる地点には記念碑が設置されている。

チェコへの移動

ブラチスラヴァとプラハの距離は約330km離れており、日本では言えば東京と

スロヴァキア、オーストリア、ハンガリーの3つの国境が交わる場所

名古屋の距離間（約350km）に近い。自動車だと高速道路利用で片道3時間半、列車やバスだと片道4時間かかるため、日帰りで移動する場合はかなりのハードスケジュールになる。スロヴァキアとチェコは同じ国であったが、ブラチスラヴァからは、プラハに行くよりも、ウィーンやブダペシュトに行く方が遥かに近い。ブラチスラヴァが歴史的にウィーンやブダペシュトの影響も受けていたことは、想像に難くないであろう。ブラチスラヴァからプラハに行く途中にある、チェコ第2の都市ブルノまでは、列車で1時間半ほどで到着する（プラハからブルノまでの距離は、ブラチスラヴァからブルノまでの距離よりも遠い）。

　ブラチスラヴァは、ブダペシュト〜ブラチスラヴァ〜ブルノ〜プラハを結ぶ幹線鉄道沿いに位置している（プラハから先のドレスデン、ベルリン、ハンブルク方面への直行列車も一部運行されている）。同区間の鉄道は、チェコ国鉄、スロヴァキア国鉄、ハンガリー国鉄の車両が連結されているが、予約席でない限りどの車両の座席に座っても問題ない。

国境を越えると車掌が入れ替わることになるが、スロヴァキア国内の車掌はハンガリー系スロヴァキア人の割合が高い（スロヴァキア国鉄の車掌は、会話可能な言語の国旗が名札に付いている。ハンガリー語を話せるスロヴァキア人であれば、ハンガリー人の乗客にも対応することができる）。

　また、運行される列車に応じてチェコ国鉄かハンガリー国鉄の食堂車が連結されており、どちらかの国の郷土料理を車内で味わうことができる（残念ながら、スロヴァキア国鉄の食堂車は、スロヴァキア国内を発着する列車にしか接続されていない）。ちなみに、チェコ国鉄の食堂車は生ビールも提供している。生ビールが出てくる食堂車は世界でもチェコ国鉄だけであろう。さすがはビール大国チェコである。ブダペシュトからブラチスラヴァを経由してプラハに至る路線は、高速化に向けた計画が立案されており、将来、日本の新幹線のようなスピードで、それぞれの都市を行き来できる日が来るかもしれない。しかし、それまでの間は、食堂車でゆっくり食事を楽しみながら移動するのも一興であろう。

観光

プラチスラヴァ空港

飛行機での移動

　ダイナミックにヨーロッパ中を旅行したい人にとっては、飛行機での移動も1つの選択肢になる。プラチスラヴァ空港は、日本からスロヴァキアに行く際には利用価値が低いが、ロンドン、パリ、ローマ、ミラノ、ブリュッセル、ダブリン、マドリード、アテネといった各都市に、格安航空会社（アイルランドのライアンエア Ryanair や、ハンガリーのウィズエア Wizzair）の定期便が就航している。ただし、必ずしも主要空港に飛行機が飛んでいるわけではないので、注意する必要がある。例えば、ロンドンであればヒースロー空港ではなくルートン空港、パリであればシャルル・ド・ゴール空港ではなくボーヴェ空港、ローマであればフィウミチーノ空港ではなくチャンピーノ空港に就航している。ミラノに至っては、バスで1時間以上離れたベルガモに飛行機が発着する。

　プラチスラヴァ空港は、毎日就航している便が少ないため、旅程を立てるのは難しいかもしれないが、うまく利用すれば旅行の幅を広げることができる。プラチスラヴァ空港か

ら市内中心部までは、タクシーで約15分、バスで約20分の距離にある。もちろん、プラチスラヴァからウィーン空港まで行けば、就航便の目的地や数は格段に多くなる。

　このように、プラチスラヴァと周辺都市への移動は意外と便利であり、プラハを拠点に動くよりも、周遊旅行の選択肢は遥かに多くなる。プラハからはドイツ東部方面に抜けるのは便利であるが、ウィーンやブダペシュトに行くのは大移動となる。プラハ空港の就航便も少ないわけではないが、プラチスラヴァは「2つの空港」に簡単にアクセスできるという利点がある。もし複数の国にも旅行したいのであれば、例えば「プラチスラヴァを拠点にして、ウィーンに日帰り旅行、ブダペシュトに一泊二日で旅行、プラハに二泊三日で旅行。ついでに、スロヴァキアの地方にも旅行。重い荷物や買ったお土産は全部、プラチスラヴァのホテルに置いておく」という旅程も悪くないはずである。

スロヴァキアのプラハ

　以前、ブラチスラヴァからプラハに旅行する際、スロヴァキアの時刻表サイトで列車の出発時間を検索したところ、鉄道とバスを乗り継いで5時間以上かかるという結果が出てきた。通常であれば直行列車で片道4時間で着くはずなので、何かがおかしいと思いもう一度時刻表サイトをよく見てみると、目的地がチェコのプラハではなく、スロヴァキアのプラハになってい

スロヴァキアのプラハの入り口

た。双方ともに綴りは Praha であり、非常に紛らわしい。スロヴァキアにもプラハという地名があることを初めて知ったのはその時であった。

　スロヴァキアのプラハは、同国南部のバンスカー・ビストリツァ県ルチェニェツ Lučenec 郡に所在し、ハンガリー国境付近の山間部にある小村である。スロヴァキアのプラハは、チェコのプラハと区別するために、ルチェニェツ郡の略字と組み合わせて Praha-LC と表記されることもあるが、正式名称はあくまでも Praha である。チェコのプラハは人口130万人超の大都市だが、スロヴァキアのプラハは人口75人の小村だ。さすがにチェコのプラハと間違えてスロヴァキアのプラハにたどり着く人はいないだろうが、チェコスロヴァキア時代は同じ国に2つの地名が共存していたことを考えると、目的地を調べる時に混乱した人は、少なくなかったはずである。なお、以前は「プラハ発プラハ行き」という紛らわしい長距離バスも運行されていたようである。

　話は脱線するが、他の国でも、国内に同じ地名が存在することは決して珍しいことではない。日本には東京都と広島県に「府中市」があり、北海道と福島県に「伊達市」がある。ヨーロッパでは、ドイツには「フランクフルト」と呼ばれる都市が、ロシアには「ロストフ」と呼ばれる都市がそれぞれ2つずつあるが、この場合はどちらも都市の正式名称で区別することができる(ヘッセン州のフランクフルト・アム・マインと、ブランデンブルク州のフランクフルト・アム・オーデル。ヤロスラブリ州のロストフと、ロストフ州のロストフ・ナ・ドヌー)。また、アメリカにも同じ地名が多数存在する。いずれにせよ、「プラハ」のように国内に首都と同じ名前の自治体が存在したケースは珍しいように思われる。

　スロヴァキアのプラハの地名の由来については、実のところよく分かっていないが、15世紀にチェコ兄弟団(チェコでキリスト教の改革運動を行ったフス派の一派)によって入植されたと言われており、チェコとの関係が全くないわけではないようである。現在、スロヴァキアのプラハの村民の半数近くは、プロテスタント(福音派)を信仰している。

　プラハ以外にも、スロヴァキアには、Havaj(ハワイ。スロヴァキア語でハワイと同じスペル)、Janov(ヤノウ。スロヴァキア語でジェノヴァと同じスペル)、Jeruzalem(イェルザレム。スロヴァキア語でエルサレムと同じスペル)という紛らわしい地名が存在する。

古代ローマ時代から独立後の歩みまで

ゲルラタ遺跡（ローマ帝国の駐屯地）

チェコスロヴァキアという国が存在したのは、1918 年から 1992 年までの約 70 年間に過ぎなかった（1939 ～ 1945 年は、スロヴァキアがナチス・ドイツの保護国として一時的に独立していた）。それ以前、スロヴァキアはハンガリー王国の支配下に置かれており、スロヴァキアの歴史はチェコよりもハンガリーと共通することの方が多かった。現在のスロヴァキアの領域は、10 世紀から 12 世紀の間にかけてハンガリー王国の支配下に入ってから、1918 年にチェコスロヴァキアが成立するまで、便宜的に「上部ハンガリー」と呼ばれる地域に過ぎず、「スロヴァキア地方」のような 1 つの行政単位は存在していなかった。そのハンガリー王国もまた、16 世紀以降はウィーンを中心とするハプスブルク帝国の影響下に取り込まれた。

現在スロヴァキアが国家として存在する地域は、ハンガリー王国やハプスブルク帝国など、様々な歴史が重層的に交差する場であった。このような歴史的背景の中、スロヴァキアはどのようにして 1918 年にチェコとの共同国家を成立させるに至ったのか、そして、なぜスロヴァキアは 1993 年に独立することになったのだろうか？

ローマ帝国とスロヴァキア

現在のスロヴァキアが国として存在している地域は、古くから様々な民族が往来していた。紀元前 5 世紀から紀元前 1 世紀にかけては、ケルト人が居住し、スロヴァキア各地にオッピドゥム oppidum と呼ばれる城砦都市を建設した。ケルト人の勢力が弱体化した後は、ゲルマン系の諸種族がスロヴァキアに侵入した。

紀元前 1 世紀からは、スロヴァキアの一部地域がローマ帝国の勢力下に入り、ローマ帝国の属州であるパンノニア州に編入された。パンノニアの中心地は、ブラチスラヴァから 15 ｋｍ西に離れたカルヌントゥム Carnuntum。現オーストリアのペトロネール・カルヌントゥム）に設置された。その頃のチェコには、ゲルマン系のマルコマンニ族などが居住しており、度々ローマ帝国を攻撃し、スロヴァキアも戦場となった。哲人王として知られる第 16 代ローマ皇帝のマルクス・アウレリウスは、ゲルマン系諸族との戦い（マルコマンニ戦争）の最中に哲学書『自省録』を書きあげたとされるが、その一部はスロヴァキアでも執筆されたと考えられている。

ローマ帝国の版図に含まれなかったチェコとは異なり、スロヴァキアでは、国内各地

カルヌントゥム遺跡（オーストリア東部）

でローマ帝国時代の遺跡を見ることができる。中でも、ブラチスラヴァのルソウツェ Rusovce 区にあるローマ帝国の駐屯地ゲルラタ Gerulata の遺構は保存状態が良く、「ローマ帝国の国境線 - ドナウのリーメス」の一部として、世界遺産に登録されている。

スヴェトプルク王の銅像

共通の記憶モラヴィア国

ローマ帝国の衰退後、東方から移動してきたスラヴ人が、スロヴァキアに定住するようになる。7世紀には、フランク族の商人サモ Samo がスラヴ人の諸種族を率いて、サモの国 Samova ríša を建国したとされる。サモの国の領域は、西スロヴァキア、チェコのモラヴィア地方、オーストリア北東部、ハンガリー北西部にまたがっていたとされるが、居城が置かれていたヴォガスティスブルク Vogastisburg の場所は、現在でも特定されていない。サモの国は、サモの死後すぐに瓦解したと考えられている。

9世紀に入ると、現在のスロヴァキアの大部分を支配したニトラ公国 Nitrianske kniežatstvo（支配者の名前を取ってプリビナ公国とも呼ばれる）と、チェコ南東部のモラヴィア地方と北西スロヴァキアを支配したモラヴィア公国 Moravské kniežatstvo が勢力を競うようになったが、833年にモラヴィア公国のモイミール Mojmír がニトラ公国を併合し、モラヴィア国 Veľkomoravská ríša を成立させた。

モラヴィア国には、東フランク王国（現在のドイツに位置）の聖職者が、キリスト教の布教に訪れていた。しかし、モイミールの息子ラスチスラウ Rastislav 王は、東フランク王国の影響力を排除した上でキリスト教を受容することを望み、ビザンツ帝国（現在のバルカン半島やトルコに位置）に聖職者の派遣を依頼した。ビザンツ帝国から派遣されたテッサロニキ（ギリシャ）出身のキュリロスとメトディオス Cyril a Metod は、聖書をスラヴ語に翻訳するために、ギリシャ文字を参考にしてグラゴール文字を作成し、スラヴ語で典礼を行った。このグラゴール文字は、ス

ラヴ語圏最古の文字であり、後にキリル文字へと発展していく。

しかし、キュリロスとメトディオスの死後、ラスチスラウから王位を奪ったスヴェトプルク Svätopluk は、ラテン語での布教を進めていた東フランク王国の聖職者の意向に従い、キュリロスとメトディオスの弟子達を追放した。これにより、スロヴァキアでは、スラヴ語圏にありながら、キリル文字ではなく、ラテン文字の文化圏に組み込まれることになった。それでも、19世紀以降、スロヴァキアとチェコでスラヴ民族としての意識が高まると、スラヴ語でキリスト教を布教したキュリロスとメトディオスの活動が再評価されるようになった。

モラヴィア国は、スヴェトプルクの治世（871～894年）に最盛期を迎え、その版図は現在のスロヴァキアとチェコに加え、ポーランド、ハンガリー及びバルカン半島の一部地域にも及んだという。1993年に独立したスロヴァキアでは、国の起源を1000年以上前のモラヴィア国に求め、スロヴァキアの歴史の「連続性」を強調する主張が見られてきた。また、1918年のチェコスロヴァキア建国の立役者となるマサリクも、チェコとスロヴァキアが1つの国となって独立するための論拠として、モラヴィア国の歴史を利用した。2010年には、ブラチスラヴァ城の前にスヴェトプルクの銅像が建てられたが、総選挙の直前に除幕式が行われたことから、当時の政権による歴史の政治利用との批判も挙がった。歴史解釈はさておき、スロヴァキアとチェコがモラヴィア国の歴史を共有して

中欧最古の教会の1つであるアンティオキアの聖マルガレータ教会

いることは確かであり、現在の両国の国境地域では、モラヴィア国にゆかりのある遺産を見つけることができる（スロヴァキアのコプチャニ Kopčany 村にある、アンティオキアの聖マルガレータ教会など）。なお、モラヴィア国の中心地は、大規模な遺跡が発掘されたモラヴィアのヴァリ・ウ・ミクルチツ Valy u Mikulčic にあったという説が有力である。

ハンガリー王国によるスロヴァキア支配の始まり

　894 年にスヴェトプルクが死去すると、モラヴィア国は内部分裂を起こし、急速に衰退していく。同じ頃、ハンガリー平原に移住していた遊牧民族のマジャル人が、スロヴァキアにも進出するようになった。スロヴァキアでは、スラヴ人とマジャル人の混住が進み、両者は一定の共存関係にあったと考えられている。一方のチェコでは、プシェミスル家 Přemyslovci がプラハを中心に勃興し、チェコの諸部族を統治してボヘミア王国を形成した。

　なお、マジャル人は、ハンガリー人の自称であり、ハンガリー語でハンガリー人のことをマジャル Magyar と言う。スロヴァキア語でも、ハンガリー人はマジャル Maďar である。マジャル人の原住地は、過去にはモンゴルという説もあったが、現在ではロシアのウラル山脈付近とされている。ハンガリー語（マジャル語）は、ウラル語族のフィン・ウゴル語派に分類されており、インド・ヨーロッパ語族のスラヴ語派に属するスロヴァキア語や

チェコ語とは大きく異なる言語である。

　955 年、マジャル人は、レヒフェルト（現在のドイツ、アウクスブルク近郊）の戦いで、初代神聖ローマ帝国皇帝オットー1世率いるドイツ・チェコ合同軍に大敗し、西ヨーロッパへの進出を断念する。その後、アールパード家がマジャル人諸部族の間で勢力を伸ばし、キリスト教を受容し、安定的なハンガリー王国の建国に専念する。1000 年頃、アールパード家のイシュトヴァーンがローマ教皇より王位を授けられ、ハンガリー王国が正式に建国された。ハンガリー王国は、スロヴァキアだけでなく、トランシルヴァニア（ルーマニア中西部）、クロアチアなどの地域にも勢力を広げ、中央ヨーロッパの強国として発展する。

　モラヴィア国の分裂後にスロヴァキアに残っていたニトラ公国は、アールパード家の影響下に置かれつつ、分国侯領の地位を与えられ、ある程度の独立性を保った。一方で、ハンガリー王国草創期のスロヴァキアでは、様々な支配者が重層的に入り乱れており、955 ～ 989 年にかけては、チェコのプシェミスル家がスロヴァキア北部を支配した。また、ニトラ公国は、初代ポーランド王のボレスラフ1世の介入を受けることもあった。11 世紀前半には、神聖ローマ帝国とチェコのプシェミスル家が、ニトラ公国の占領を目

イシュトヴァーン1世

論み、西スロヴァキアを攻撃した。

11世紀後半に情勢が安定すると、アールパード家は、ハンガリー王国内部の権力争いを平定することを理由に、ニトラ公国の独立性を徐々に制限するようになる。ニトラ公国は、1110年頃に分国侯領の地位を失ったと考えられており、これにより、ハンガリー王国によるスロヴァキアの直接支配が決定的となった。

スロヴァキアが、ハンガリーの支配下に置かれていく過程は、実のところ史料不足もあって十分に解明されていない。19世紀末から20世紀初頭にかけては、スロヴァキアとハンガリーの民族意識が衝突する中で、歴史解釈を巡る論争が生じた。例えば、ハンガリーの知識人の多くは、「モラヴィア国消滅後、スロヴァキアの大部分が、主権が及ばない地域となっていた。マジャル人は、誰も支配していない地域にたどり着いたのである」と主張した。これに対し、スロヴァキアの知識人は「スロヴァキアの地は、サモの国からモラヴィア国を経てニトラ公国に至るまで、スラヴ人によって連続的に支配され続けていた」と反論した。いずれにせよ、重要な点は、スロヴァキアがハンガリー王国の支配下に入ったことにより、スロヴァキアがチェコとは異なる歴史を歩むようになったということである。これにより、「北部ハンガリーのスラヴ人」が、チェコとは個別のアイデンティティー（＝スロヴァキア人としての民族意識）を形成していく前提条件が成立したと言える。

タタール人の襲来とドイツ人の入植

1240年、モンゴル系遊牧民族の流れを汲むタタール人が、中央ヨーロッパに襲来した。軍勢を率いていたのは、チンギス・ハンの孫のバトゥである。タタール人の騎馬隊は非常に強力であり、ハンガリー王国はまたたく間に制圧され、スロヴァキアも略奪の被害を受けた。しかしバトゥは、モンゴル帝国第2代皇帝オゴタイ・ハンの訃報を聞くと、中央ヨーロッパから撤退する。

タタール軍との戦いから撤退するハンガリー王ベーラ4世（右から2番目の人物）

タタール人が撤退すると、荒廃したスロヴァキアの復興を促すために、ドイツやオーストリアからの入植が奨励された。多くのドイツ人が、ブラチスラヴァ、スロヴァキア北東部のスピシュ Spiš 地方、中部の鉱山地帯などに入植し、手工業や採掘技法の発展に貢献した。ドイツ人の大多数は、1945年のナチス敗戦とともに、スロヴァキアから姿を消すことになるが、現在でもドイツ系を祖先に持つスロヴァキア人の数は少なくない（ドイツ系の苗字はスロヴァキアでもよく見かける）。

ドイツ人の他にも、現在のルーマニアにあたる地域から、羊飼いを生業とするヴァラフ人 Valasi が流入し、牧羊の技術がスロヴァキアにもたらされた。スロヴァキアに定住したヴァラフ人は、実際には複数の民族から構成されており、その大半を占めていたのが、ルシーン人 Rusini であった。ルシーン人は、ウクライナ語に近いルシーン語を母語とする少数民族であり、現在でもスロヴァキア東部からウクライナ西部の山岳地帯を中心に居住している。

スロヴァキアの主要少数民族であるロマが、初めてスロヴァキアに現れたのは、12～13世紀頃のことだと言われている。インド北西部が起源とされるロマは、鍛冶（金属加工）などの特殊な技法を持つことから好意的に受け入れられた一方で、その異質な生活様式から、差別の対象となることもあった。ほかにも、オスマン帝国が南東ヨーロッパに

ヴァラフ人を描いた絵画

侵略した後には、クロアチア人がスロヴァキアに移住している。このように、中世から近世にかけて、スロヴァキアの多民族化が進行した。

　なお、13世紀からは、スロヴァキアの一部地域がポーランドの支配下に入っている。1412年、当時のハンガリー王であったジギスムンドは、戦争資金を調達するために、ポーランド王のヴワディスワフ2世から借金し、スロヴァキア北東部のスピシュ地方の諸都市を担保としてポーランドに差し出した。スピシュ地方は、名目上ハンガリー王国の領土であったが、徴税権はポーランド王国に与えられた。スピシュ地方がハンガリー王国の手に戻るのは、第1次ポーランド分割が行われた1772年のことである。これらスピシュ地方の諸都市は、ポーランド王からもハンガリー王からも特権を享受することができたため、ある意味で「経済特区」のような扱いを受けていた。

ハンガリー王国の「首都」ブラチスラヴァ

　ハンガリー王国では、創始一族であるアールパード家の断絶後、1308年から選挙王政が導入され、アンジュー家（ナポリ王国）、ルクセンブルク家、ハプスブルク家、ヤゲウォ家（ポーランド王国）などの君主が、入れ替わり王位に就いた。チェコのボヘミア王国でも、初代のプシェミスル家が断絶した後は、ルクセンブルク家、ハプスブルク家などの君主が国王となり、15世紀後半からは、ハンガリー王国と同様、ヤゲウォ家によって統治された。1526年に、ヤゲウォ家のラヨシュ2世が、オスマン帝国のスレイマン1世との戦闘（モハーチの戦い。現在のハンガリー南部が戦場）で戦死すると、再びハプスブルク家が、ハンガリー王国とボヘミア王国の王位継承権を得た。これ以降、ハンガリー王国とボヘミア王国は、1918年にカール1世が退位するまで、ハプスブルク家によって統治されることになる。

　1526年、ハプスブルク家のフェルディナント1世がハンガリー国王となったものの、トランシルヴァニア地方の領サポヤイ・ヤーノシュが、ハンガリー貴族の支持を受けて王位継承権を主張し、互いに王位を争った。この争いには、モハーチの戦いに勝利して勢いに乗るオスマン帝国も介入し、ハンガリー王国は以下の3つの地域に分割されることになった（地図）。①現在のハンガリーを中心とする地域：オスマン帝国の支配下。②トランシルヴァニアを中心とする地域：オスマン帝国を宗主国とするトランシルヴァニア公国として独立。③スロヴァキアを含むその他の地域：ハプスブルク家が統治するハンガリー王国。

　つまり、ハンガリー王国の中心地域は、現在ハンガリーがある地域から、スロヴァキアに移動したことになる。

フェルディナント1世

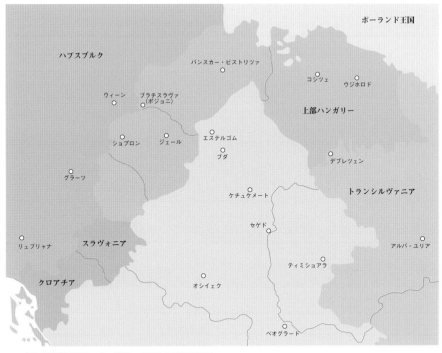

16世紀後半のハンガリー王国の周辺地図

① ▓▓：薄い緑色：オスマン帝国の支配下
② ▓▓：トランシルヴァニア公国
③ ▓▓青色とピンク：ハプスブルク帝国が統治するハンガリー王国

それまで、ハンガリー王国の首都は、ブダ（のちにドナウ川対岸のペシュトと合併し、ブダペシュトとなる）に置かれていたが、オスマン帝国の支配下に入ったため、首都機能がブラチスラヴァ（ハンガリー語ではポジョニ Pozsony）に移された。これ以降、1563年から約250年間、ブラチスラヴァは、国王の戴冠式や王国議会が開催される都市となり、ハンガリー王国の事実上の首都として更なる繁栄を遂げることになる。ブラチスラヴァでハンガリー王として戴冠したハプスブルク家の君主には、マリア・テレジアも含まれる。

オスマン帝国からの防御のために築かれたコマールノ要塞（スロヴァキア南西部）

歴史

モハーチの戦いで戦死したラヨシュ2世（セーケイ・ベルタラン画、1860年）

ハンガリー南部モハーチの古戦場

学術と宗教を通じたチェコとの交流

　1348年に設立されたカレル大学（プラハ大学）は、中央ヨーロッパ最古の大学であり、他国との学術交流の中心でもあった。チェコの知識人がラテン語とともに用いていたチェコ文章語は、ハンガリー王国のスロヴァキアにも流入した。

　中央ヨーロッパを揺るがした2つの宗教改革（チェコで始まったフス派による宗教改革と、ドイツで始まったルター派による宗教改革）は、言語面でもスロヴァキアに大きな影響をもたらした。チェコ語の聖書がスロヴァキアでも導入されると、ラテン語よりも馴染みやすいチェコ語が、教会だけでなく一部の学校でも用いられるようになる。中でも、プロテスタント（福音派）の信者の間では、チェコ語が広く浸透し、スロヴァキアの教会であっても、1990年代までチェコ語の讃美歌が一部で歌われていたほどであった。一方、反宗教改革によって勢力を盛り返したカトリックの知識人の間では、スロヴァキア独自の言語（スロヴァキア語）の形成を模索する動きが始まった。

ハンガリー王国議会が置かれていた建物。現在は大学図書館として利用されている

オスマン帝国撤退とナポレオンの登場

　1683 年、オスマン帝国が第二次ウィーン包囲戦に失敗すると、ハプスブルク家が攻勢に出る。ポーランドやヴェネツィアなどと同盟を組み、オスマン帝国支配下のハンガリーとバルカン半島に侵攻して勝利を収めると、1699 年にカルロヴィッツ（現在のセルビア北部の町スレムスキ・カルロヴツィ）で条約を結び、ハンガリー、クロアチア、トランシルヴァニアをオスマン帝国から獲得した。

　オスマン帝国のヨーロッパ撤退後、国力を高めたハプスブルク家は、啓蒙専制君主として知られるマリア・テレジアや、その息子ヨーゼフ 2 世のもと、改革と中央集権化を推し進め、その一環としてドイツ語の公用語化を試みた。マリア・テレジアによる重要な政策の 1 つに教育改革が挙げられるが、初等学校から大学に至る教育制度の整備は、後にスロヴァキアの民族覚醒運動を牽引する知識人を輩出するための前提条件を形成した。また、この時代に、鉱業奨励のため、スロヴァキア中部のバンスカー・シュチアヴニツァ Banská Štiavnica に、ヨーロッパで初めてとなる鉱山専門学校が設立された。バンスカー・シュチアヴニツァの金銀採鉱は 18 世紀に最盛期を迎え、ハンガリー王国内では 3 番目に大きな都市（人口約 3 万 6000 人）に成長した。現在、この町で採鉱は行われていないが世界遺産に登録されており、観光地として賑わっている。

　19 世紀になると、ナポレオンがヨーロッパを席捲したが、スロヴァキアも無関係で

マリア・テレジアのブラチスラヴァでの戴冠式

はいられなかった。1805 年に、アウステルリッツ Austerlitz（チェコ語ではスラフコフ Slavkov。モラヴィア南部に位置）において、オーストリア（フランツ 1 世）とロシア（アレクサンドル 1 世）の連合軍が、フランス（ナポレオン）に敗れると、同年、ブラチスラヴァで講和条約が結ばれた。この講和条約は、日本の高校の世界史科目では、ブラチスラヴァのドイツ語名を用いて「プレスブルクの和約」と呼ばれている（日本の学校教育の世界史科目で「ブラチスラヴァ」が登場する唯一の歴史的出来事）。ブラチスラヴァの大司教宮殿 Primaciálny palác で行われた講和条約の署名式には、フランス側からタレーラン外務大臣が出席した。なお、パリのエトワール凱旋門は、アウステルリッツの戦いの

バンスカー・シュチアヴニツァ。鉱業で鉱業で繁栄し、世界遺産に登録されている

ブラチスラヴァの大司教宮殿

パリのプレスブール通り

戦勝記念のために建てられたが、凱旋門の環状道路の１つは、プレスブルクのフランス語名を取って、「プレスブール通り Rue de Presbourg」と名付けられている。

スロヴァキアはナポレオン戦争の戦場になり、ブラチスラヴァ近郊のジェヴィーン Devín 城はナポレオン軍によって破壊された。また、ブラチスラヴァ城も、ナポレオン軍の駐留部隊による失火により焼け落ち、20 世紀半ばまで廃墟となった。ブラチスラヴァ旧市庁舎の時計台には、ナポレオン軍によって撃ち込まれた砲弾が、今でも残っている。

ブラチスラヴァ旧市庁舎に残る黒い砲弾

チェコ人との共闘、ハンガリー人との対立

ハンガリー王国の貴族は、ハプスブルク家による中央集権化やドイツ語導入の動きに反発した。また、ヨーゼフ２世が、ハンガリー王国の首都ブラチスラヴァに保管していた戴冠式用の王冠を、ウィーンの宮廷博物館に持ち運んでしまったことも、ハンガリー貴族のプライドを傷つけた。当時、ハンガリー王国内では、ラテン語が公用語として使用されていたが、ヨーロッパで広まりつつあるナショナリズムの影響も受け、マジャル語（ハンガリー語）の公用語化や、マジャル人としてのアイデンティティーの確立が、追求されていくことになる。

18 世紀から 20 世紀初頭にかけてのスロヴァキアは、ハプスブルク家とハンガリー王国の二重権力構造の下に置かれていた。しかし、スロヴァキア人も、他のスラヴ人（特にチェコ人）との協力を模索しながら、スロヴァキア・ナショナリズムを発展させていく。

当時、スロヴァキアのカトリック教会では、典礼の際に、ラテン語だけでなく、教会が置かれている地域の言葉（スロヴァキア語の方言）が用いられるようになった。こうした中、聖職者の間で、スロヴァキア語の正書法を制定しようとする試みが生まれてくる。1787 年、カトリック司祭のベルノラーク Anton Bernolák が、西スロヴァキアの方言を基に、初めてスロヴァキア語の文章語を考案した。ベルノラークのスロヴァキア語は一定の支持を集め、文芸作品にも使用されたが、次世代まで受け継がれることはなかった。しかし、スロヴァキア固有の言語を利用する動きは、スロヴァキア固有の民族の形成と自治の獲得を求める運動に繋がっていく。

一方で、チェコ語版の聖書を利用していたプロテスタント（福音派）の間では、スロヴァ

ベルノラーク

シャファーリク

キアとチェコを民族的・言語的に統一しようとする思想が広まった。中でも、シャファーリク Pavol Jozef Šafárik と、コラール Ján Kollár は、マジャル・ナショナリズムが強まる中で、チェコ人や他のスラヴ民族との相互交流に活路を見出し、「チェコスロヴァキア人」という概念を主張した。シャファーリクとコラールは、汎スラヴ主義（スラヴ諸民族の連帯と統一を目指す思想運動）を代表する初期の人物としても知られている。

　このように、スロヴァキアでは、独自の民族（スロヴァキア人）の形成を求める動きと、チェコ人との一体化（チェコスロヴァキア人）を目指す動きが併存していた（その一方で、スロヴァキア人であっても、当時支配階級であったマジャル人に同化していく者も少なくはなかった）。しかし、19 世紀半ばになると、スロヴァキア独自の民族と言語を規定しようとする動きが優勢になる。後に最も偉大なスロヴァキア人の一人として見なされることになるシュトゥール Ľudovít Štúr は、民族覚醒運動を国民形成運動に発展させ、ハンガリー王国内におけるスロヴァキアの自治を求める活動を牽引する。また、シュトゥールが確立した中部スロヴァキア方言に基づくスロヴァキア語は、現代スロヴァキア語の基盤となった（そのため、シュトゥールは「スロヴァキア語の父」とも呼ばれている）。1846 年にシュトゥールらによって設立されたスロヴァキア文化の啓蒙団体「タトリーン」は、プロテスタント系知識人とカトリック系知

シュトゥール

ハンガリー王国議会で演説するシュトゥール

識人の運動を統合することに成功した。

　1848 年 2 月にパリで発生した革命によりフランス王政が倒れると、自由主義と国民主義を求める運動（いわゆる「諸国民の春」）がヨーロッパ中に広がった。ハンガリー王国では、ハンガリー民族運動の指導者として知られる貴族のコシュート Kossuth Lajos などが、ハンガリー独自の政府設立をハプスブルク家に認めさせると同時に、ハンガリー民族による独立国家の設立を目指した。これに対し、シュトゥールらスロヴァキア民族運動の指導者たちは、「スロヴァキア民族の請願 Žiadosti slovenského národa」を採択し、ハンガリー王国内でのスロ

コッシュート

ヴァキア人の自治を要求した。スロヴァキア人は、ハンガリー王国内の同じスラヴ人であるクロアチア人やセルビア人とも、協力の可能性を探っていた。1849 年に、コシュートがハンガリーの独立（ハプスブルク家によるハンガリー王位継承権の拒否）を宣言すると、前年に 18 歳で即位したばかりのオーストリア皇

フランツ・ヨーゼフ 1 世

ブラチスラヴァも普仏戦争の戦場となった（ラマチの戦い、1866年）

帝フランツ・ヨーゼフ1世は、ロシア帝国ニコライ1世が派遣した援軍の力を借りて、ハンガリーの独立運動を制圧した（コシュートは国外に亡命する）。

　ちなみに、コシュートの出身地は、スロヴァキア国境に近いハンガリー北東部のモノク Monok であり、父親はスロヴァキア人、母親はドイツ人であった。叔父のユライは、熱烈なスロヴァキア民族主義者として知られており、シュトゥールとも親交があった。コシュートは、スロヴァキア語、ハンガリー語、ドイツ語の三言語を話すことができたが、自身のことをハンガリー人として認識していた。当時のハンガリー王国では、このようなマルチエスニックな環境は珍しいことではなく、1つの民族への帰属を選択することは、極めて恣意的な行為であった。

抑圧の中の民族運動

　ハプスブルク帝国のフランツ・ヨーゼフ1世は、ハンガリーの蜂起軍と戦っている間は、スロヴァキア人の要求に譲歩することも検討していたが、結局、スロヴァキア人の自治権が認められることはなかった。1861年、スロヴァキア人の代表者は、ハンガリー王国議会とフランツ・ヨーゼフ1世に「スロヴァキア民族の覚書 Memorandum slovenského národa」を提出する。この覚書では、ハンガリー王国内で、スロヴァキア人が自治権を持つ「領域（オコリエ Okolie）」を画定させて、

その領域ではスロヴァキア語が公用語として用いられることを求めていた。この「覚書」が承認されることはなく、スロヴァキア人の政治的権利の実現は認められなかったが、文化面では一定の進展が見られた。1862年、スロヴァキア中部の町レヴーツァ Revúca に、スロヴァキア語で授業を行う最初のギムナジウム（高校）が設立された。また、スロヴァキアにキリスト教を伝えたキュリロスとメトディオス来訪1000周年にあたる1863年には、スロヴァキア中部の都市マルティン Martin で、民族文化団体のマチツァ・スロヴェンスカー Matica slovenská が設立された。マチツァ・スロヴェンスカーは、現在でもスロヴァキア文化の保護と発展に向けた幅広い活動を展開している。これら一連の動きは、スロヴァキアの民族復興運動と呼ばれたが、見方を変えれば、当時ヨーロッパで流行したナショナリズムの流れの中で、この時に初めてスロヴァキア民族が形成されたと考えることもでき、1つのまとまったスロヴァキア民族というイデオロギーを作り出す運動であったと見ることもできる。

アウスグライヒとスロヴァキア人

　1866年、ハプスブルク帝国は、新興国家プロイセンとの戦争（普墺戦争）で大敗する。国際的な地位を低下させたハプスブルク帝国は、帝国内の諸民族を抑えるべく、1867年にハンガリーとの協定を結び、オーストリア・ハンガリー帝国（スロヴァキア語でRakúsko-Uhorsko）を発足させる。アウスグ

スロヴァキア語で授業を行った最初のギムナジウム（レヴーツァ）

ライヒ（ドイツ語で
妥協という意味）と
呼ばれるこの協定に
より、オーストリア
とハンガリーは、外
務・軍事・財務の分
野については共通の
政策を取るが、独自
の政府と議会を有す
る国家連合となった。

アメリカで発刊されたスロヴァキア移民の新聞（1893年）

　一般的に、ハンガ
リーの政治体制は、
オーストリアと比
較すると少数民族へ
の締め付けが厳しかったと言われている。
オーストリアの支配下にあったチェコでは、
1880年の言語令により、ドイツ語だけでな
くチェコ語も行政言語に加えられた。ただ
し、チェコ人の諸権利を認めることは、チェ
コに住んでいる多くのドイツ人の反発を招く
ことになり、両者の関係は緊張した。一方の
スロヴァキアでは、1868年の民族法により、
ハンガリー王国は1つの政治的民族（マジャ
ル人）と1つの国家語（ハンガリー語）か
らなる国として定められ、スロヴァキア人の
権利を制限した。その結果、スロヴァキア人
の自治権獲得運動は、第一次世界大戦が始ま
るまで停滞することになる。1895年には、
スロヴァキア人、セルビア人、ルーマニア人
がブダペシュトに集まり、1民族（ハンガリー
民族）からなるハンガリー王国というコンセ
プトへの反対表明を行っている。

　なお、フランツ・ヨーゼフ1世の甥であ
るフランツ・フェルディナントは、夫人のゾ
フィーがチェコ人であったこともあり、帝国
内のスラヴ人諸民族による自治獲得運動に理
解を示していた。フランツ・フェルディナン
トは、1914年にサラエヴォでセルビア人青
年に暗殺されるが、皮肉なことに、この暗殺
事件は、第1次世界大戦の勃発を引き起こ
し、最終的にオーストリア・ハンガリー帝国
の瓦解とチェコスロヴァキアの独立をもたら
すことになる。

新世界への移民

　19世紀後半から第一次世界大戦までに、
東スロヴァキアなどの貧しい農村地帯から、
多くのスロヴァキア人が出稼ぎ労働者として
国内外に移住した。20世紀初頭の時点で、
ブダペシュトに10万人、オーストリアに7
万人のスロヴァキア人が居住していたとい
う。しかし最も移住者が多かったのは、オー
ストリア・ハンガリー帝国内ではなく遥か海
を越えたアメリカ合衆国であった。第一次
世界大戦が始まった時点で、約60万人のス
ロヴァキア人がアメリカに居住していたと見
積もられている。中でも、東海岸のペンシル
ヴァニア州には、アメリカへの移民者の約半
数が集中し、ピッツバーグ周辺の炭鉱や製鉄
所が主な職場となった。次いでスロヴァキア
からの移民者が集中したのは、オハイオ州の
クリーヴランドであった。

　スロヴァキアからアメリカへの移民者は、
あくまでも出稼ぎが目的であったため、ある
程度の貯金が貯まるとスロヴァキアに戻って
いった。一方で、そのままアメリカに残って
生活し続ける者もいた。このような在米スロ
ヴァキア人は、第一次世界大戦中に活発化し
たチェコスロヴァキア独立運動に対して、積
極的な支援を行うことになる。

チェコ人との結託

　1882年、プラハのカレル大学内で、ドイ

ツ語だけでなくチェコ語で授業を行う教育機
関も設置されると、これまで以上に多くのス
ロヴァキア人の学生がカレル大学に集まるよ
うになった。チェコ人の間では、マジャル化
による圧政下に置かれている同胞スラヴ人で
あるスロヴァキア人に対して同情の目が向け
られ、スロヴァキア人への関心が強まった。
このような状況下で、チェコスラヴ統一協会
Českoslovanská jednota が 1896 年にプラハ
で創設された。チェコスラヴ統一協会は、
「スラヴ」という名前が付いているが、実態
はチェコ人によるスロヴァキア人支援のため
の枠組みであり、スロヴァキア人のチェコ留
学を金銭面で支援したり、スロヴァキア文化
をチェコ国内で紹介したりした。また、チェ
コスラヴ統一協会は、1908 年から第一次世
界大戦が始まるまで毎年、スロヴァキアに近
いチェコ南東部の温泉地ルハチョヴィツェ
Luhačovice で、チェコ人とスロヴァキア人
による定期会合を組織した。

　1907 年、スロヴァキア北部の村チェルノ
ヴァー Černová で、ハンガリー人神父によ
る献堂式の実施を拒んだスロヴァキア人住民
15 名が、ハンガリー人の官憲に射殺される
事件が発生した。この事件は、チェコ人ジャー
ナリストによってヨーロッパ中に伝えられ、
ノルウェー人作家のビョルソン（1903 年に
ノーベル文学賞を受賞。ノルウェー国歌の作
詞者）や、イギリス人ジャーナリストのシー
トン・ワトソンが、スロヴァキア人に対する
支持を表明した。

　スロヴァキアの状況は、チェコだけでなく
他のヨーロッパ諸国でも徐々に認知されるよう
になったが、スロヴァキア人の命運は国際情勢
の変化に委ねられることになる。第一次世界大
戦が始まると、スロヴァキア人の自治獲得運動
の表舞台は国外に移り、チェコ人との共同国家
建国を求める運動へと転化していく。

戦時下のチェコスロヴァキア独立運動

　1914 年 7 月 28 日、オーストリア・ハン
ガリー帝国がセルビアに宣戦布告する形で、
第一次世界大戦が始まった。オーストリア・

オーストリア・ハンガリー帝国軍の将校には、チェコ
人も含まれていた。写真は、1910 年に浜離宮御苑で行
われた観桜会への招待状で、宛名は同帝国の駐在武官
カミル・ホリー陸軍参謀大尉（チェコ人）。2021 年に
ホドニーンで開催された日本展で撮影。

ハンガリー帝国は、ドイツ帝国、オスマン帝
国などと同盟を組み、フランス、イギリス、
ロシア帝国を中心とする連合国との戦闘に突
入する。スロヴァキア人とチェコ人は、オー
ストリア・ハンガリー帝国軍として徴兵さ
れ、主にロシア帝国、イタリア、セルビアと
の戦闘に投入された。しかし、スロヴァキア
人とチェコ人の中には、同じスラヴ人（ロシ
ア人、セルビア人など）と戦うことに積極的
な意味を見出せず、戦意を喪失して敵軍に集
団投降するケースが続出した。

　1914 年 11 月、ロシア帝国軍は攻勢を仕
掛け、スロヴァキア東部にまで到達した。
戦争勃発から半年も経たないうちに、スロ
ヴァキアが第一次世界大戦の戦場になったの
である。1915 年 5 月には、東部戦線がベラ
ルーシやウクライナまで押し戻されたが、ス
ロヴァキア人とチェコ人の間には、仮にオー
ストリア・ハンガリー帝国が戦争に敗北すれ
ば、自治権どころか独立を勝ち取ることがで
きるとの考えが生まれるようになる。スロ
ヴァキア人にとっては、ハンガリー王国内で
の自治獲得が何度も拒絶されてきたことを背
景に、チェコ人との共同国家建国に活路を見
出すようになる。

　このような状況の中、チェコ人哲学者の
マサリクとスロヴァキア人天文学者シュ
チェファーニクが、チェコスロヴァキアの

マサリク

独立運動を牽引することになる。プラハ大学の哲学教授で、政治家でもあったマサリク Tomáš Garrigue Masaryk は、スロヴァキア人の父とチェコ人の母との間にホドニーン（スロヴァキア国境に近いチェコ南東部の町）で生まれた。マサリクは言論人としても活躍し、ユダヤ人差別に立ち向かうなど、リベラルな知識人として知られていた。マサリクは欧米列強に対し、チェコがスロヴァキアとの共同国家を建設すれば、戦後もドイツの脅威を抑制できると訴え、独立運動を展開した。一方、スロヴァキアで生まれ、プラハで修学した後に、パリの天文台で勤務したシュチェファーニク Milan Rastislav Štefánik は、フランスの外交官や空軍パイロットも務めるなど、パリでマルチな活動を行っていた。シュチェファーニクは、プラハ時代の大学の恩師でもあるマサリクの独立運動

シュチェファーニク

に共鳴し、自身のフランスでの人脈をフルに活用し、チェコスロヴァキア独立に向け列強への働きかけを開始する。1916年2月、マサリクとシュチェファーニクは、後にチェコスロヴァキア初代外務大臣に就任するベネシュ Edvard Beneš と共に、チェコスロヴァキア国民評議会 Československá národná rada をパリに設立し、本格的な独立運動に着手する。

　チェコスロヴァキア独立運動は、海を越えたアメリカでも進展した。19世紀以降、アメリカに移民するスロヴァキア人の数が多くなるにつれ、アメリカ国内にスロヴァキア人

のコミュニティーが形成された。その中でも最大の組織が、1907年に結成された在米スロヴァキア人同盟 Slovenská liga v Amerike である。在米スロヴァキア人同盟は、第一次世界大戦が始まって3か月も経たないうちに、スロヴァキア人の自治を求める覚書を発表した。1915年10月には、在米チェコ人と在米スロヴァキア人が、クリーヴランド協定を締結し、チェコ人とスロヴァキア人による共同国家設立への支持を表明した。戦争が終盤に差し掛かった1918年5月には、マサリクが起案したピッツバーグ協定が調印され、在米チェコ人と在米スロヴァキア人は共同国家建国に完全に合意した。

建国の立役者チェコスロヴァキア軍団

　パリのチェコスロヴァキア国民評議会は、欧米列強に独立を認めてもらうためには、連合国への軍事的貢献が不可欠だと考えた。チェコスロヴァキアが第一次世界大戦の「戦勝国」となれば、独立の可能性が一気に広がるからである。そこで目をつけたのは、連合国のロシアやイタリアなどで囚われているチェコ人とスロヴァキア人の捕虜をチェコスロヴァキア軍団 Česko-slovenské légie として組織し、ドイツやオーストリア・ハンガリー帝国との戦闘に投入することであった。中でも、ロシアでは、多数のチェコ人とスロヴァキア人が捕虜となっていたこともあり、最終的に約7万人規模のチェコスロヴァキア軍団を編成することができた。日本でも有名な小説『兵士シュヴェイクの冒険 Osudy dobrého vojáka Švejka za světové války』の作者である、チェコ人作家ハシェク Jaroslav Hašek もロシア軍の捕虜となり、一時期であるがチェコスロヴァキア軍団に加わっている。チェコスロヴァキア軍団は、1917年7月にウクライナのズボロフ Zborov 近郊の戦いにロシア軍の一員として投入されて戦果を残し、列強の注目を集めるようになった。そのほかにも、国外に住んでいたチェコ人とスロヴァキア人は、アメリカ、イギリス、フランス、セルビアなどの軍隊に志願しており、

チェコスロヴァキア軍団

終戦までに約14万人のチェコ人とスロヴァキア人が、連合国の一員として戦った。

　チェコスロヴァキア軍団を巡る状況は、1917年のロシア革命で一変する。ロシア国内で政権を奪取したボリシェヴィキ政府は、第一次世界大戦からの離脱を決定し、1918年3月にブレスト・リトフスク（現在のベラルーシのブレストBrest）でドイツやオーストリア・ハンガリー帝国などとの単独講和条約を結んだ。これにより、ロシアにいたチェコスロヴァキア軍団は、戦うべき相手がいな

ズボロフの戦いに投入されるチェコスロヴァキア軍団

くなってしまった。そこで、マサリクやシュチェファーニクは、ロシア国内にいるチェコスロヴァキア軍団をシベリア鉄道経由でウラジオストクまで移動させ、そこから船でヨーロッパに帰還させて西部戦線に投入することを決定した。この壮大な計画は、ロシアでボリシェヴィキ（赤軍）と反ボリシェヴィキ派による内戦が勃発していたこともあり、多くの困難が伴った。チェコスロヴァキア軍団は、シベリアを東進している間に、ロシア内戦に巻き込まれ、ボリシェヴィキ（赤軍）との間で戦闘状態に陥った。

悲劇のヒーロー、シュチェファーニク

　チェコスロヴァキア軍団の組織化は、スロヴァキア人シュチェファーニクの仕事であった。シュチェファーニクは、シベリアでの内戦に取り残されたチェコスロヴァキア軍団を救出し、ヨーロッパの西部戦線に投入するために、列強諸国への働きかけを行うことになる。折しも、チェコスロヴァキア軍団と赤軍の戦闘は、ボリシェヴィキ派の革命政権に警戒していた列強の注目を集めた。そして、

アメリカを訪問したシュチェファーニク（中央の人物）

チェコスロヴァキア軍団兵士をシベリアから日本に輸送した春光丸

1918年8月、アメリカ、イギリス、フランス、イタリア、日本などが、チェコスロヴァキア軍団救出を建前としつつ、ロシア革命への軍事干渉を目的に、シベリアへの共同派兵を開始した。これがいわゆるシベリア出兵である。

シュチェファーニクは、赤軍への軍事干渉拡大を働きかけるために、アメリカ訪問後に日本に旅立った。シュチェファーニクが横浜港に到着したのは、1918年10月12日のことであった。その後4週間の日本滞在期間中に、大正天皇に謁見するとともに、原敬総理大臣、内田康哉外務大臣、幣原喜重郎外務次官、上原勇作陸軍参謀総長との会談を行いシベリアへの干渉拡大を働きかけた。シュチェファーニクの陳情活動は、財界、学会、言論界にも及び、実業家の稲畑勝太郎（稲畑産業創業者）、数学者の藤沢利喜太郎、ジャーナリスト頭本元貞が主催した会食にも出席した（ヤーン・ユリーチェク著／長與進訳『彗星と飛行機と幻の祖国と―ミラン・ラスチスラウ・シチェファーニクの生涯―』（成文社、2015）参照）。なお、シュチェファーニクは日本滞在中、チェコスロヴァキア臨時政府により、国防大臣に任命されている。結局、日本は、極東地域への覇権を広げることを目的に、7万3000人の兵力（当初のアメリカとの取り決めでは、日本軍の兵力は1万2000人までとされていた）を送りこみ、1922年までシベリアに進駐した。救出されたチェコスロヴァキア軍団は、日本やアメリカを経由して、ヨーロッパにたどり着いた（チェコ

スロヴァキア軍団と日本との交流については、長與進『チェコスロヴァキア軍団と日本1918-1920』（教育評論社、2023年）で詳しく描写されている）。東京都のカトリック府中墓地には、ヨーロッパに向かう途中に日本で病死したチェコ人とスロヴァキア人のための墓碑が置かれている。

1918年、オーストリア・ハンガリー帝国の敗北が決定的になると、10月28日にプラハでチェコスロヴァキア建国宣言が発出された。シュチェファーニクが日本滞在を終えて下関港を出発したのは、その2週間後の11

シュチェファーニクの訪日に関する松井・駐仏大使の本国宛書簡（駐日スロヴァキア大使館所蔵）

歴史

スロヴァキア政府専用機に描かれているシュチェ
ファーニク

月 13 日のことであった。シュチェファーニ
クは、シベリアのチェコスロヴァキア軍団を
視察した後に、上海経由でヨーロッパに戻っ
た。1919 年 5 月 4 日、イタリアでの交渉を
終えたシュチェファーニクは、スロヴァキア
に凱旋帰国するはずであった。しかし、シュ
チェファーニクを乗せたイタリアの複葉飛行
機は、ブラチスラヴァ・ヴァイノリ地区の草
原に着陸しようとしたところ墜落し、乗員全
員が事故死した。シュチェファーニクの墜落
死に関しては、謀殺説も唱えられたが、現在
では悪天候による事故死が定説となってい
る。筆者の友人は、新しい時代の幕開けのた
めに奔走しながら道半ばで非業の死を遂げた
シュチェファーニクについて、「スロヴァキ
アの坂本龍馬」のような人物と称している。

　1923 年、墜落現場近くにスロヴァキア最
初の空港「ヴァイノリ空港」が建設された。
ヴァイノリ空港は空港拡張のため、1951 年
に約 5Km 離れたブラチスラヴァ近郊に移
転された。その空港は、現在ではシュチェ
ファーニク空港 Letisko M. R. Štefánika と名
付けられており、ターミナル内にはシュチェ

ファーニクが搭乗していた複葉機「カプロニ
Ca.33」のレプリカが展示されている。飛行
機事故で亡くなった人の名前が付けられた空
港は、ヨーロッパでは「シュチェファーニク
空港」とリヨンにある「サン＝テグジュペリ
空港」だけかもしれない。

　シュチェファーニクは、社会主義時代には
スロヴァキア民族主義者として批判され、日
の目を浴びることは少なかった。チェコスロ
ヴァキア軍団がソヴィエトの赤軍と敵対した
ことも、社会主義時代にシュチェファーニク
の評価が低かった理由の 1 つである。しか
し、1993 年のスロヴァキア独立後に、シュ
チェファーニクはナショナル・ヒーローとし
ての評価を取り戻し、スロヴァキア・コルナ
（2009 年のユーロ通貨導入後に廃止）の最
高紙幣（5000 コルナ）に採用された。2018
年、スロヴァキア独立 25 周年を機に公共放
送 RTVS（スロヴァキア・ラジオ・テレビ）
によって実施された「偉大なスロヴァキア
人」アンケートでは、シュチェファーニクが
圧倒的な支持を得て 1 位に選出された（2 位
は、スロヴァキア語の正書法の基になる文章
語を制定したシュトゥール）。

旧 5000 スロヴァキア・コルナ札（出典：スロヴァキ
ア国立銀行 HP）

2018 年に早稲田大学で開催されたシュチェファーニク
の展示会

チェコスロヴァキアの独立

　戦争末期になると、オーストリア・ハンガリー帝国が各地で敗走を続け、チェコスロヴァキアの独立が現実味を増してくる。国内での独立運動は、1918年7月にプラハで設立されたチェコスロヴァキア国民委員会 Národný výbor československý が中心となった。10月18日、アメリカ滞在中のマサリクが、チェコスロヴァキアの独立を宣言する。10月28日には、オーストリア・ハンガリー帝国が降伏するとの報が流れたプラハで、チェコスロヴァキアの独立が宣言された。その2日後の10月30日、スロヴァキア中部の都市マルティン Martin で、国内のスロヴァキア人がチェコとの共同国家に参加することを宣言した（マルティン宣言 Martinská deklarácia）。第一次世界大戦は、ドイツの降伏をもって11月11日に終結した。

第一次世界大戦後も続いた戦闘

　スロヴァキア人にとって、チェコスロヴァ

スロヴァキア国立博物館前のマサリク像。「1918年10月28日、チェコスロヴァキア成立、2つの兄弟民族チェコ人とスロヴァキア人の祖国」と書かれている。

キアの建国は、約1000年間に及んだハンガリー王国の統治下を離れたことを意味していた。しかしながら、建国宣言をもって、すぐに盤石な国家体制が敷かれたわけではなかった。チェコにおいては、オーストリアからチェコへの権力の移行が比較的容易に行われたものの、スロヴァキアはチェコスロヴァキア建国が宣言された1918年秋の時点で、ほぼ全域がハンガリー王国によって統治されていた。チェコスロヴァキア独立を決定づけたのは、チェコスロヴァキアによるスロヴァキアの軍事的占領と、欧米列強諸国による国家承認であった。なお、オーストリア＝ハンガリー帝国は、第一次世界大戦末期の混乱の中、オーストリアとハンガリー王国に分裂していた。

　チェコスロヴァキアの軍隊がチェコからスロヴァキアに初めて侵攻したのは、1918年11月上旬のことであり、軍隊の大部分はチェコ人で構成されていた。ハンガリー王国との戦闘は、1918年11月11日の第一次世界大戦終戦後も続けられ、双方の軍勢はスロヴァキア北西部の戦線で膠着状態に陥った。12月に入ると、イタリアから鉄道で輸送されたチェコスロヴァキア軍団（チェコスロヴァキア軍団はロシアだけでなく、イタリアやフランスでも一部組織されていた。また当時は、ロシアで組織されたチェコスロヴァキア軍団の大多数が、シベリアに残存していた）が投入され、チェコスロヴァキアが徐々に優勢となった。チェコスロヴァキア軍は、フランスが提案した国境線（現在のスロヴァキアとハンガリーの国境とほぼ同様）を目指して進軍を続けた。チェコスロヴァキア軍が攻勢に出ることができた要因の1つは、ハンガリー王国が連合国の要求に従い、提案された国境線に基づいて軍隊を徐々に撤退させたからでもあった。

　チェコスロヴァキアは、1919年1月にブラチスラヴァを占領した。それまで、スロヴァキアの暫定的な行政の中心地は北部のジリナ Žilina に置かれていた。「ブラチスラヴァ」という名称が正式に決定されたのもこの時である（ブラチスラヴァは、ハンガリー語でポ

歴史

ブラチスラヴァの掩体壕（えんたいごう）。第一次チェコスロヴァキア共和国時代に、ブラチスラヴァの防衛システムとして構築された。

ハンガリーとの戦いに向かうチェコスロヴァキアの兵士（1919年）

ジョニ、ドイツ語でプレスブルクと呼ばれていた）。

当時のブラチスラヴァはドイツ人、ハンガリー人、ユダヤ人、スロヴァキア人が混住する多民族都市であり、終戦後すぐの時点ではどこの国に帰属するか不明な状況にあり、ポーランドのダンツィヒ（グダンスク）のような自由都市になった可能性もあったという。

2月4日にスロヴァキアの行政の中心地がブラチスラヴァに移転され、式典が開催されたが、、第一次世界大戦の連合国であったイギリス、フランス、イタリア、日本の代表者（平山大佐という人物）も出席した。日本がチェコスロヴァキアを国家として正式に承認するのは1920年のことであり、その前年に、情勢が不安定な中、日本がブラチスラヴァに代表を送ったのは注目に値する。なお、スロヴァキアの最西端に位置し、オーストリアとハンガリーに国境を接しているブラチスラヴァは、地理的バランスや国防上の観点から首都にすべきではないとの意見も出されており、スロヴァキア中部の都市で民族覚醒運動の中心地の1つであったマルティンMartinへの遷都を提案する者もいた。結局、ブラチスラヴァは、ドナウ川に面した河港を有し、交通の要衝で産業が集中していることから中心都市に相応しいとの考えが優勢となった。

第一次世界大戦終結後に情勢が混乱していたハンガリーでは、1919年3月にクンKun Bélaが革命を起こし、短命であったが社会主義政権を樹立させた。クンは政権奪取直後に、スロヴァキアにハンガリー赤軍を侵攻させ、主に東スロヴァキアの占領に成功した。スロヴァキア第3の都市プレショウPrešovでは、チェコ人社会主義者のヤノウシェクAntonín Janoušekが、ハンガリー共産党の後ろ盾を受けて、スロヴァキア・ソヴィエト共和国Slovenská republika rádの建国を宣言している（ただし2週間しか存続しなかった）。4月、トランシルヴァニアの領土問題を抱えるルーマニアがハンガリーに侵攻すると、ハンガリー赤軍は自国に撤退し、再度チェコスロヴァキアがスロヴァキアを平定した。

ハンガリーは1920年以降再び王国となるが、国王が選出されることはなく、オーストリア＝ハンガリー帝国海軍出身のホルティHorthy Miklósが摂政として国を統治することになる。

第23チェコスロヴァキア狙撃連隊の旗。フランスにいたチェコ人とスロヴァキア人によって組織され、1919年にスロヴァキアに派兵された。

ブラチスラヴァに到着するチェコスロヴァキア政府のメンバー（1919年2月4日）

ルシーン人の命運とザカルパッチャの編入

　東スロヴァキアに隣接し、現在はウクライナ領となっているザカルパッチャ地方（スロヴァキア語ではポトカルパツカー・ルスPodkarpatská Rus）も、戦前はハンガリー王国の支配下にあった。ザカルパッチャでは、ルシーン人による国民国家形成の機運が一部で高まったが、ルシーン人としての一つのまとまった民族アイデンティティーが十分に確立されていなかったこともあり、広範な独立運動には繋がらなかった。当時、アメリカには、19世紀に大西洋を渡り移住したルシーン人が多く住んでいた。1918年11月、アメリカのルシーン人コミュニティーは投票を行い、ザカルパッチャを新生チェコスロヴァキアに統合させることに同意した。この投票結果は、ハンガリー王国がザカルパッチャを支配し続けることに否定的であった欧米列強諸国にとっても都合の良いものであった。

スロヴァキアの悲願、トリアノン条約

　第一次世界大戦後に行われたパリ講和条約には、チェコスロヴァキアからクラマーシュ首相とベネシュ外相（ともにチェコ人）が出席した。ヨーロッパの戦勝国は、敗戦国であるドイツとハンガリーが再度接近することを恐れており、両国の間の障壁となり得るチェコスロヴァキアの独立に肯定的であった。中でもフランスは、チェコスロヴァキアの要求を最も積極的に支持しており、そのおかげで、ハンガリー人が多数居住するスロヴァキア南部地域もチェコスロヴァキア領になった。フランスは、戦時中にチェコスロヴァキア暫定政府がパリに置かれていたこともあり、チェコスロヴァキア独立宣言前の1918年10月17日に、同国との外交関係を樹立している。日本は、アジアの国で初めて（ヨーロッパ以外ではアメリカに次いで2番目に）1920年にチェコスロヴァキアとの外交関係を樹立し、両国にそれぞれの公使館が設立さ

歴史

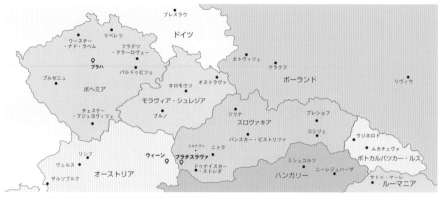

チェコスロヴァキア第一共和国の地図（1928 年に州制度が導入され、4 つの州に分けられた）

れた。

　チェコスロヴァキアの国境は、オーストリアとの国境に関しては 1919 年のサンジェルマン条約で、ハンガリーとの国境に関しては 1920 年のトリアノン条約で国際的に承認された（ハンガリーの国内情勢の混乱により、チェコスロヴァキアとハンガリーの国境

小協商の成立を伝えるポスター

画定に関する会議は 1920 年まで延期されていた）。トリアノン条約により、ハンガリー王国は、国土の 3 分の 2 がチェコスロヴァキア、ルーマニア王国、セルブ・クロアート・スロヴェーン王国（後のユーゴスラヴィア王国）、オーストリアに割譲され、300 万人ものハンガリー人が国外に取り残された。トリアノン条約に先立ち、イギリス、フランス、イタリア、日本などの国々から構成された国際的な委員会が、チェコスロヴァキアとハンガリーの国境画定のための現地調査を実施した。日本も、スロヴァキアとハンガリーの国境画定に関与していたのである。トリアノン条約は、領土変更の当事国であるハンガリー、チェコスロヴァキア、ユーゴスラヴィア、ルーマニアに加え、戦勝国であるアメリカ、イギリス、フランス、イタリア、日本によって署名された（日本からは、駐仏大使の松井慶四郎が署名）。トリアノン条約は、スロヴァキアにとっては自らの国土を史上初めて手にした歴史的瞬間である一方で、ハンガリーにとってはかつての大国の地位を失った歴史的屈辱であった。後に、チェコスロヴァキア、ルーマニア、ユーゴスラヴィアの 3 か国は、ハンガリーによる復讐を恐れ、小協商と呼ばれる同盟関係を結ぶことになる。

チェコスロヴァキアの建国

　チェコスロヴァキアは、ボヘミア州、モラヴィア・シレジア州、スロヴァキア州、ポトカルパツカー・ルス州の4つの州から構成される共和国であった（州制度が導入されたのは1928年）。1921年の国勢調査によると、チェコスロヴァキアの人口は約1300万人であり、そのうちチェコ人が685万人、ドイツ人312万人、スロヴァキア人220万人、ハンガリー人69万人、ルシーン人・ウクライナ人・ロシア人が46万人、ユダヤ人18万人、ポーランド人7万5000人という構成であった。ドイツ人の大多数は、チェコに居住しており、スロヴァキアに住むドイツ人は15万人ほどであった。ドイツ人は、同じく主要少数民族であったハンガリー人と政治面で協力することもあり、スロヴァキアではドイツ人がハンガリー系の政党に投票するケースもあったという。なお、チェコスロヴァキアは、ユダヤ人を固有の民族として正式に認めた世界最初の国家であった。ただし、ユダヤ人の中には、ユダヤ教を信仰していても自身を「ユダヤ人」と認識していない者もおり、国勢調査では「チェコ人」「スロヴァキア人」として申告するケースも少なくなかった（国勢調査は自己申告制）。当時の国勢調査には「ロマ」の項目はなかった。

　チェコスロヴァキアは、1920年2月29日に可決された憲法により、議会制民主主義に基づく共和国として始動した。チェコスロヴァキア憲法では女性参政権も認められていた。2020年2月29日にスロヴァキアで行われた総選挙は、奇しくもチェコスロヴァキア憲法採択からちょうど100年後の同じ日に実施され、女性参政権をいち早く導入したチェコスロヴァキア時代の憲法が再度クローズアップされた。

　チェコスロヴァキアは、戦間期の中欧諸国の中では、民主主義が最も発展した国家であった。ただし、重要政策については、マサリク大統領と主要政党5党の代表による、いわゆる「ピェトカ Pětka（チェコ語で「5」の意味）」によって決定されることもあった。

しかし、早期に独裁体制が敷かれたピウツスキ首相のポーランドや、ホルティのハンガリーと比べると、チェコスロヴァキアの議会制民主主義は高度に保たれていたと言える。一方で、チェコ人主導のプラハを中心とする中央集権的な国家体制の確立が進められ、スロヴァキアの自治が実現しなかったことにより、スロヴァキア人民族主義者の不満は高まっていった。

　戦間期のチェコスロヴァキアは、世界でもトップ10に入ると言われる工業国であった。主な工業の中心地は、自動車、機械、武器などを製造する総合メーカー「シュコダ Škoda」の本拠地が置かれていたチェコであった。スロヴァキアには、鉄鋼、化学、製紙産業の製造拠点が置かれていたが、チェコと比べると依然として経済後進地域であり、主要産業は農業であった。スロヴァキアの本格的な工業化は社会主義時代になってからようやく着手された。

　新生チェコスロヴァキアは、政治面でも経済面でもチェコによって牽引されたと言える。しかし、スロヴァキアにとっても、初めての民主的な主権国家を経験した歴史的意義は決して小さくない。また、チェコスロヴァキアが他の中欧諸国と比較すると政治的にも経済的にも安定していたこともあり、今でも多くのスロヴァキア人が戦間期時代を肯定的に捉えている。戦間期のチェコスロヴァキアは第一共和国 Prvá republika と呼称されており、この時代の文化や建造物は、ノスタルジー

マサリクが大統領になってから休暇で頻繁に訪れたスロヴァキアのトポリチャンキ城館

1919年創設のスロヴァキアの最高学府コメンスキー大学

を込めて「第一共和国風の」という形容詞が付けられることがある。

チェコスロヴァキア主義とスロヴァキア民族主義

　チェコスロヴァキア憲法では「チェコスロヴァキア民族」や「チェコスロヴァキア語」が規定されており、チェコ人とスロヴァキア人の融合が図られていた。これは、戦間期のチェコスロヴァキアでは、スロヴァキア人よりもドイツ人の方が人口が多かったことにも関連している。スロヴァキア人は、「チェコスロヴァキア民族」になることで、初めて国家のマジョリティーになることができたのである。「チェコスロヴァキア民族」の創造は、裏を返せば国内最大の少数民族ドイツ人に対する警戒の表れと言うことができる。実際、チェコスロヴァキアは、国内のドイツ人の「保護」を名目としたヒトラーの介入により、建国後わずか20年で解体されることになる。

　結局のところ、第一共和国においてチェコスロヴァキア主義が浸透することはなかっ

第一共和国時代に建設された複合ビル「アヴィオン」

た。チェコ語とスロヴァキア語が統合されることもなく、スロヴァキア語は史上初めてスロヴァキア全域で公式の教育語として使用された。チェコ人は、スロヴァキア語の使用を保障したものの、スロヴァキア人に自治を与えることには慎重であった。第一次世界大戦中にアメリカで調印されたピッツバーグ協定によれば、スロヴァキアはチェコスロヴァキア国家の枠組みで自治権を獲得できるはずであった。しかし、プラハの中央政府は安定的な国家体制の構築を優先したため、第一共和国時代にスロヴァキアの自治が実現されることはなかった。中央政府は、脱集権化を許容しスロヴァキアに自治を与えることは、国内最大の少数民族であるドイツ人の民族意識を高めることになるとして恐れていたのである。

　チェコスロヴァキア建国当時、スロヴァキアよりもチェコの方が知識人が多かったこともあり、スロヴァキアの役所や大学にチェコ人の官仕や教授が送り込まれた。また、戦間期にチェコスロヴァキアの首相や大臣に就任したのはほとんどチェコ人であり、スロヴァキア人が任命されることは稀であった。例外的な人物は、チェコスロヴァキア農業党の有力政治家であったスロヴァキア人のホジャ Milan Hodža で、主要大臣ポストを歴任し、1935年から1938年にかけて首相を務めた。

ミラン・ホジャ

ミュンヘン協定とウィーン裁定

　1935年の国会総選挙（第一共和国時代最後の選挙）において、スロヴァキアでは自治獲得を訴えるスロヴァキア人民党 Slovenská ľudová strana を中心とする政党連合が最も高い得票率（約30%）を得た。党首を務めていたのは、カトリック聖職者であり、ハンガリー王国時代からスロヴァキア民族運動

アンドレイ・フリンカ

ヨゼフ・ティソ

に関わってきたフリンカ Andrej Hlinka である。同党の正式名称は、党首の名前を取ってフリンカ・スロヴァキア人民党と呼称されていた。

なお同年の選挙では、ヘンライン Konrad Henlein 率いるズデーテン・ドイツ人党が全国レベルで第2党に躍進している。当時、国民社会主義ドイツ労働者党（ナチス）は過激な民族主義的政党として、チェコスロヴァキアにおいて活動を禁止されていた。ズデーテン・ドイツ人党は、ナチスに比べれば、はるかに穏健な政党ではあったが、選挙後にヒトラーの支援を受けて、1938年4月にドイツ人による自治獲得を正式に要求した。ヘンラインの要求はわずか数か月で更にエスカレートし、ドイツ系住民が多く住むズデーテン地方のドイツへの帰属を求め始めた。

すでにドイツは、1938年3月にオーストリアを併合していた（アンシュルス。ドイツ語で合併という意味）。イギリスとフランスは、ドイツの更なる領土拡大要求を抑えるために、「最後の領土割譲」という条件で、ズデーテン地方のドイツへの帰属を承認した。これが、1938年9月に結ばれたミュンヘン協定である。ミュンヘンで行われた会談には、ドイツのヒトラー、イギリスのチェンバレン首相、フランスのダラディエ首相のほか、イタリアのムッソリーニが仲介者として参加したが、当事国であるチェコスロヴァキアの代表者は交渉の席から外されていた。1918年のチェコスロヴァキアの独立は、第一次世界大戦後の国際情勢によって実現したが、チェコスロヴァキアの解体をもたらしたのも国際情勢であった。ズデーテン地方割譲後のチェコスロヴァキアは、「第二共和国 Druhá republika」と呼称されているが、その寿命は半年も持たなかった。

ズデーテン地方の割譲は、チェコだけでなくスロヴァキアにとっても大きな衝撃だった。スロヴァキア南部に住むハンガリー人も、ドイツの例に倣いハンガリーへの帰属を要求する恐れがあった。ミュンヘン協定の1か月前に死去したフリンカの後を継いで、スロヴァキアの人民党の党首に就任したティソ Jozef Tiso は、ハンガリーの脅威を防ぐとの名目で、1938年10月にスロヴァキアの自治を宣言した。プラハの中央政府もこれを承認し、スロヴァキアは、外交や国防以外の諸権利を獲得した。

スロヴァキアの自治獲得は、ハンガリーによる領土要求を抑え込むのに何ら役には立たなかった。1938年11月、ヒトラーが介入した「第一次ウィーン裁定」により、チェコスロヴァキアの国境を定めたトリアノン条約が覆され、スロヴァキア南部がハンガリーに割譲された。スロヴァキアは、第2の都市コシツェを含む国土の22%と人口の26%を失った。割譲された地域の人口に占めるハンガリー人の割合は58%であり、スロヴァキア南部に住むスロヴァキア人は、一日にしてハンガリーの少数民族となった。また、第一次ウィーン裁定に先立つ1938年10月に、スロヴァキア北部の一部地域がポーランドに割譲されている。ソ連とドイツという大国に挟まれたポーランドも、自国の立場を強化することに躍起になっており、スロヴァキアに対して領土割譲を再三求めていた。なお、1940年に、第二次ウィーン裁定が行われたが、これはルーマニア領土のハンガリーへの割譲に関連するものであり、チェコスロヴァキアとは直接の関係はない。

スロヴァキアの自治獲得以降、ほとんどの少数政党がスロヴァキア人民党に合流し、同党は事実上の一党独裁体制を築いた。また、スロヴァキアは自治獲得後に、チェコ人の役

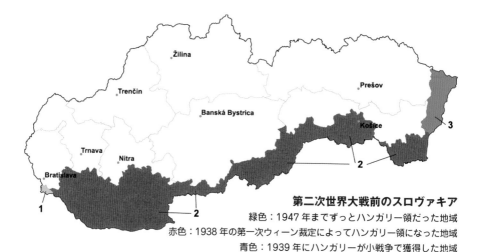

第二次世界大戦前のスロヴァキア

緑色：1947年までずっとハンガリー領だった地域
赤色：1938年の第一次ウィーン裁定によってハンガリー領になった地域
青色：1939年にハンガリーが小戦争で獲得した地域

（出典：commons.wikimedia.org/wiki/File:Slovakia_borderHungary.png）

人や教師をチェコに追放している。スロヴァキアは、ドイツの軍事的台頭に伴うヨーロッパ情勢の悪化の中で、民族主義に基づく権威主義的体制により生き残りを図ろうと試みていた。

チェコスロヴァキアの解体

　ヒトラーの次の野望は、チェコ全体の併合であった。チェコは、ヨーロッパ中でも高い経済レベルを誇っており、自動車や武器などの製造業が発展していたことから、ドイツにとって是非とも支配下に置きたい地域であった。しかし、「これ以上の領土要求は求めない」というミュンヘン協定での約束を破って、西欧諸国を敵に回すことは、1939年の初頭の時点ではさすがのヒトラーも躊躇していた。そこでヒトラーが目をつけたのは、スロヴァキアであった。すなわち、スロヴァキアがチェコスロヴァキアから独立し、チェコスロヴァキアが自ら解体してしまえば、混乱に乗じてチェコに軍事介入できると考えた。こうしてヒトラーは、民族主義が高まりつつあるスロヴァキアを巧みに扇動し、スロヴァキアの独立を裏で後押ししていく。

　スロヴァキアで権威主義体制を確立していたスロヴァキア人民党の強硬派は、チェコス

ロヴァキア第二共和国からの即時独立を声高に主張していたが、全てのスロヴァキア人が独立に賛成していたわけではなかった。中でも、スロヴァキア自治政府首相に就任していたティソ（スロヴァキア人民党党首）は、チェコスロヴァキアの解体とスロヴァキアの即時独立に慎重であった。こうした状況の中、プラハの中央政府は、スロヴァキアの独立を未然に防ぐために、1939年3月6日に軍隊を送り込み、スロヴァキア全土を占領して、自治政府のティソ首相を解任した。ヒトラーは、チェコとスロヴァキアの関係を悪化させるために、スロヴァキア独立に関する偽情報をプラハの中央政府に流しており、これがスロヴァキアへの軍事介入につながったとも言われている。

　その後もドイツはスロヴァキア独立を働きかけたが、ティソの曖昧な態度は変わらなかった。しびれを切らしたヒトラーは、同年3月13日にティソをベルリンに呼び出して、スロヴァキアが即時独立しなければ、ドイツやハンガリーがスロヴァキアに軍事介入することになるだろうと脅しをかけた。翌3月14日、スロヴァキア議会は、スロヴァキアの独立を宣言した。その翌日の3月15日には、ドイツがチェコ全土に進軍し、ボヘミ

ア・モラヴィア保護領（ドイツ語ではベーメン・メーレン保護領）を設置した。この保護領は、ドイツによるチェコの占領を実質的に意味していた。ミュンヘン会談に参加していたイギリスとフランスは、チェコスロヴァキアの解体に対しても積極的な行動を取らなかった。ヒトラーは、両国の消極的な態度を見て、更なる領土拡張を目指し半年後にはポーランドに侵攻するが、その結果第二次世界大戦が勃発することになる。

チェコスロヴァキアの最東端に位置していたポトカルパツカー・ルスも、1938 年のミュンヘン協定後、スロヴァキアと同様自治権を獲得し、ギリシャ・カトリック司教のヴォロシンが自治政府の首相に就任していた。ヴォロシンは、1939 年 3 月 14 日にスロヴァキアが独立すると、その翌日にポトカルパツカー・ルスの独立を宣言する。しかし、同じ日に、ドイツの合意を取り付けたハンガリーに侵攻され、ポトカルパツカー・ルスは独立宣言からわずか 3 日後の 3 月 18 日に国が消滅した。

アウグスティン・ヴォロシン

ハンガリーは、ポトカルパツカー・ルスの占領後、スロヴァキア東部にも侵攻した（通称「小戦争 Malá vojna」）。既にスロヴァキアは、ミュンヘン協定後の第一次ウィーン裁定で、スロヴァキアの国土の 5 分の 1 に当たる約 1 万 km²の領土をハンガリーに割譲していたが、小戦争により更に 1000 km²の領土をハンガリーに奪われた。トリアノン条約によって定められたスロヴァキアとハンガリーの国境は、こうして 20 年も経たないうちに変更された。チェコスロヴァキアは、ドイツとハンガリーによる第一次世界大戦の復讐を警戒していたが、その懸念は現実のものとなった。

スロヴァキア国の成立

独立したスロヴァキアの正式名称は、1939 年 7 月に採択された憲法により、スロヴァキア共和国 Slovenská republika と定められた。スロヴァキア共和国は、1993 年に独立した現在のスロヴァキアの正式名称と全く同じであり紛らわしいため、本書ではスロヴァキア国 Slovenský štát という名称を利用する（憲法採択までは、このように呼ばれていた）。1940 年 12 月時点でのスロヴァキア国の人口は約 257 万人で、そのうち 86％がスロヴァキア人であった。第一次ウィーン裁定と小戦争に伴う国境変更により、ハンガリー人の割合は、1.8％まで減少した（1930 年は 17.8％）。興味深いことに、スロヴァキア国の統計では、チェコ人が計上されていない。スロヴァキア国に残ったチェコ人は、全員「スロヴァキア人」として登録されていたと考えられる。

スロヴァキア国は、独立は維持していたものの、実態的にはナチス・ドイツの傀儡国家であった。現在のスロヴァキアと戦時中のスロヴァキア国は、国際法上何ら関連性がなく、スロヴァキア国はチェコスロヴァキア第二共和国の継承国家でもない。スロヴァキアが歴史上初めて単独国家として独立したのは事実ではあるが、対独戦争協力やユダヤ人迫害など負の側面が強く、現在のスロヴァキアにおいて戦時中のスロヴァキア国は否定的に評価されている。

第二次世界大戦前に、チェコスロヴァキアのベネシュ大統領（チェコ人）は、ロン

ベルリンでヒトラーと会談するティソ（1941 年）

エドヴァルド・ベネシュ

ドンでチェコスロヴァキア亡命政府を樹立した。一方で、ホジャ元首相（スロヴァキア人）はパリでスロヴァキア民族評議会 Slovenská národná rada を設置した。ホジャは、駐フランス・チェコスロヴァキア大使のオススキー Štefan Osuský とともに、戦後チェコスロヴァキアが復活する場合には、スロヴァキアが自治権を獲得することを主張したが、ベネシュはこれに反対した。結局、1940 年にナチス・ドイツがパリを陥落させると、国外のチェコスロヴァキア復興に向けた国外の活動は、ベネシュがいるロンドンが中心となる。なお、チェコスロヴァキアの共産党系の政治家はモスクワに亡命し、一部はソ連軍（赤軍）に加わった。第二次世界大戦末期、スロヴァキアの全土とチェコの大部分は、ソ連軍によってナチス・ドイツから解放されたことから、戦後モスクワ亡命組がチェコスロヴァキアで大きな発言力を持つようになる。

スロヴァキア国は、1939 年 3 月にドイツと保護条約を結び、ドイツはスロヴァキア国の領土一体性の保護に責任を負うことになった。その代わりに、スロヴァキア国は、ナチス・ドイツの権威主義体制を取り入れ、外交面では完全にドイツに依存した。大統領に就任したティソは、後に総統 vodca という称

フリンカ親衛隊

スロヴァキアの日独伊三国協定加盟後に握手するトゥカ首相兼外相（左）とリッベントロップ独外相（右）（1940 年）

号を得て、ナチスの突撃隊に倣いフリンカ親衛隊 Hlinkova garda という準軍事組織が活動した。スロヴァキア国の最大の経済パートナーはドイツであり、毎年 4 万人のスロヴァキア人がドイツに出稼ぎに渡った。戦時中は、軍需産業が発達し、スロヴァキアは一時的ではあったが経済的な繁栄を享受した。

スロヴァキア国は、独立直後に 27 か国によって国家承認され、その中にはドイツへの宥和政策を取っていたイギリスとフランスも含まれていた（この両国は、第二次世界大戦開戦後に、スロヴァキア国との国交を断絶した）。日本もスロヴァキア国を国家承認しており、駐ドイツの大島浩大使が、駐スロヴァキア全権公使を兼任した。スロヴァキア国は、1940 年 11 月に日独伊三国同盟に加盟している。日本国内では、『写真週報』や『東京朝日新聞』といったメディアがスロヴァキアに関する特集記事を掲載した。『世界地理概説』（1940 年）という地理の学術書では、スロヴァキア国が 1 つの国として単独で取り上げられ、その地誌が詳述されている。スロヴァキアがチェコを差し置いて、日本でこれだけ大々的に取り上げられたのは、この時が最初で最後かもしれない。日本の学徒兵の遺稿集である『きけわだつみの声』には、スロヴァキア人の自治要求について言及している遺稿も収められているが、当時の学生がイ

世界地理概説（1940）

二　自然と景観

スロヴァキアの全領土の大半分を含んでいるウェスト・カルパチア West Karpaten の山脈であり、この範囲はスロヴァキアの北部から東部にいたる地方を占め、二十一年にわたって生気を絶ったのである。

（縦書き本文）
た、三つの自由政府の存在を認めた。而も、ポーランドやマジャール、ナチスに迫られたのである。以上に述べたシェコ会議からの独立を目指していたスロヴァキアの内実は不安定であるに過ぎなかった。十四日にヒトラーは、チェコスロヴァキアの領土に侵入してドイツ軍が占領する協定を結ばせた。十六日にドイツ共和国を正式に承認するという形式でドイツ保護領の宣言に従わせた。かくして、三月十四日にドイツの後援によってスロヴァキア共和国が成立したのである。この共和国はハンガリーにも接し、その領土の縮小と奇妙な使命をもって成り立っていた。

独立スロヴァキア国政府のメンバー

ヴィッツ（オシフィエンチム）などの絶滅収容所に移送された。

　当初ドイツは、ドイツが直接統治している地域以外の同盟国や傀儡国においては、ユダヤ人を収容所に送るか否かの判断を各国に委ねていた。ムッソリーニ政権下のイタリアや、ナチス・ドイツに最も忠実であったと言われているブルガリアでも、国家主導のユダヤ人追放は実施されなかったが、スロヴァキア国とクロアチア独立国の2か国のみが、自発的にユダヤ人を追放した。スロヴァキアは、ユダヤ人を国外の強制収容所に移送する際に、一人あたり500ライヒスマルク（当時のドイツの通貨）の「移送手数料」をドイツに支払った。

　スロヴァキアによるユダヤ人の強制収容所への移送は1942年3月に始まったが、同年10月に中止された。その理由は、ヴァチカンによるスロヴァキアへの度重なる抗議と、ドイツ本国による移送停止依頼が要因だと言われている。ヴァチカンは、カトリック司教のティソが国家元首を務めるスロヴァキ

ンターネットも無い状況でスロヴァキアについての情報を得ていたことに驚かされる。

　スロヴァキア国最大の汚点は、ユダヤ人やロマの迫害であろう。ユダヤ人に対するあからさまな差別は、スロヴァキア国独立直後から始まっていたが、1941年9月に、ドイツのニュルンベルク法をモデルとした「ユダヤ人規定 Židovský kódex」が公布され、ユダヤ人差別が合法化された。スロヴァキア国では、国内4か所に労働キャンプが設置された。そのうち、スロヴァキア西部セレチ Sered' にあった労働キャンプは、現在ホロコースト博物館になっている。労働キャンプに集められたユダヤ人やロマなどの大多数が、最終的にアウシュ

ブラチスラヴァでティソ大統領（右）と面会する大島浩駐独大使。左はトゥカ首相。

ユダヤ人の強制移送（スロヴァキア東部ミハロウツェ）

ポーランド南部ヤブウォンカにある、ポーランドへの帰属100周年を記念する石碑（2020年建碑）。スロヴァキアは、ポーランド侵攻により、ヤブウォンカを含む北部オラヴァ地方などを併合するも、戦後はポーランドに返還された。

アが、積極的に人種差別に加担していることを許容できなかったという。またドイツは、ユダヤ人追放に伴うスロヴァキアの工業生産の停滞を懸念していた。当時、スロヴァキアの輸出先の75%をドイツが占めていたが、ユダヤ人もスロヴァキア産業の担い手であった。結局、1944年のスロヴァキア民族蜂起鎮圧後に、ドイツ主導によるスロヴァキアからのユダヤ人移送が再開された。第二次世界大戦中にスロヴァキアから強制収容所に送られたユダヤ人の数は約7万人と見積もられており、生還できたのはわずか約600人であった。

　一方で、他の多くの国と同じように、自らの危険を顧みずにユダヤ人を救った者もいた。スロヴァキアのような小国では、家族や友人がユダヤ人ないしユダヤ系というケースが珍しくなく、身内を積極的に告発することがためらわれたと言われている。イスラエルによって「諸国民の中の正義の人（ナチスのホロコーストからユダヤ人を守った人に対する称号）」に認定されているスロヴァキア人は600人を超えており、人口比ではオランダ、リトアニアに次いで、世界で3番目に多い人数となっている。なお、2020年に公開されたスロヴァキア映画『アウシュヴィッツ・レポート Správa』（ペテル・ベビャク監督）は、1944年にアウシュヴィッツ強制収容所から脱走した2人のユダヤ系スロヴァキア人が主人公であり、当時知られていなかったホロコーストの現状を世界に伝えようとした実話をモデルにしている。

第二次世界大戦、枢軸国から戦勝国へ

　1939年9月、ドイツはポーランドを攻撃し、第二次世界大戦が始まった。スロヴァキアは、ドイツによるポーランド侵攻に参加した唯一の国であった。1941年に独ソ戦が始まると、スロヴァキア軍はドイツ軍と行動を共にし、遠く離れたコーカサス地方での攻撃にも参加したが、スロヴァキア兵の士気は一般的に低かったと言われている。第一次世界大戦同様、戦闘意欲を喪失して敵軍に投降するスロヴァキア兵も現れた。

　ドイツ占領下のチェコでは、ヒトラーの側近でベーメン・メーレン保護領副総督に任命されたハイドリヒ Reinhard Heydrich が事実上の最高指導者として君臨しており、ドイツに対する抵抗運動を弾圧していた。このような状況の中、ロンドンのチェコスロヴァキア亡命政府は、対ドイツ抵抗運動を活性化させることなどを目的に、ハイドリヒ暗殺を計画する（猿人類作戦 Operácia Anthropoid）。作戦の実行者に選ばれたのは、チェコ人のクビ

ヨゼフ・ガブチーク

シュ Jan Kubiš と、スロヴァキア人のガブチーク Jozef Gabčík であった。実行者に敢えてチェコ人とスロヴァキア人を一人ずつ選んだのは、

チェコ人とスロヴァキア人の両民族による対独抵抗運動を演出したかったからだと言われている。1942 年 5 月、クビシュとガプチークはハイドリヒの暗殺に成功したが、内通者によって身元がばらさ

HHhH（プラハ、1942 年）の表紙

れ、プラハにある潜伏先の聖キュリロス・メトディオス教会で、ナチス親衛隊に襲撃されて死亡した。また、見せしめとして、プラハ近郊のリジツェ Lidice 村の住民が虐殺された。2010 年、フランス人作家ビネ Laurent Binet は、クビシュとガプチークによるハインリッヒ暗殺を題材にした小説『HHhH プラハ、1942 年』を発表した。同書は日本語にも翻訳され、2013 年に本屋大賞翻訳小説部門で 1 位に選ばれている。ビネはスロヴァキアでフランス語教師として働いた経験があり、その時に同書の執筆を思いついたそうである。

戦局の転換とスロヴァキア民族蜂起

　ソ連軍は、スターリングラードの戦いでドイツ軍に勝利すると、ベルリンに向けた進撃を開始する。戦局の転換に伴い、スロヴァキア国内においても、対ドイツ抵抗運動が本格化する。また、ロンドンの亡命政府は、1943 年にソ連＝チェコスロヴァキア友好協力相互援助条約を結び、ソ連軍の力を借りたチェコスロヴァキア解放を視野に入れ始める。

　ドイツ軍と行動を共にしていたスロヴァキア軍の一部は、スターリングラードの戦いの敗北後に著しく士気を低下させていたため、スロヴァキア本国に再配置された。スロヴァキアに戻った兵士は、ナチス・ドイツの傀儡国家であるスロヴァキア国に対して、

クーデターを画策するようになる。また、ロンドンのチェコスロヴァキア亡命政府も、スロヴァキア軍参謀総長であったゴリアン Ján Golian と

ヤーン・ゴリアン

接触し、軍事蜂起を呼び掛けた。蜂起の決行時期は 1944 年 10 月に設定され、西に進軍中のソ連軍との連携も考慮に入れられたが、不穏な動きを察知したドイツが、同年 8 月 29 日にスロヴァキアに軍事介入した。これにスロヴァキア反乱軍が立ち向かう形で、スロヴァキア民族蜂起 Slovenské národné povstanie が始まった。

　スロヴァキア反乱軍は、予定よりも早期に蜂起を開始したことによる準備不足のため、圧倒的に兵力で勝るドイツ軍に対して劣勢であった。それでも、周囲を山に囲まれて敵から守りやすい中部のバンスカー・ビストリツァ Banská Bystrica を中心に、2 か月間に渡りドイツ軍に対するゲリラ戦を展開し、予想以上の健闘を見せた。スロヴァキア反乱軍による組織的な軍事蜂起は、1944 年 10 月末に鎮圧されたが、一部は山中に隠れて抵抗活動を継続した。スロヴァキア民族蜂起の主力はスロヴァキア軍であったが、パルチザンや一般市民など様々な階層が蜂起に加わっていた。また、スロヴァキア人の他、全部で 35 の民族がスロヴァキア民族蜂起に参加

スロヴァキア民族蜂起に参加する兵士（出典：スロヴァキア国家記憶院 HP）

歴史

バンスカー・ビストリツァにあるスロヴァキア民族蜂起博物館

し、その中には、イギリス人、アメリカ人、フランス人、ソ連人などの連合国の出身者の他、反ナチスのドイツ人も含まれていた。

スロヴァキア民族蜂起では、蜂起側で約5300人が犠牲となったと見積もられているが、ドイツ側もほぼ同数の犠牲者を出した。ドイツによる反撃はすさまじく、首謀者のゴリアン参謀総長など蜂起に参加した多くの者が処刑され、110の村落がナチス親衛隊とフリンカ親衛隊によって焼き払われた。スロヴァキア民族蜂起の主な目的は、スロヴァキアをナチスから解放することと、スロヴァキア国が枢軸国に加わった汚名を返上することであった。そのうち、1つ目の目的については、民族蜂起では達成することができなかったが、半年後にスロヴァキア全土がソ連によって解放された。2つ目の目的については、戦後チェコスロヴァキアが戦勝国に準ずる扱いとなったことで達成された。スロヴァキア民族蜂起が始まった8月29日はスロヴァキアの祝日に指定された。国内には、スロヴァキア民族蜂起（スロヴァキア語ではSNPという略称で呼ばれる）の名前を冠し

た広場が至るところにあり、ブラチスラヴァのドナウ川に架かる橋もSNP橋と呼ばれている。世界的には、対ナチス抵抗運動としてワルシャワ蜂起がよく知られているが、スロヴァキア民族蜂起（SNP）も、ファシズムに抵抗したスロヴァキアの良心として、同国で最も偉大な歴史的出来事と記憶されている。なお、2019年に、スロヴァキア民族蜂起を題材にした『小さな帝国 Malá ríša』（ペテル・マガート監督）が公開された。同映画は、2023年に日本でも『未来は裏切りの彼方に』という邦題で上映された。

スロヴァキア民族蜂起の最中、ソ連軍が北

ドゥクラ峠の戦跡記念碑

東スロヴァキアのポーランドとの国境に位置するドゥクラ峠 Dukliansky priesmyk から侵攻し、ドイツ軍との戦闘が始まった。ドゥクラ峠の戦いは1か月以上続き、ソ連軍は2万人以上、ドイツ軍は5万人以上の犠牲者を出した。ソ連軍は、スロヴァキア民族蜂起軍との合流には至らなかったものの、激戦の末ドイツ軍を打ち破り、その後スロヴァキアの各都市をナチス・ドイツから次々と解放していく。ドゥクラ峠の戦いは、第二次世界大戦中のスロヴァキアにおける最大の戦闘であり、「ドゥクラ Dukla」の名前は、レストランやスポーツチームの名前にも利用されている（チェコの古豪サッカーチームであるドゥクラ・プラハ FK Dukla Praha など）。

ソ連軍は、1945年4月4日に首都ブラチスラヴァを解放し、スロヴァキア全土を制圧した。ブラチスラヴァでは、市内の石油精製所などが連合国による爆撃を受けたものの、大規模な戦闘は発生せず、旧市街の破壊は免れた。スロヴァキアにおいて、ソ連軍は多大な犠牲を払っており、数万人以上の兵士が亡くなったと言われている（ソ連軍の無謀な作戦により、犠牲者が膨れ上がったという側面も指摘されている）。スロヴァキアで犠牲となったソ連軍を追悼するために、社会主義時代にブラチスラヴァで、ソ連軍の戦勝記念碑と墓所を兼ねたスラヴィーン陵 Slavín が建てられた。スロヴァキアでは、国内各都市に小規模な赤軍追悼記念碑が点在している他、主に東部の町村の広場でソ連軍戦車 T-34 が保存されている。

一方で、スロヴァキアにおけるソ連軍の蛮行も数多く報告されている。スロヴァキアは、ドイツやハンガリーなどと比べると被害が少なかったと言われているが、約4万人のスロヴァキア女性がソ連軍による暴行を受け

列福されたアンナ・コレサーロヴァー

たと推定されている。ソ連軍兵士との性交渉を拒否して貞節を守ったため殺害された16歳の少女アンナ・コレサーロヴァー Anna Kolesárová は、2018年にスロヴァキアのカトリック教会によって列福され、スロヴァキアにおけるソ連軍による被害者のシンボルとなっている。

第二次世界大戦中の勝利には、国外のチェコ人とスロヴァキア人も貢献している。イギリスでは、英国空軍の指揮の下、チェコスロヴァキア飛行隊が組織され、ノルマンディー上陸作戦にも従軍した。チェコスロヴァキア義勇兵部隊は、フランスのダンケルクや、北アフリカのトブルクでの戦闘にも参加した他、フランス軍やポーランド軍の一員としても、枢軸国と戦っている。またスロヴァキアをナチスから解放したソ連軍にも、モスクワに亡命していたチェコ人とスロヴァキア人が含まれていた。

1944年のブラチスラヴァ空襲

北アフリカのトブルク包囲戦に従軍するチェコスロヴァキア義勇兵部隊

歴史

ダンケルク近郊のチェコスロヴァキア義勇軍部隊

　ソ連軍によるスロヴァキアへの侵攻には、枢軸国から離脱してドイツに宣戦布告したルーマニアも加わっている。アメリカのレンドリース法によりソ連に提供された米軍の武器も、スロヴァキアの解放に貢献した。スロヴァキア南西部ポフロンスキー・ルスコウ Pohronský Ruskov にある戦争博物館には、スロヴァキア戦線でソ連軍が利用した武器が展示されているが、そこにはアメリカ軍の武器もしっかりと含まれている。また、ソ連軍の兵士には、ロシア人だけでなく、ウクライナ人や中央アジア出身者も多数含まれていることを指摘する必要があるだろう。

　スロヴァキア大統領のティソは、オーストリアに逃れたところアメリカ軍に捕まり拘束され、戦後チェコスロヴァキアに引き渡され、ブラチスラヴァで人民裁判にかけられて、1947 年に絞首刑になった。ティソに対する歴史的評価について、現在でもスロヴァキアで論争になることがあるが、一般的には、肯定的に評価する者は圧倒的に少数である。

　枢軸国として第二次世界大戦に参戦したスロヴァキア国は、戦争終結とともに国が消滅した。チェコスロヴァキアは主権を回復し、第三共和国として戦後をスタートさせたが、1948 年にソ連を中心とする共産圏に組み込まれることになる。

ポフロンスキー・ルスコウの戦争博物館

ベネシュ大統領とゴットヴァルト政権

チェコスロヴァキア第三共和国の成立

　第二次世界大戦末期の 1945 年 4 月、ソ連がいち早く占領したスロヴァキア第 2 の都市コシツェ Košice において、ロンドンのチェコスロヴァキア亡命政府の代表者と、モスクワに亡命していた共産主義者のチェコ人・スロヴァキア人との協力により、チェコスロヴァキア臨時政府が樹立された。同時に、戦後のチェコスロヴァキアの基本方針を定めたコシツェ綱領 Košický vládny program も採択された。コシツェ綱領では、チェコスロヴァキア主義が放棄され、スロヴァキアの自治権獲得も謳われていたが、これについては達成されることはなかった。外交政策は、ソ連との協力が打ち出され、経済面では社会主義的な政策（大企業の国有化、農地改革など）が導入されることが決まった。チェコスロヴァキア第三共和国は、戦前の第一共和国の国家

「チェコスロヴァキアは、ドイツ人とハンガリー人のいない、スロヴァキア人とチェコ人のスラヴ国家である」と書かれている

体制を継承しつつ、コシツェ綱領に基づいて始動した。第三共和国は、ナチス・ドイツからのチェコスロヴァキアの解放に貢献したソ連の影響を強く受けていたが、戦後すぐの時点ではソ連の衛星国でも社会主義国でもなかった。

　戦前ハンガリーに割譲された南スロヴァキアは、再度チェコスロヴァキアに編入された一方で、ポトカルパッカー・ルスはソ連に引き渡され、ソ連崩壊後はウクライナ領（ザカルパッチャ州）となっている。

　チェコスロヴァキアで戦後最大の懸案事項となったのは、枢軸国であった少数民族ドイツ人とハンガリー人の処遇である。コシツェ綱領ではドイツ人とハンガリー人の市民権剥奪が定められていたこともあり、ベネシュ大統領はドイツ人の財産没収などに関する大統領令（ベネシュ布告 Benešove dekréty）を発令し、250 万人のドイツ人（大半がチェコに居住）をチェコスロヴァキアから追放した。ドイツ人の中には、戦局の悪化により自らドイツに避難した者や、チェコ人やスロヴァキア人の暴力的な迫害を受けて国外に逃れた者もおり、最終的に合計で約 300 万人のドイツ人がチェコスロヴァキアを去ったと見積もられている。スロヴァキアにおけるドイツ人の人口はチェコと比べて遥かに少なかったが、12 万人いたドイツ人のうち、スロヴァキアに留まり続けることができたのは数千人であった。ハンガリー人の追放は、欧米諸国の反対によりほとんど実施されなかったが、スロヴァキアに居住していたハンガリー人と、ハンガリーに居住していたスロヴァキア人との間で、計 16 万人の住民交換が行われた。それでも、2021 年の国勢調査によると、スロヴァキアにおけるハンガリー人の割合は約 8% となっており、ハンガリー人はスロヴァキアにおける最大の少数民族であり続けた。

　チェコスロヴァキアは、1945 年に創設された国際連合（国連）原加盟国 51 か国の一員であった。国連憲章を起草した 14 名のメンバーの中には、スロヴァキア人外交官のパ

ヤーン・パパーニェク（出典：www.teraz.sk）

パーニェク Ján Papánek も含まれている。パパーニェクはチェコスロヴァキアの初代国連大使に就任したが、1948年以降チェコスロヴァキアの共産化に反対し、アメリカに留まって在米自由チェコ＝スロヴァキア評議会 Rada slobodného Česko-Slovenska の設立に加わり、共産主義政権によって迫害されたチェコ人とスロヴァキア人を支援する活動に従事した。

チェコスロヴァキアの共産化

　1946年、チェコスロヴァキアで戦後最初の国会総選挙が実施された。同選挙では、全国レベルでは、ソ連の後押しを受けていたチェコスロヴァキア共産党が 38.0% の得票率で第一党となり、第二党に国民社会党（18.3%）が入った。ただし、スロヴァキアのみに目を向けてみると、第一党となったのは 62% を獲得した民主党であり、共産党は 30.7% の得票率に留まった。民主党は、スロヴァキアにおける対独抵抗運動の過程で結成され、カトリック勢力と協力していたことから、スロヴァキアにおいては大きな支持を集めることに成功した。共産党は、チェコでは 40.2% の得票率を獲得したものの、スロヴァキアでは思うように勢力を広げることができなかった。選挙後、共産党党首のゴットヴァルト Klement Gottwald（チェコ人）が首相に指名され、ベネシュ大統領の国民社会党などと連立政権を組んだ。
　新政権は、コシツェ綱領で定められていたスロヴァキアの自

クレメント・ゴットヴァルト

治権を認めなかった。チェコ人のベネシュ大統領は、戦前同様プラハを中心とする中央集権的な国家体制を維持することにこだわっていた。また最大与党であった共産党も、スロヴァキアにおける共産党の支持拡大が見込めないと判断し、スロヴァキアを勢力下に抑え込むためには、自治を与えるよりも中央集権化が好ましいと考えるようになった。
　第三共和国は、共産党が第一党であったことから、ソ連の影響力を絶えず受けていた。チェコスロヴァキアは、1947年にアメリカが発表したマーシャルプラン（ヨーロッパ復興計画）の支援受け入れを一度は表明したが、ソ連の圧力により撤回した。連立政権内では、露骨にソ連寄りの政策を取る共産党と、それ以外の政党との対立が鮮明化していった。こうした中、スロヴァキアでは、共産党がデマや偽情報を用いて、反民主党キャンペーンを繰り広げていた。
　1948年2月22日、連立政権内の軋轢が強まる中で、国民社会党や民主党など共産党以外の政党の閣僚がベネシュ大統領に辞表を提出した。共産党は、その翌日の 23 日から 24 日にかけて、全国で共産党員を動員し、示威運動やゼネストを行わせ、国内は混乱状態に陥った。同時に、ソ連軍がチェコスロヴァキアに侵攻するとの噂が、まことしやかに囁かれるようになった。25 日、共産党の圧力を受けたベネシュ大統領は、共産党がより優位となる新内閣の発足をゴットヴァルト首相に命じた。この一連の出来事は、二月政変 Februárový prevrat と呼ばれている。ベネシュ大統領が共産党に譲歩したのは、国内の争乱状況を抑えて、ソ連の介入を防ぐことが目的だったと考えられている。しかし、二月政変により、わずか数日間で、チェコスロヴァキアの共産化が確立された。同年5月に、共産党が作成した候補者統一名簿による国会総選挙が実施され、共産党及び共産党系の政党が、合わせて 89.2% の得票率を獲得した（スロヴァキアでも 84.9% を獲得）。この選挙後、共産党は、非共産党系の政治組織を排除して、ソ連の支援のもと段階的に独裁

社会主義時代の食料品店（プリエヴィザの博物館で撮影）

体制を築き上げていき、共産党総書記（後に共産党第一書記）が事実上チェコスロヴァキアの最高権力者となった。ベネシュ大統領は6月に辞任して、その3か月後に病死した。新しく大統領に就任したのは、首相を務めていたゴットヴァルトであった。「小スターリン」というあだ名を付けられ、反対派の弾圧を行ったゴットヴァルトは、1953年に病死する。スターリンが死亡してから僅か9日後のことであった。

社会主義体制下のチェコスロヴァキア

共産党による権力掌握後のチェコスロヴァキアでは、企業の国営化や農業の集団化が推進された。同時に、スロヴァキアの多数の政治家が「スロヴァキア民族主義者」のレッテルを張られ、処罰された。共産主義に反対して亡命した者もいたが、違法越境を試みた者の多くは、国境警察に射殺された。ブラチスラヴァのジェヴィーン城の麓（オーストリア国境を流れるドナウ川とモラヴァ川の合流地点に位置する）には、亡命の際に命を落とした人々のための慰霊碑が設けられている。ブラチスラヴァは、川を泳ぎきればすぐにオーストリアに逃亡できるため、多くの亡命希望者が集まってきた。

労働人口の半分近くを農業従事者が占めていたスロヴァキアでは、重点的な工業化が進められ、武器製造、製鉄、アルミニウム精錬などの重工業が発展した。その結果、スロヴァ

ジェヴィーン城付近にある慰霊碑「自由の門」

歴史

キアの経済水準は、チェコに匹敵するまで高められた。チェコスロヴァキアは、東ドイツと並び、共産圏ブロックでは最も経済が発展した国となり、国民は一定以上の生活レベルを享受した。しかし、西欧諸国と比べると経済は停滞傾向にあり、社会主義時代が末期に近づくにつれ、その差は顕著になっていった。

　チェコスロヴァキアは、同じく社会主義国であったヴェトナムから多くの留学生や移民を受け入れた。スロヴァキアでは、現在でもヴェトナム人が最大のアジア人コミュニティーを形成しており、その人数は中国人を上回る。その他、スロヴァキアの大学には、キューバ人、アンゴラ人、北朝鮮人など、世界各国の社会主義国から留学生が集まった。チェコスロヴァキアは、共産圏ブロックの中で閉ざされていた国ではあったが、西側諸国とも一定の関わりを有し続けていた。日本とチェコスロヴァキアは、日ソ共同宣言発効翌年の1957年に、国交を回復している。

工業化のプロパガンダ絵画

　1960年、チェコスロヴァキアは社会主義憲法を採択し、正式な国名がチェコスロヴァキア社会主義共和国 Československá socialistická republika に改められた。しかし、この頃からチェコスロヴァキアの経済成長は鈍化し、西側諸国との経済格差が開き始めた。チェコスロヴァキアは国の工業化には成功したものの、それ以上の発展は立ち遅れてしまったのである。ノヴォトニー Antonín Novotný 共産党第一書記（チェコ人）は、経済の停滞に加え、硬直化した共産党指導部の政治体制についても批判を受けるようになった。こうした中、共産党内では、根本的な政治・経済改革を求める声が強まっていく。ノヴォトニー批判の急先鋒に立ったのは、スロヴァキア人のドゥプチェク Alexander Dubček であった。スロヴァキア共産党の中央委員会第一書記を務めていたドゥプチェクは、スロヴァキア語の出版物の発刊を推奨するなど、スロヴァキアの地位向上にも積極的に関与していた。

　1967年、ノヴォトニーは、ソ連のブレジネフ書記長にも見放されたことから、チェコスロヴァキアの共産党第一書記のポストを罷免され、後任にはドゥプチェクが選出された。ドゥプチェクは、スロヴァキア北西部のウフロヴェツ Uhrovec という村で生まれたが、偶然なことに同村の全く同じ家で、シュトゥール（19世紀のスロヴァキア民族復興運動家。スロヴァキア語の文章語を制定した、同国最大の偉人の一人）も生まれている。ドゥプチェクは、若年期を家族とともにソ連で過ごし、帰国後の1939年に共産党に入党し、反ナチスのスロヴァキア民族蜂起にも参加した経歴を持つ。

　ドゥプチェクは、「人間の顔をした社会主義 Socializmus s ľudskou tvárou」

アレクサンデル・ドゥプチェク

戦車に立ち向かう民衆。ブラチスラヴァのコメンスキー大学前（出典：Aktuality.sk）

をスローガンとし、プラハの春 Pražská jar
と呼ばれる改革運動を牽引する。プラハの春
は日本でも広く知られているが、ドゥプチェ
クは日本の高校の世界史科目に登場する唯一
のスロヴァキア人であろう。プラハの春によ
る改革は、市民生活にも好影響を及ぼした。
新聞や書籍などの出版物の検閲はほぼ廃止さ
れ、国外旅行の規制が緩和された。経済面で
は、部分的な市場原理の導入が決定された。
また、改革が進む中で、これまで曖昧であっ
たチェコとスロヴァキアの関係も見直され、
チェコスロヴァキアの連邦化も準備された。
市民の多くはプラハの春を歓迎し、更なる民

ウフロヴェツにあるドゥプチェクとシュトゥールの生家

主的な改革を期待して政治家との討論会も行
われた。チェコ人作家ルドヴィーク・ヴァ
ツリーク Ludvík Vaculík を中心とする市民グ
ループは、二千語宣言 Dva tisíce slov と題す
る自由化に向けた共産党への提言を起草し、
新聞で発表した。
　こうした一連の改革や、市民の側からの更
なる自由化を求める動きは、チェコスロヴァ
キアが共産圏ブロックから離脱するのではな
いかという疑念をソ連に抱かせるのに十分で
あった。また、東ドイツやポーランドも、自
由化の波が自国に波及し、政治体制が揺ら
ぐことを危惧していた。ドゥプチェクは、
1968 年に入ってからソ連の指導部と何度も
会談を重ね、改革の正当化を試みたが、ソ連
を始めとする東側諸国は、軍事介入をしてで
も改革運動を中断させるべきとの意見が多数
を占めるようになった。
　1968 年 8 月 20 日深夜、ソ連軍を主力と
するワルシャワ条約機構軍が、突如チェコス
ロヴァキアに侵攻し、翌日中に全土を占領し
た。ドゥプチェクらチェコスロヴァキアの政
治指導者は、モスクワに連行された。ワル

歴史

ブラチスラヴァに侵攻したソ連の占領軍（1968年）

シャワ条約機構軍の加盟国のうち、独自路線を取っていたルーマニアのみが、軍事侵攻に参加しなかった。皮肉なことに、身内であるはずのチェコスロヴァキアへの軍事介入は、ワルシャワ条約機構軍が実行した軍事作戦の中で、最も規模が大きなものであった。チェコスロヴァキア軍は、全面衝突を恐れたドゥプチェクの命令により反撃を行わなかったが、市民はすぐに抵抗運動を開始した。ブラチスラヴァのコメンスキー大学前では、戦車の砲口の前で青年が叫ぶ有名な写真が撮影されている。最終的に、ソ連軍の攻撃などにより100名を超すチェコスロヴァキア市民が犠牲となった。チェコスロヴァキアは、同盟国であるはずのワルシャワ条約機構加盟国による軍事介入を公然と非難したが、ドゥプチェクを始めとする改革派はソ連の圧力により排除され、プラハの春は完全に押しつぶされた。ソ連は、1991年までチェコスロヴァキアでの軍隊駐留を続けたが、後に軍事介入の過ちを認め、ゴルバチョフ書記長がチェコスロヴァキアに正式に謝罪を行っている。ただし、プーチン政権下のロシアは、ソ連軍によるチェコスロヴァキアの軍事介入を正当化するような主張を行うことがあり、チェコとスロヴァキアは反発している。

プラハの春により唯一達成された改革は、チェコスロヴァキア

グスターウ・フサーク

の連邦化の導入であった。1969年より、チェコスロヴァキア社会主義共和国は、チェコ社会主義共和国とスロヴァキア社会主義共和国から構成される連邦共和国となった。チェコスロヴァキアの連邦化は、あくまでも形式的なものに過ぎなかったが、チェコとスロヴァキアが初めて正式に対等な国家であることが規定された。

ドゥプチェク失脚後に共産党第一書記に就任したのは、同じくスロヴァキア人のフサーク Gustáv Husák であった。フサークは、「正常化 Normalizácia」と呼ばれた反改革運動を断行し、チェコスロヴァキアの政治体制は再び硬直化した。プラハの春に関与した知識人は、公職を追われたが、チェコよりもスロヴァキアの方が粛清の度合いは緩やかであったと言われる。チェコでは知識人が肉体労働に回されたが、スロヴァキアでは図書館や博物館の事務員などの閑職に追いやられるケースが多かった。

スロヴァキアで始まったビロード革命

フサークの「正常化」政策のもと、最低限の生活水準、100%の就労率、十分な広さの住居、長期有給休暇などが保証され、市民の不満はある程度封じ込められたものの、経済の停滞は継続し、西側諸国のような物質的な豊かさはもたらされなかった。また、自由化は阻害され、政権に異議を唱える者は弾圧を受けた。こうした中、チェコの劇作家ハヴェル Václav Havel が中心となり、「憲章77 Charta 77」と呼ばれる人権弾圧に抗議する宣言が発表された。憲章77は、国内外で大きな反響を呼び、反体制運動は水面下で続けられた。

チェコスロヴァキアの命運は常に周辺の大国の意向に左右されてきた。ナチス・ドイツの軍事的拡張は、チェコスロヴァキアの解体を

ヴァーツラフ・ハヴェル

ビロード革命：ブラチスラヴァの様子（出典 Nový Čas）

もたらし、アメリカとの冷戦に突入したソ連は、チェコスロヴァキアの共産化を後押しした。そして 1985 年に始まったソ連のペレストロイカは、チェコスロヴァキアの社会主義体制崩壊に結びつくことになる。ゴルバチョフが新思考外交を展開し、東欧諸国の自主性を容認するようになると、チェコスロヴァキアでも自由化や民主化を求める運動が活性化する。改革の機運が高まる中で、フサークは第一書記の座をヤケシュ Miloš Jakeš（チェコ人）に譲ったが、その後も大統領の地位に留まり続けた。

1988 年 3 月、ブラチスラヴァで、カトリック系の秘密教会が信仰の自由を求める穏健なデモを主催した。デモの参加者は蝋燭（ろうそく）を持って集ったことから、蝋燭デモ Sviečková manifestácia と呼ばれている。蝋燭デモは治安当局に排除されたが、翌年のビロード革命に繋がる出来事として評価されている。

1989 年に入ると、ポーランド、ハンガリーに続いて東ドイツでも民主化が達成され、ベルリンの壁は崩壊した。こうした情勢の中、

ビロード革命時、ブラチスラヴァで演説するドゥプチェク（1989 年）

チェコスロヴァキアでは、11 月 17 日に 50 周年を迎える国際学生デー（1939 年のナチス・ドイツによるチェコ人学生の弾圧を追悼する記念日）の追悼式典が予定されていた。その前日の 11 月 16 日には、ブラチスラヴァで教育改革や民主化を求める学生デモが行われていた。国際学生デーの当日にあたる 11 月 17 日、プラハで行われた追悼デモを治安部隊が暴力を用いて弾圧し、デモ参加者に多数の怪我人が出た。これにより、共産党に対する国民の不満が爆発し、反政府デモがチェコスロヴァキア全土に波及し、労働者はスト

歴史

ライキに突入した。こうして、ナチス・ドイツの蛮行を非難する追悼デモは、共産党の一党独裁放棄を求める全国的な革命に転換した。

　ビロード革命は、一般的には11月17日に始まったとされており、スロヴァキアでも同日が「自由と民主主義のための闘いの日」として祝日に指定されているが、前述のとおり、その前日にブラチスラヴァで民主化を求める学生デモが行われたことから、ビロード革命の序章は11月16日にスロヴァキアで始まったと考えることもできる。なお、ビロード革命という呼称は、一人の犠牲者も出さずに平和的に体制転換が行われたことから、西側諸国の記者によって「ビロードのように滑らか」という意味で付けられたものである。ビロード革命は、チェコでも「ビロード革命 Sametová revoluce」と呼ばれているが、スロヴァキアでは「優しい革命 Nežná revolúcia」と呼ばれている。

　ビロード革命が始まってわずか1週間後の11月24日、ヤケシュ第一書記やフサーク大統領などの共産党指導者が辞意を表明した。共産党は一党独裁を放棄し、12月10日に発足した新政府は、共産党以外の政治家も多数含まれていた。共産党は、1948年の2月政変によりわずか数日間で権力を掌握したが、共産党がその権力を失ったのもあっという間の出来事であった。12月29日には、チェコスロヴァキアの大統領に、反体制活動を長年続けてきた劇作家のハヴェルが選出された。そして、チェコスロヴァキア連邦議会の議長に選出されたのは、プラハの春の改革運動で失脚したドゥプチェクであった。ドゥプチェクは、1990年11月に行われた天皇即位の礼の際に、チェコスロヴァキアの代表として日本を訪問している。スロヴァキアの初代大統領に推す声も強かったドゥプチェクであるが、独立前年の1992年に交通事故で急逝した。

チェコスロヴァキアの円満離婚と独立

　1990年5月、社会主義体制崩壊後最初となる国会総選挙が実施され、チェコでは「市民フォーラム Občanské fórum」、スロヴァキアでは「暴力に反対する公衆 Verejnosť proti násiliu」が第一党となった。どちらもビロード革命中に結成された政治グループである。チェコとスロヴァキアの間では、ビロード革命の熱気が冷めると、新政府発足直後から、国家形態の在り方から体制転換の方法に至るまで、様々な分野で意見の相違が生じるようになる。

　チェコは、チェコスロヴァキアをあくまでも1つの集合体として捉えていたが、スロヴァキアは、1969年の連邦制導入を機に、スロヴァキアとチェコが個別の存在になったと考えていた。そのため、チェコスロヴァキアの正式国名についても論争が生じ、チェコはチェコスロヴァキア連邦共和国 Československá federativní republika という表記を用いたのに対し、スロヴァキアはチェコ―スロヴァキア連邦共和国 Česko-Slovenská federatívna republika という間にハイフンを用いた国名にこだわった。正式国名を巡るチェコとスロヴァキアの論争は、チェコとスロヴァキアの間にハイフンを入れるか否かで揉めたことから、「ハイフン戦争 Pomlčková vojna」とも呼ばれ、双方の連邦共和国に対する認識の差が浮き彫りとなった。最終的に、国名を巡る大論争は、チェコ及びスロヴァキア連邦共和国 Česká a Slovenská Federatívna Republika という表記が用いられることで落ち着いた。その後も双方の対立は続き、スロヴァキアは、それぞれの連邦共和国により大きな権限を求めたのに対し、チェコは中央集権にこだわろうとした。

　チェコとスロヴァキアの対立を決定的にさせ

ヴァーツラフ・クラウス

たのは、経済政策の違いであった。チェコは
より迅速な資本主義経済の導入を追求したの
に対し、スロヴァキアは経済的な混乱を避け
るために緩やかな経済改革が必要であると主
張した。1992 年に実施された国会総選挙で
は、チェコではクラウス Václav Klaus が党
首を務める「市民民主党（市民フォーラムか
ら分離し結成）」が、スロヴァキアではメチ
アル Vladimír Mečiar が代表を務める「民主
スロヴァキア運動」がそれぞれ第一党になっ
た。クラウスとメチアルは、経済改革の速度
を巡り妥協点にたどり着くことができず、
チェコとスロヴァキアが独立することで合意
した。チェコスロヴァキアの解体に際し、表
立った反対運動は発生しなかったが、当時の
世論調査を見てみると、チェコ人もスロヴァ
キア人も大多数がチェコスロヴァキアの解体
を望んでいなかった。また、市民民主党も民
主スロヴァキア運動も、選挙前の公約で連邦
国家の解体を掲げていなかった。しかし、
1992 年 7 月、スロヴァキア議会は圧倒的多
数で主権宣言を採択し、9 月にはスロヴァキ
ア憲法を採択する。こうして、1993 年 1 月
1 日、チェコとスロヴァキアは、民意を問う
ことなく、74 年間の共同国家に別れを告げ、
別々の国として独立した。この独立は、ユー
ゴスラヴィアの連邦解体時のような戦争が発
生しなかったことから、ビロード革命をも
じって「ビロード離婚」と呼ばれた。

　新生スロヴァキアの最大の目標は、ヨー
ロッパへの回帰、すなわち欧州連合（EU）
への加盟であった。しかし、メチアル政権の
権威主義的・非民主的な政治手法は、国内外
で問題視され、スロヴァキアの EU 加盟交渉
は、隣国のチェ
コ、ポーランド、
ハンガリーより
も大幅に遅れる
ことになる。
1995 年 に は、
メチアル首相の
政敵であったコ
ヴァーチ Michal

ヴラジミール・メチアル

スロヴァキア首相府

ミハル・コヴァーチ

Kováč 大統領の
子息がスロヴァ
キア諜報機関の
職員によって国
外に誘拐される
という信じがた
い事件が発生し
た。1998 年に行
われた国会総選
挙では、メチアルの民主スロヴァキア運動が
第一党の座を確保したものの、反メチアル
を標榜する野党が連立政権を形成し、政権
交代が実現した。首相に就任したズリンダ
Mikuláš Dzurinda は、経済の資本主義化を急
速に進め、外資を積極的に導入した。ズリン
ダ政権の下で、スロヴァキアは、EU 加盟プ
ロセスの歩みを早め、2004 年に他の 9 か国
とともに念願の EU に加盟した。同年、スロ
ヴァキアは、北大西洋条約機構（NATO）に
も加盟し、欧米の安全保障体制に組み込まれ
た。スロヴァキアは 2009 年には欧州共通通
貨ユーロを導入し、経済面でも完全に西側諸
国の一員となった。

　2006 年の国会総選挙では、旧共産党の流
れを汲む中道左派政党の「方向 - 社会民主主
義（Smer-SD）」が勝利し、党首のフィツォ
Robert Fico が首相に就任した。フィツォは、
野党が政権を握った 2010-2012 年を除き、

歴史

スロヴァキア国会議事堂

ミクラーシュ・ズリンダ

2018 年まで首相を務め、社会保障制度の強化や年金生活者と学生の国鉄無償化などに代表されるバラマキ政策を実施した。フィツォ首相は、EU 諸国の中ではドイツのメルケル首相に匹敵する長期政権を維持していたが、2018 年 2 月に発生したジャーナリスト殺害事件（政府の汚職問題やマフィアの暗躍などを調査していた 27 歳の若手ジャーナリストが、婚約者とともに暗殺された）をきっかけに、首相を辞任する。同事件をきっかけに、政府の汚職問題に対する市民の怒りが爆発し、ブラチスラヴァではビロード革命時と同数の 10 万人の市民が広場に集まり、反政府デモを繰り返し実施した。2020 年 2 月の国会総選挙では、反汚職を前面に掲げる中道右派政党の「普通の人々と独立した人格 OĽaNO」が勝利し、8 年ぶりの政権交代が行われ、OĽaNO 代表のマトヴィチが首相に就任する。

しかし、マトヴィチ首相は、エキセントリックな性格も相まって、新型コロナウイルス対策などを巡り、連立与党内で対立を繰り返し、1 年あまりで首相を辞任する。後任のヘゲル首相は、2022 年に始まったロシアのウクライナ侵略に際し、スロヴァキアの安全保障にも関わる前代未聞の出来事という認識の下で連立政権を結束させ、積極的なウクライナ支援を展開する。しかし、ヘゲル政権も、内政を巡る内部対立を防ぐことができず、2023 年に実施された繰り上げ総選挙の結果、「方向 - 社会民主主義」が政権の座を奪回し、フィツォが首相に返り咲いた。

2024 年 5 月、フィツォ首相は、ハンドロヴァー（中西部の都市）で行われた閣議後に銃撃された。犯人と見られる 71 歳の人物はその場で逮捕され、警察による捜査が続いている。治安が良いスロヴァキアで、現職首相が銃撃されるというこの事件は、国内外に大きな衝撃を与えている。

ハンガリー貴族　実はスロヴァキアを拠点に活動していた

　ハンガリー王国最大の貴族であったエステルハージ家は、大作曲家ハイドンが宮廷楽長を務めていたこともあり、日本でも比較的よく知られている貴族であろう。しかし、エステルハージ家の発祥地が現在のスロヴァキアであることを知っている人は、それほど多くはないかもしれない。ハンガリー王国の中で「上部ハンガリー」と呼ばれていたスロヴァキアは、実に多くのハンガリー貴族が活動の拠点を置いていた。16世紀にオスマン帝国がハンガリー王国南部（現在のハンガリー）を支配下に置き、トランシルヴァニア地方（現在のルーマニア西部）の宗主権を獲得すると、多くのハンガリー貴族がスロヴァキアに逃れた。また、ハプスブルク家とオスマン帝国の戦闘の最前線となったスロヴァキアでは、ハプスブルク家について軍功を挙げたハンガリー系軍人が、軍歴を称えられて貴族に列せられ、領地を獲得した。ハンガリー貴族の中には、オスマン帝国がハンガリー王国全域から撤退した後も、スロヴァキアを拠点に活動を続け、その領地のほとんどをスロヴァキアで有していた者も少なくない。それでは、現在のスロヴァキア国家が存在する地域で活動したハンガリー王国の貴族について見ていくことにしよう。

ハプスブルク家に反旗を翻したハンガリーの英雄

ラーコーツィ家　Rákóczi

主な拠点：ボルシャ、コシツェ、アルバ・ユリア（現ルーマニア）
活躍した年代：16世紀末〜18世紀初頭

ラーコーツィ・フェレンツ2世

　スロヴァキア南東部のラコヴェツ Rakovec 村（現在の名前はラコヴェツ・ナド・オンダヴォウ）が発祥地で、家名の由来となった。1526年のモハーチの戦いでハンガリー王国がオスマン帝国に敗北し、ヤゲヴォ家出身のハンガリー王ラヨシュ2世が戦死すると、ハプスブルク家は事前の取り決めに従い、ハンガリー王国の王位を要求した。しかし、一部のハンガリー系貴族は、ハプスブルク家の要求に対抗することを試みた。ラーコーツィ家は代々ハプスブルク家に反旗を翻してきた貴族であり、オスマン帝国の影響下にあったトランシルヴァニア公国の支配者でもあった。

　ラーコーツィ家で最も有名な人物は、スロヴァキア南東部ボルシャで生まれたラーコーツィ・フェレンツ2世（1676〜1735）である。1703年、優れた武将であったラーコーツィは、ハプスブルク家に対する蜂起軍を率い、フランス王ルイ14世の支援も受けつつ、一時期スロヴァキア全域を占領した。しかし、1708年にトレンチーン（スロヴァキア北西部）でハプスブルク家の軍勢に対し敗北すると、ラーコーツィはポーランド、フランスを経てトルコに亡命し、その地で亡くなった。反乱は失敗したものの、ラーコーツィはハンガリーの自由独立を求めた英雄として、ハンガリーのナショナル・ヒーローとして位置づけられている。1906年にコシツェの聖アルジュベタ大聖堂で行われたラーコーツィの亡骸の再埋葬式は、ハンガリーの民族アイデンティティを高揚させる出来事として記憶されている。ラーコーツィの肖像画は、現在ハンガリーで流通している500フォリント札の紙幣に用いられている。

　ボルシャにあるラーコーツィ家の城館は長らく荒廃していたが、近年スロヴァキアとハンガリーの両政府による共同プロジェクトにより改修工事が行われ、2021年に歴史博物館としてオープンした。博物館の開館式に出席したスロヴァキアのチャプトヴァー大統領は、「スロヴァキアとハンガリーの歴史は我々を分断するものではなく、結びつけるものである」と述べ、両国の歴史認識は違えど歴史的遺産を共に後世に伝えていく姿勢を表明した。

歴史

ガランタにあるエステルハージ家のネオ・ゴシック城館

エステルハージ家　Eszterházy

主な拠点：ガランタ、ズヴォレン、ブラチスラヴァ、
アイゼンシュタット（現オーストリア）、フェルテード（現ハンガリー）
活躍した年代：16 世紀〜 20 世紀初頭

エステルハージ・トルテ。アーモンドのメレンゲが何層にも入ったデザート。エステルハージ家の貴族によって考案されたと言われている。

　スロヴァキア南東部のエステルハーザ村（現在、村は消滅している）が発祥地で、家名の由来となった。その後、スロヴァキア西部のガランタに拠点を移し、オスマン帝国軍との戦いで軍功を挙げて頭角を現す。ガランタという町は、ハンガリーの作曲家コダーイが幼少期を過ごして後に「ガランタ舞曲」という代表作を作曲したことで有名である。エステルハージ家は、常にハプスブルク家に忠誠をつくし、オーストリア・ハンガリー帝国が崩壊する直前までスロヴァキア各地で多数の領地を保有し続けた。ハイドン（エステルハージ家の宮廷楽長を務めた）、リスト（父親がエステルハージ家の楽団に所属）、シューベルト（エステルハージ家の子女の家庭教師を担当）など、音楽家との繋がりが深い貴族でもあった。第一次世界大戦後、チェコスロヴァキアでハンガリー系少数民族政党を率いたエステルハージ・ヤーノシュ（1901 〜 1957）は、ハンガリー王国の復活を望む国内外のハンガリー人と接触し、ヒトラーのドイツとムッソリーニのイタリアに接近した。第二次世界大戦中もスロヴァキアに留まったが、戦後ブラチスラヴァで死刑判決（後に無期懲役に減刑）を受け、刑務所で没した。エステルハージ家は第二次世界大戦後に貴族としての称号を失っているが、現在でも家系は途絶えていない。エステルハージ家にまつわる観光地としては、「東のヴェルサイユ」と呼ばれるフェルテード（ハンガリー）の宮殿や、ハイドンの勤務地であったアイゼンシュタット（オーストリア）の宮殿が有名かもしれないが、エステルハージ家の本拠地であったスロヴァキア西部のガランタでも、ネオ・ゴシック城館とルネサンス城館が一般公開されている。ブラチスラヴァ近郊ベルノラーコヴォにあるエステルハージ家の城館は、ゴルフ場、レストラン、結婚式会場を備えた複合施設として利用されている。

エステルハージ・ヤーノシュ

クラースナ・フォルカ城

アンドラーシ家　Andrássy

主な拠点：クラースナ・フォルカ、ベトリアル、トレビショウ
活躍した年代：17 世紀〜 20 世紀初頭

アンドラーシ・ジュラ

　ハンガリーの首都ブダペシュト中心部にあるアンドラーシ通りは、パリのシャンゼリゼ通りを模した大通りで、レストラン、劇場、高級ブティックが立ち並ぶ繁華街である。地下にはロンドンに次いで世界で 2 番目に古い地下鉄が走っており、ブダペシュトを代表するランドマークの 1 つとなっている。アンドラーシ通りの名前の由来になったのは、この大通りの整備を推進したハンガリー王国の首相を務めたアンドラーシ・ジュラ（1823 〜 1890）である。後にオーストリア・ハンガリー帝国の外務大臣を務め、ベルリン会議（露土戦争の講和条約）で同国によるボスニア・ヘルツェゴビナの保護国化を認めさせた。ジュラはハンガリーの名門貴族アンドラーシ家の出身であるが、アンドラーシ家もスロヴァキアを拠点に活動していた。ジュラが生まれた東スロヴァキアのトレビショウには、アンドラーシ家の城館（現在は市立博物館）が置かれている。

　16 世紀にトランシルヴァニアから東スロヴァキアに拠点を移したアンドラーシ家は、対オスマン帝国との戦争に参加した功績により、スロヴァキア南部にあるクラースナ・フォルカ城の防衛を任された。アンドラーシ家は 19 世紀に冶金業で財を成し、多数の大物政治家を輩出した。クラースナ・フォルカ城にほど近いベトリアルにある城館は、部屋数 50 に及ぶ大邸宅であり、アンドラーシ家の饗宴外交の舞台となった（賓客に出されたコース料理の品目は 20 に及んだという）。ベトリアル城館では、アンドラーシ家が世界中で収集した膨大な美術品や宝物（日本の侍の鎧や、エジプトのミイラなど）も展示されており、スロヴァキアで人気の観光地である。

アンドラーシ家の霊廟

歴史

トゥルゾー家の拠点の1つ、ビッチャ城

バンスカー・ビストリツァ

鉱山採掘で財を成し、宗教改革にも関与

トゥルゾー家　Thurzó

主な拠点：レヴォチャ、バンスカー・ビストリツァ、
ビッチャ、クラクフ（ポーランド）
活躍した年代：15世紀末〜17世紀前半

　スロヴァキア東部のベトラノウツェ Betlanovce 村を起源とするトゥルゾー家は、鉱物採掘と貴金属交易で財を成した。勃興の祖であるヤーン（1437〜1508）は、スロヴァキア中部バンスカー・ビストリツァ近郊の銅山を確保し、世界最大級の銅の採掘・精錬会社を設立するとともに、クラクフ近郊の銅山経営にも乗り出した。また、鉱山ビジネスのための十分な資本を得るために、ドイツ最大の豪商フッガー家と手を組んで共同会社を設立し、中欧の銀と銅の採掘権と流通ルートを支配した。スロヴァキアで採掘・精錬された銀と銅は、ポーランドを通りバルト海のハンザ都市に運ばれ、そこからヨーロッパ各地に輸出された。トゥルゾー家は、チェコ、ドイツ、トランシルヴァニアにもビジネスを拡大し、ヨーロッパ屈指の大貴族に成長する。

　ビジネス・パートナーであるフッガー家は、莫大な富を背景にローマ教皇に多額の融資を行った。ローマ教皇は、フッガー家への融資返済のために免罪符（贖宥状）を発行するが、これに対しマルティン・ルターが宗教改革を唱えて反発する。ハプスブルク家がカトリックを擁護して対抗宗教改革を支持したのに対し、ハプスブルク家に敵対的であったハンガリー貴族の中には、プロテスタントを受け入れる者もいた。こうした中、ハンガリー王国の副王（パラティーン）に、プロテスタントのトゥルゾー・ユライ（1567〜1616）が選出された。ユライは、トゥルゾー家の領内でプロテスタントを保護しただけでなく、スロヴァキアのプロテスタント教会組織を整備するためにジリナ（スロヴァキア北部）で宗教会議を開催した。またユライは、行政文書管理の際に（ハンガリー語やラテン語ではなく）スラヴ語も使用したが、「キリスト教の教えを民衆語で実践すべし」という宗教改革の思想に共鳴していたのかもしれない。

チャフチツェ城

バートリ家　Báthory

主な拠点：ニールバートル（現ハンガリー）、ロズハノウツェ
活躍した年代：16 〜 17 世紀

バートリ・エルジェーベト

　ハンガリー東部バートル Bátor（現ニールバートル）が発祥地であり、家名の由来となった。バートリ家は、オスマン帝国の庇護下に置かれていたトランシルヴァニア公国（現在のルーマニア西部）の支配者であったと同時に、東スロヴァキアでも広大な領地を有していた。バートリ家出身の人物の中で最も有名なのがバートリ・エルジェーベト（1560 〜 1614）であろう。

　ハンガリー王国の軍人ナーダシュディ・フェレンツに嫁いだエルジェーベトは、夫が亡くなった後にスロヴァキア北西部のチャフチツェ城を居城とする。チャフチツェ城は、日本ではハンガリー語読みでチェイテ城と紹介されることが多い。エルジェーベトはこの城で、処女の血の風呂に入ることが若さを保つための秘訣であると信じ込み、600 人以上の少女を誘拐して殺害した。城からの脱走に成功した少女の告発により、エルジェーベトは裁判にかけられて、有罪判決を受けて死ぬまでチャフチツェ城に幽閉された。エルジェーベトは少女達を殺害する際に、残忍に拷問を加えて喜んでいたという。そのため、「血の伯爵夫人（ブラッディー）」という名前で後世にまで語り継がれ、吸血鬼伝説を含む様々な小説や映画のモデルとなった。バートリ家は血族結婚を繰り返していたことから、エルジェーベトは精神疾患を抱えており、性的倒錯者でサディストであったと言われている。

　一方で、彼女は貴族間の勢力争いに巻き込まれており、エルジェーベトの残虐行為はバートリ家に汚名を着せるために誇張されたとの見方もある。2008 年に公開されたスロヴァキア映画の『バートリ（邦題は「アイアン・メイデン 血の伯爵夫人バートリ」）』（ユライ・ヤクビスコ監督）では、精神崩壊していくエルジェーベトの様子やライバル貴族トゥルゾー家との関係が描かれている。「血の伯爵夫人」の舞台となったチャフチツェ城は、心霊スポットとして日本のテレビ番組でも紹介されたことがある。

歴史

アポニ家　Apponyi

主な拠点：オポニツェ、ブラチスラヴァ
活躍した年代：16 〜 20 世紀初頭

オポニツェにあるアポニ家の城館

　プラハのストラホフ修道院には、世界で最も美しいと言われている図書館があるが、スロヴァキア中西部の町オポニツェ（ハンガリー語名はアポニ）にある城館にも、中世からタイムスリップしたような荘厳な図書館が残されている。ペトラルカ、ダ・ヴィンチ、ニュートン等の約1万3000冊の書物が保管されているオポニツェの図書館は、ハンガリー貴族アポニ家によって設立された。アポニ家はブラチスラヴァにも複数の邸宅を所有しており、ブラチスラヴァ旧市庁舎の隣にある市立博物館も、元はアポニ家の館であった。

　ハンガリー王国の教育大臣を務めたアポニ・アルベルト（1846 〜 1933）は、1907 年にハンガリー王国の初等学校におけるスロヴァキア語の利用の禁止を規定した法律を発令した。スロヴァキアにおけるマジャル化政策（スロヴァキア民族運動の弾圧）は、この通称「アポニ法」によって頂点を迎えた。アルベルトは外交官としても活動し、第一次世界大戦後のパリ講和条約の全権を務めた。同じく外交官であったアポニ・ジュラの長女ゲーラルディネは、1938 年にアルバニア国王ゾグー 1 世に嫁いだ。しかし、翌 1939 年にイタリアがアルバニアに侵攻したため、ゲーラルディネがアルバニア王国の王妃であった期間は僅か 1 年で終わりを迎えた。ゲーラルディネは夫ゾグー 1 世とともに世界各国で亡命生活を送り、ゾグー 1 世と 1961 年に死別した。ゲーラルディネは 2002 年に約 60 年ぶりにアルバニアに帰国するが、その数か月後にティラナで亡くなった。

ゲーラルディネとゾグー 1 世、亡命先のスウェーデンにて

パールフィ家　Pálffy

主な拠点：チェルヴェニー・カメニュ、ブラチスラヴァ
活躍した年代：16 世紀〜 20 世紀初頭

　ハンガリー王国で最も古い貴族の 1 つであり、14 世紀のパール・コント Paul Konth という人物に家系を遡ることから、ラテン語で「パールの息子達 Pauli filius」という意味のパールフィ家という家名になった。パールフィ・ミクラーシュ（1552 〜 1600）は、オスマン帝国との防衛戦において 26 度勝利し、ローマ教皇クレメント 8 世や神聖ローマ皇帝ルドルフ 2 世からも称賛され、パールフィ家繁栄の基礎を築いた。主に西スロヴァキアに広大な領地を所有し、ハンガリー王国下のブラチスラヴァ県の県知事や、ハンガリー王国の副王（パラティーン）を輩出した。パールフィ家所有の城であったボイニツェ城、スモレニツェ城、チェルヴェニー・カメニュ城は、いずれもスロヴァキアで最も人気のある観光地である。ブラチスラヴァ市内にも複数の宮殿を所有し、そのうちの 1 つは現在ブラチスラヴァ市立美術館になっている。

チェルヴェニー・カメニュ城

グラサルコヴィチ宮殿（スロヴァキア大統領府宮殿）

アントン・グラサルコヴィチ1世

グラサルコヴィチ家 Grasalkovič

主な拠点：モイミーロウツェ、ブラチスラヴァ
活躍した年代：18世紀

　元々はクロアチアの富裕農家であったが、オスマン帝国のバルカン半島への進出を受けて17世紀にスロヴァキアに移住した。アントン・グラサルコヴィチ1世は、ハンガリー王国議会の顧問として軍備や徴税の改革に貢献する一方で、女帝マリア・テレジアの側近としてハプスブルク家のハンガリー対策について助言を行い、絶大な信頼と膨大な資金を獲得した。ウィーンにあるマリア・テレジアの銅像の脇には、主要な側近の銅像が並んでいるが、その中にアントンも含まれている。

　ブラチスラヴァに建てられたグラサルコヴィチ宮殿は、現在スロヴァキアの大統領府宮殿として利用されている。大統領府宮殿の内部は1年に1度のみ一般公開されているが、庭園はいつでも自由に散策することができ、ブラチスラヴァ市民の憩いの場となっている。

　グラサルコヴィチ家の拠点であったモイミーロウツェ（スロヴァキア中西部）にある城館は、現在ホテルになっている。

モイミーロウツェ城館

歴史

悲劇の王女シュチェファーニア

レストラン「シュチェファーンカ」

　ブラチスラヴァの大統領府宮殿（グラサルコヴィチ宮殿）のすぐ近くに、シュチェファーンカ Štefánka という老舗レストランがある。元は創業 1904 年のカフェで、戦間期はブラチスラヴァの知識人が集う文化サロンとして有名であった。近年経営母体が変わり改修工事が行われ

シュチェファーニア

たが、今でも古き良きハプスブルク帝国時代の雰囲気をよく残している。
　このシュチェファーンカというレストランの名前の由来となったのは、ス
ロヴァキアから遠く離れたベルギーで生まれた王女シュチェファーニア（ステファニー）である。数奇な人生を歩んだ彼女が最終的に居を構えたのは、ブラチスラヴァ近郊ルソウツェの城館であった。

将来のオーストリア皇后からの転落人生

　シュチェファーニアは 1864 年にブリュッセルで生まれた。父親は過酷なコンゴ統治で知られているベルギー国王レオポルド 2 世で、母親はオーストリア大公の娘マリー＝アンリエットであり、16 歳になるとオースト

リア皇太子ルドルフと政略結婚させられた。ルドルフの父親はオーストリア皇帝フランツ・ヨーゼフ 1 世で、母親はシシィの愛称で知られる美貌の皇后エリーザベトである。ルドルフは 2 人の間に生まれた唯一の男の子であり、シュチェファーニアは将来のオーストリア皇后になるはずであった。
　しかし、結婚直後からシュチェファーニアとルドルフの仲は冷めきっており、ルドルフは多数の愛人を作った。1883 年に一人娘のエリーザベトを出産するが、その後ルドルフから性病を移されたことにより、子供を産むことができなくなってしまった。また、シュチェファーニアは、姑に当たる皇后エリーザベトから執拗な嫌がらせを受けた（ちなみに、エリーザベト自身も姑のソフィーから嫌がらせを受けていた）。シュチェファーニアがオーストリア皇后となる将来が消滅したのは 1889 年のことであった。ルドルフ皇太子は、愛人のマリー・ヴェッツェラと心中しこの世を去った。シュチェファーニアが 24 歳の時であった。

ルソウツェへの転居

　1899 年、未亡人となったシチェファーニアは旅行先でハンガリー貴族のローニャイ伯爵と恋に落ち、翌年イタリアのトリエステにあるミラマール城で結婚式を挙げた。ローニャイ伯爵はハンガリーの大物外交官であったが、ベルギー国王レオポルド 2 世の娘でルドルフ皇太子の未亡人であるシュチェファーニアと比べると、明らかに身分が下であった。シュチェファーニアは再婚によってハプスブルク家の王室を離脱し、ローニャイ伯爵は外交官を辞職した。そして、二人はブラチスラヴァ近郊ルソウツェ村にある城館を購入し、余生を過ごすことになる。
　ルソウツェの城館は、ネオ・ゴシック様式で建てられた白亜の大邸宅である。ルソウツェ村は、第一次世界大戦後にオーストリ

ア・ハンガリー帝国が崩壊した後もハンガリー領に留まり続けたが、第二次世界大戦後の1947年にチェコスロヴァキアに編入された。当初ルソウツェ村は独立した自治体であったが、1972年にブラチスラヴァと合併した。ルソウツェは、ハンガリー語でオロスヴァール Oroszvár、ドイツ語でカールブルク Karlburg と呼ばれており、16世紀以降にはクロアチア系住民も入植している。

　シュチェファーニアはイギリスから庭師を呼び、英国庭園や日本庭園を造らせた他、城館の庭を一般市民に解放し、レンタサイクルを提供した。城館が市民にレンタサイクルを提供することは、当時の常識では考えられないことであった。

　シュチェファーニアがルソウツェに引っ越した頃、ブラチスラヴァの中心部でカフェを開業したハッケンベルガー氏は、地元の名士が集うのにふさわしい店名を探していた。ハッケンベルガー氏は、ベルギー国王の娘で、オーストリア皇太子の元王妃で、そしてブラチスラヴァ近郊に居を構えたばかりのシュチェファーニアが店名に最適と考え、シュチェファーニアも自身の名前を店名に付けることを快諾した（店名のシュチェファーンカは、シュチェファーニアの愛称である）。カフェ「シュチェファーンカ」が位置する大通りも、第一次世界大戦前まではシュチェファーンカ通りと名付けられていた（ややこしいことに、現在は、チェコスロヴァキア建国の立役者の名前を取ってシュチェファーニク通りとなっている）。

　カフェ「シュチェファーンカ」は作家、ジャーナリスト、芸術家などの知識人が集うブラチスラヴァを代表するカフェとなり、朝6時から翌日未明まで営業するほど大盛況であった。その人気にあやかり、シュチェファーニアの一人娘であるエリーザベトの名前を付けたカフェもブラチスラヴァに登場した。しかし、シュチェファーニアの人生は第二次世界大戦で暗転することになる。1944年にルソウツェの城

館がナチス・ドイツ軍に接収され、翌年シュチェファーニアとローニャイ伯爵はソ連軍の攻撃を避けるために、パンノンハルマ修道院（ハンガリー北西部に所在、世界遺産に登録されている）に避難した。シュチェファーニアはその地で1945年に亡くなり、翌年ローニャイ伯爵もこの世を去った。

忘れられたシュチェファーニア

　ルソウツェの城館は国有化され、現在は一般開放もされず老朽化が進んでいる。近年、城館の改修工事計画が持ち上がっているが、それに伴いかつての居住者であったシュチェファーニアへの人生にも再度注目が集まっている。シュチェファーニアに嫌がらせをした姑のエリーザベト（シシィ）は、生前ウィーンの窮屈な宮廷生活から逃れるために、幾度となくハンガリーを訪問した。そのため、エリーザベトは今でもハンガリーで人気を集めており、彼女が頻繁に滞在したブダペシュト近郊のグドゥルー宮殿は有名な観光地となっている。いつの日かルソウツェの城館が観光地化され、スロヴァキアで「シュチェファーニア・ブーム」が訪れる日はあるのだろうか。波乱万丈な人生を送ったシュチェファーニアは、歴史的に独自の王室を有してこなかったスロヴァキアにおいて、新たな観光資源を呼び込むポテンシャルを兼ね備えているように思われる。

ルソウツェ宮殿（現在は荒廃しているが、改修工事を行う計画がある）

歴史

偉人　スロヴァキア人によるアンケートで選ばれたトップ20

　2018年から2019年にかけて、スロヴァキアの公共テレビRTVSは、「最も偉大な100人のスロヴァキア人」を決めるアンケートを実施した。視聴者が選んだ100人の偉人のうち、上位20人のランキングは以下のとおりになった。

1位　シュチェファーニク
Milan Rastislav Štefánik　1880 〜 1919
チェコスロヴァキア建国の立役者の一人。パリで天文学者として活躍し、第一次世界大戦中は軍人としてチェコスロヴァキア軍団の組織に尽力し、祖国の独立に貢献。訪日歴あり。

2位　シュトゥール
Ľudovít Štúr　1815 〜 1856
現在のスロヴァキア語の基になる文章語を制定。19世紀のスロヴァキア民族運動を牽引し、ハンガリー王国でスロヴァキア人の民族的権利を手に入れるために生涯を捧げた。

3位　スルホレツ
Anton Srholec　1929 〜 2016
カトリック聖職者。社会主義時代にチェコスロヴァキアからの亡命を試みて命を落とした人々の名誉回復に貢献した。自身も亡命に失敗し、12年の懲役刑を受けていた。

4位　フリンカ
Andrej Hlinka　1864 〜 1938
戦間期のスロヴァキアで最も重要な政治家。カトリック聖職者であるが、スロヴァキア人民党の党首として、チェコスロヴァキア内でのスロヴァキアの自治を要求し続けた。

5位　キュリロス Cyril 827 〜 869 と
　　　メトディオス Metod 815 〜 885
モラヴィア国（現在のスロヴァキアとモラヴィアを中心とする国）で、スラヴ語によるキリスト教の布教活動を行った兄弟。キュリロスは、キリル文字の基になるグラゴール文字を考案した。

6位　ドゥプチェク
Alexander Dubček　1921 〜 1992
チェコスロヴァキア共産党第一書記として、プラハの春と呼ばれた改革運動を率いた。ワルシャワ条約機構軍の介入を受け失脚するも、体制転換後は連邦議会議長に選出された。

7位　フサーク
Gustáv Husák　1913 〜 1991
ドゥプチェクの後を継いで共産党第一書記に就任し、改革を撤廃して「正常化」を確立させた。スロヴァキア民族蜂起などでの功績もあり、評価が難しい人物。

8位　ガブチーク
Jozef Gabčík　1912 〜 1942
ロンドンのチェコスロヴァキア亡命政権の軍人。チェコ人のクビシュとともに、チェコ統治の責任者でナチスの高官であったハイドリヒの暗殺に成功した。

9位　サガン
Peter Sagan　1990 〜
自転車競技（ロードレース）の世界的スター選手で、日本にも多くのファンがいる。存命の人物としては本アンケートで唯一のトップ10入りとなった。

10位　ヤーノシーク
Juraj Jánošík　1688 〜 1713
スロヴァキアの鼠小僧（ねずみこぞう）。タトラ山脈周辺を縄張りとする山賊だが、盗んだ物を貧しい人に分け与えたため、義賊として民衆文化における英雄となった。

11位　ゴンビトヴァー
Marika Gombitová　1956 〜
スロヴァキア史上最も有名な女性歌手の一人。アンケートでの本来の順位は 8 位であったが、本人がトップ 10 に入ることを固辞したため、順位が 11 位に繰り下がった。

12位　クロネル
Jozef Kroner　1924 〜 1998
主に社会主義時代に活躍した名俳優。1965年に主演を務めた『大通りの店 Obchod na korze』は、チェコスロヴァキア映画として初めてのアカデミー外国語賞を受賞した。

13位　クツィアク
Ján Kuciak　1990 〜 2018
調査報道が専門のジャーナリスト。政治家とマフィアの癒着や汚職を調査していたが、婚約者と一緒に暗殺された。この衝撃的な事件は今でも社会に大きな影響を与え続けている。

クツィアク氏と婚約者に対する追悼の蝋燭

14位　ウォーホル
Andy Warhol　1928 〜 1987
スープ缶やマリリン・モンローの作品で有名なポップ・アートの第一人者。アメリカ生まれなので、厳密に言えばスロヴァキア人ではないが、両親が東スロヴァキア出身。

15位　メチアル
Vladimír Mečiar　1942 〜
スロヴァキアの初代首相。スロヴァキア独立の立役者であるが、首相在任中に権威主義的な政治手法を取ったこともあり、批判を受けることも多い。

16位　ラーシュ
Jozef Ráž　1954 〜
スロヴァキア史上最も人気のあるロックバンド「エラーン Elán」のヴォーカル。1999 年に交通事故に遭い生死の境をさまようが回復し、現在でも音楽活動を続けている。

17位　デミトラ
Pavol Demitra　1974 〜 2011
アメリカやロシアのリーグで活躍したアイスホッケー選手。ロコモティフ・ヤロスラーヴリに在籍している時、飛行機墜落事故により命を落とした。

18位　ストドラ
Aurel Stodola　1859 〜 1942
蒸気タービンと燃焼タービンの開発に貢献した工学者。チューリヒ工科大学の教授を亡くなるまで務めたが、墓地は生地のリプトウスキー・ミクラーシュにある。

19位　ベニョウスキー
Móric Beňovský　1746 〜 1786
現在のスロヴァキア出身の人物として初めて日本に来航。貴族を自称し、ロシア、マダガスカル、アメリカでの戦闘に参加し、破天荒な生涯を送った。

20位　ハムシーク
Marek Hamšík　1987 〜
スロヴァキア・サッカー史上最も偉大な選手の一人。スロヴァキア代表の最多出場・最多得点記録を保持している選手で、ワールドカップと欧州選手権でのベスト 16 入りに貢献。

スロヴァキアの外のスロヴァキア人

　スロヴァキア政府の推定によれば、世界の在外スロヴァキア人（在外スロヴァキア系住民）の数は約 200 万人にのぼる。

　在外スロヴァキア人には、200 年前以上に外国に渡ったスロヴァキア人の子孫や、経済活動や結婚に伴い国外に居住している者など、様々なバックグラウンドを持つ人々が含まれており、スロヴァキアに対するアイデンティティの意識もまちまちである。また、日常的にスロヴァキア語を話している者もいれば、そうではない者もいる。何をもって「在外スロヴァキア人（在外スロヴァキア系住民）」と定義するのかは曖昧であるが、スロヴァキアが伝統的な移民輩出国であったことは間違いない。

　近世以降のスロヴァキア人の移民のパターンは以下の 5 つに分類することができる。

ニューヨークのエリス島に到着したスロヴァキア人の母子（1905 年）

世界各国の在外スロヴァキア人 (スロヴァキア系住民) の数	
	推定値（2022 年現在）
アメリカ	750,000
チェコ	200,000
イギリス	135,000
カナダ	100,000
ドイツ	80,000
ハンガリー	75,000
イスラエル	70,000
オーストリア	65,000
セルビア	40,000
アルゼンチン	30,000
オランダ	25,000
スイス	25,000
フランス	20,000
イタリア	20,000
アイルランド	19,000
オーストラリア	15,000
スペイン	15,000
ルーマニア	13,000
ベルギー	10,000
スウェーデン	7,000
ウクライナ	6,700
ノルウェー	6,000
クロアチア	5,000
ポーランド	5,000

出典：スロヴァキア政府在外スロヴァキア人局 (ÚSŽZ)
注：各国の統計資料と各国のスロヴァキア大使館のデータを基に、ÚSŽZ が推定値を算出。
推定値には、スロヴァキア国籍を有する者と、スロヴァキア国籍を有さないが先祖がスロヴァキア系である者が含まれる。

①オスマン帝国の撤退に伴うの移民

　特に 18 世紀頃、マリア・テレジアなどによる奨励策もあり、オスマン帝国の撤退後に空白となった地域に多くのスロヴァキア人が移住した。スロヴァキア人の移住先は、主に

ハンガリー南部からセルビア北部にかけての地域で、ドルナー・ゼム Dolná zem（下方の土地という意味）と呼ばれた肥沃な土地であった。当初は、収穫時の季節労働者として短期間滞在したが、後に定住してスロヴァキア人による農村が形成されていった。

②産業革命の進展に伴う経済移民

19世紀後半から20世紀初頭にかけて、産業革命の進展に伴い農村から都市に人口が流入した。スロヴァキア人の移住先は、オーストリア・ハンガリー帝国の首都であったウィーンやブダペシュトだけに留まらなかった。フランスやベルギーなどの西欧諸国のほか、海を越えてアメリカ、カナダ、アルゼンチン、オーストラリアに渡る者も大勢いた。中でも最も多くの人が移住したのはアメリカで、1900年から1914年の15年間だけで、45万人以上のスロヴァキア人がアメリカに渡ったという。また、ヨーロッパからの移民受け入れに熱心で、食肉産業などの発展により経済が急激に発展していたアルゼンチンには、19世紀末だけで3万人から5万人のスロヴァキア人が移住した。

③チェコへの移民

1918年にチェコスロヴァキアが成立すると、当時ヨーロッパ屈指の工業地域であったチェコに移住するスロヴァキア人が相次いだ。第二次世界大戦後には、約250万人のドイツ人がチェコから追放され、その代わりにスロヴァキア人が迎え入れられた。現在でも、結婚、仕事、留学など様々な理由で多くのスロヴァキア人がチェコに移り住んでいる（同様の理由で、チェコからスロヴァキアに移住した者もいる）。チェコに家族や親戚が住んでいるというスロヴァキア人も多数いる（その逆もしかり）。

④政治的な理由による移民

ナチス・ドイツの圧力によるスロヴァキア国の成立、第二次世界大戦後のチェコスロヴァキアの共産化、あるいはプラハの春の弾

アルゼンチンのスロヴァキア人移民に関する著作物

圧に伴い、国外に亡命したスロヴァキア人も少なくはない。国連憲章を起草した14人のメンバーの1人であり、国連チェコスロヴァキア政府代表部の初代大使に任命されたスロヴァキア人外交官のパパーニェクは、共産化された祖国に帰国せずにアメリカに留まり続け、ワシントンD.C.で「自由チェコ＝スロヴァキア評議会」の立ち上げに参加し、亡命チェコスロヴァキア人に対する支援に取り組んだ。

⑤現代の移民

1989年の民主化後、市場経済への移行に伴う経済的混乱の中で、より高い賃金を求めて西欧や北米に移住、出稼ぎする者が出てきた。2004年のスロヴァキアのEU加盟は、EU諸国へのスロヴァキア人の移住を容易にさせた。一方、近年では、スロヴァキアの経済成長により、外国からスロヴァキア本国に戻ってくる者も多くいる。グローバル化が進行する中で、スロヴァキア人の移民の目的は経済活動のみに留まらず、留学、長期旅行、婚姻など多岐に渡っている。

対外関係

セルビアのスロヴァキア人

セルビア北部のヴォイヴォディナ州は、世界で唯一、スロヴァキア本国以外でスロヴァキア語が公用語になっている地域である。この州では全部で6つの公用語が存在しており、ヨーロッパでも髄一の多言語地域である。人口200万人弱、面積約2万km²（四国よりもやや広い）に過ぎないこの自治州には、人口の約65%を占めるセルビア人の他、スロヴァキア人を含む25以上の民族が暮らしているが、ともに旧ユーゴスラヴィアを構成していたボスニア・ヘルツェゴビナやコソヴォなどとは異なり、1990年代に凄惨な内戦を経験せず、諸民族の平和共存が維持されている地域である。

ヴォイヴォディナ自治州の6つの公用語は、話者人口の多い順に、セルビア語、ハンガリー語、スロヴァキア語、ルーマニア語、クロアチア語、ルシーン語となっている。スロヴァキア系住民の人口は5万人以上であり、セルビア系、ハンガリー系に次いで3番目に多い民族集団である。

18世紀、ハプスブルク帝国がオスマン帝国の攻勢を押し返し、ハンガリーやヴォイヴォディナを次々に自らの支配下に組み込んでいくと、ハプスブルク帝国のマリア・テレジアは、産業の復興とオスマン帝国に対する防衛のため、ヴォイヴォディナへの移民を奨励した。ヴォイヴォディナは、ドナウ川とティサ川の2つの大河が流れる肥沃な土地であり、ハプスブルク帝国の各地から様々な民族が集まった。そのため、ヴォイヴォディナは

セルビアのスロヴァキア・プロテスタント教会

現在に至るまで多民族混住地域となったのである。

ヴォイヴォディナに移住したスロヴァキア人のほとんどが、プロテスタント（福音派）である。対抗宗教改革によりカトリックが勢力を盛り返していた当時のスロヴァキアでは、プロテスタント系住民は財産所有が制限されていた。一方で、ヴォイヴォディナでは植民奨励のため、1週間のうち2日分の税を納めれば、残りの5日分の収入を所得として自分の懐におさめることができ、また、一定の期間働くと農地所有が認められた。プロテスタント系のスロヴァキア人にとって、肥沃な土地が広がり経済活動が優遇されるヴォイヴォディナは、魅力的な移住先に思われたのであろう。

ヴォイヴォディナには、世界的に有名なスロヴァキア人村がある。セルビアの首都ベオグラードから北に40kmほど離れたところにあるコヴァチツァ Kovačica 村は、ナイーブ・アートの村として知られている。ナイーブ・アートとは、正規の芸術教育を受けていない者が描く芸術のことだ。今から200年前にコヴァチツァ村に移り住んだスロヴァキア人の農民は、主に冬の農閑期に農村の風景や暮らしを題材に絵画を描き始めた。アマチュアの画家による作品ながら、その素朴で独創的な作風が世界的な注目を集めており、日本を含めた世界中で展覧会が開催されている。ナイーブ・アートは、万国博覧会でもセルビアのパヴィリオンで毎回出展されている。コヴァチツァ村のナイーブ・アートの伝統は今でも受け継がれており、現在活動している画家たちは第3世代と呼ばれている。村の中心部には美術館とアトリエから成る複合施設があり、画家から作品を直接購入することが可能だ。コヴァチツァ村で継承されているのはナイーブ・アートだけではない。コヴァチツァの住民の約80%はスロヴァキア系であるが、彼らは日常的にスロヴァキア語を利用している。筆者がコヴァチツァのアトリエを訪れた際も、誰もがスロヴァキア語を話しており、まるでスロヴァキアにいるかの

ナイーブ・アートの作品（コヴァチツァで撮影）

ような錯覚に陥った。

スロヴァキア系セルビア人の国外流出

　セルビア第2の都市ノヴィ・サドから西に25km行ったところにあるバチュキ・ペトロヴァツ Bački Petrovac も、スロヴァキア系住民の割合が80%を超えている自治体である。スロヴァキア語でバーチスキ・ペトロヴェツ Bácsky Petrovec と呼ばれるこの町は、スロヴァキアの民族文化団体マチツァ・スロヴェンスカーの支部も置かれており、ヴォイヴォディナにおけるスロヴァキア系住民の文化的中心地になっている。町内には、スロヴァキアの文化センターがある他、スロヴァキア人が居住していた200年前の家屋が保存されている博物館もあり、ヴォイヴォディナ移住直後のスロヴァキア人の暮らしぶりを見ることができる。

　ヴォイヴォディナのスロヴァキア系住民の大多数は、スロヴァキア語とセルビア語のバイリンガルである。しかし、スロヴァキア語も話せるという利点は、皮肉なことにヴォイヴォディナからスロヴァキアへの人口流出を招いている。在セルビア・スロヴァキア系

住民の数は、2011年の国勢調査時には5万2000人であったが、2021年の推定値では4万人前後にまで減少したと考えられている。一方で、仕事のためにスロヴァキアで居住しているセルビア人（スロヴァキア系セルビア人も含めたセルビア国籍者）の数は、2021年の時点で約1万人に達している。EU加盟後にダイナミックな経済成長を見せているスロヴァキアは、スロヴァキア語が話せるヴォイヴォディナのスロヴァキア系住民にとって、魅力的な出稼ぎ先である。スロヴァキアとヴォイヴォディナの間の人の移動の流れは、200年前と比べて反対になっているのである。

　それでも、ヴォイヴォディナにおけるスロヴァキア文化の灯が消えることはないであろう。コヴァチツァ村のナイーブ・アートは、現在進行形の芸術活動であり、若手の画家による活躍も目覚ましい。バチュキ・ペトロヴァツの博物館では、ブラチスラヴァのコメンスキー大学を卒業後に生まれ故郷に戻ってきた若き学芸員が働いており、スロヴァキア政府の補助金も活用しつつ、博物館の展示スペースの拡張を計画している。

対外関係

ハンガリーのスロヴァキア人

現在のスロヴァキアとハンガリーは、約1000年間ハンガリー王国の版図内にあった。そのため、今でも両国で両民族が混在している地域がある。国勢調査によれば、スロヴァキアではハンガリー系住民が最大の少数民族となっており（約42万人、人口の約8%を占める）。一方で、ハンガリーではスロヴァキア系住民が、ロマ系、ドイツ系、ルーマニア系に次いで、4番目に多い少数民族である（約3万人、人口の約0.3%を占める）。スロヴァキア人を祖先に持つ者も含めると、ハンガリーには約10万人のスロヴァキア系住民が住んでいると推定されている。

スロヴァキアのハンガリー系住民の多くは、ハンガリー国境に近いスロヴァキア南部に集中している。一方で、ハンガリーにおいてスロヴァキア系住民が多い地域は、ルーマニアやセルビア国境に近いハンガリー南東部である。オスマン帝国撤退後、この地域にスロヴァキア系住民が移り住んだ。ハンガリー南東部のベーケーシュ県には、県都ベーケーシュチャバ Békéscsaba を始め、サルヴァシュ Szarvas、トートコムローシュ Tótkomlós 等にスロヴァキア語で授業を行う学校がある。中でも、トートコムローシュ（古いハンガリー語で「スロヴァキア人のホップがある場所」という意味）は、5800人の人口のうち約30%がスロヴァキア系住民であり、ハンガリーにおけるスロヴァキア文化の中心地となっている。トートコムローシュは、スロヴァキア語ではスロヴェンスキー・コムローシュ Slovenský Komlóš と呼ばれている。

その他、スロヴァキア系住民が多く住む町として注目に値するのは、ブダペシュトから北に30kmほどの場所にあるピリシュセントケレスト Pilisszentkereszt である。この町の名前は、ハンガリー語で「ピリシュの聖十字」という意味だが、スロヴァキア語ではムリンキ Mlynky（小さな風車という意味）と呼ばれている。このあたりの地域は、平原が広がるハンガリーでは珍しく、標高750mの小高いピリシュ山脈が聳えており、入植したスロヴァキア系住民は当初林業に従事していた。ピリシュセントケレストでは、現在でもスロヴァキア系住民の割合が50%を超えている。

19世紀の工業化の時代になると、多くのスロヴァキア人が大都市ブダペシュトに流入した。その中で、当時のハンガリーによる強力なマジャル化政策により、ハンガリー人に同化したスロヴァキア人も少なくなかったと考えられている。

第二次世界大戦直後の一部の国では、ドイツ人追放に象徴されるように少数民族追放の動きが見られた。チェコスロヴァキアとハンガリーの間では、両国政府によって結ばれた合意に基づき、1948年まで住民交換が実施された。これにより、9万人近くのハンガリー系住民がチェコスロヴァキアからハンガリー

トートコムローシュの市役所。スロヴァキア国旗も掲揚されている。

ライカの新興住宅（ハンガリー語とスロヴァキア語で「私有地！部外者は立入禁止！」と書いてある）

スロヴァキアからエステルゴムに渡る橋

に移住させられ、7万3000人のスロヴァキ
ア系住民がハンガリーからチェコスロヴァキ
アに移住した。例えば、前述のトートコムロー
シュからは、939世帯（3254人）のスロヴァ
キア系住民がチェコスロヴァキアに移住した
という。

ハンガリーからの／への越境通勤

　21世紀以降は、ブラチスラヴァの地価上
昇に伴い、ハンガリー国境を越えた最初の町
ライカ Rajka に移住するスロヴァキア人が
急増している。ライカからブラチスラヴァま
では、鉄道でも高速道路でも結ばれており、
約20分で通勤することができる。2021年の
データによると、1平方メートルあたりのマ
ンションの価格は、ブラチスラヴァが2644
ユーロであるのに対し、ライカは1563ユー
ロであり、ライカのマンションの方が価格が
一回り安い。

　ライカの統計上の人口は、2011年の時点
では約2500人（そのうちスロヴァキア人の
割合は20%弱）であったが、2022年には約
5200人（同63%）と2倍以上に増加した。

その理由は、新型コロナウイルス感染症のパ
ンデミックである。2020年にパンデミック
が始まった時、国境が封鎖され、居住者や越
境労働者を除く人々は、国境を自由に往来で
きなくなった。ライカからブラチスラヴァに
通勤するためには、ブラチスラヴァでの労働
許可書とライカでの居住証明書が必要にな
り、これまで住民票を移していなかった者
が、ライカでの住民登録を行った。その結果、
ライカに住むスロヴァキア人の人数が、統計
上の数値よりもはるかに多いことが明らかに
なったのである。

　一方で、スロヴァキアからハンガリーに通
勤する者もいる。例えば、エステルゴム（ハ
ンガリー北部）にある日本の自動車メーカー
「スズキ」の組立工場は、ハンガリー系スロ
ヴァキア人も多数雇用している。エステルゴ
ムはドナウ川に面した町であり、橋を渡った
対岸はスロヴァキアである。スロヴァキアに
住むハンガリー系住民にとって、母語のハン
ガリー語で働くことができ、通勤圏内にある
「スズキ」の工場は、就職先の選択肢になり
得るのだ。

対外関係

ルーマニアのスロヴァキア人

　ルーマニアにおけるスロヴァキア・コミュニティーは、2つの地域に分けることができる。1つ目の地域は、ルーマニア西部のアラド県周辺で、広大な平原が広がる地域である。この地域に住む多くのスロヴァキア人は、プロテスタント（福音派）の信者だ。中でも、ハンガリー国境に接しているナドラクNădlac は、人口8000人のうち半分近くがスロヴァキア系住民である。ナドラクには、ルーマニアにおけるスロヴァキア文化の中心地であり、スロヴァキア料理のレストランもある。この地域のスロヴァキア人の先祖は、まずスロヴァキアからハンガリーの南東部に移住し、その後19世紀初頭にルーマニアに移り住んできた。スロヴァキア人のコミュニティーが大きくなると、スロヴァキアからルーマニアに直接移住する農民も現れた。

　2つ目の地域は、ルーマニア北西部にあるビホル県周辺で、主にプロピシュ山地の村々に散らばって居住している。上述のアラド県周辺とは異なり、この地域のスロヴァキア系住民の多くはカトリック信者である。スロヴァキア系住民がこの地域に移住したのは200年ほど前のことで、当時は未開の地であった。現在でも、インフラ整備が不十分な村が多いが、スロヴァキア語の初等学校が各村に設置されている。

　スロヴァキアとルーマニアは国境を接しておらず、一見するとあまり関係が無さそうであるが、両国は歴史的に見ると友好的な関係を築いてきた。第一次世界大戦後、ハンガリー王国やハプスブルク帝国の復活を恐れたチェコスロヴァキアは、ルーマニアとユーゴスラヴィアとの間で小協商を形成した。1945年、スロヴァキアをナチス・ドイツから解放したのは、ソ連軍とルーマニア軍であった。1968年、ソ連軍を中心とする軍隊がプラハの春を弾圧するためにチェコスロヴァキアに軍事介入した際、ルーマニアはワルシャワ条約機構軍の加盟国の中で唯一侵攻に参加しなかった。第二次世界大戦におけるルーマニア軍の貢献については、スロヴァキアでも周知されており、ルーマニアの大統領や首相がスロヴァキアを訪問する際には、ルーマニア人兵士が埋葬されている墓地を訪問するのが慣習になっている。

ナドラクの市場

ユニークな国境ポイント　運河・自転車・台車交換

スロヴァキアと近隣諸国の間では、買い物に行くため、親戚に会うため、レジャーのために、日常的に人々が国境ポイントを行き交っている。こうした国境ポイントの中には、島国日本では想像できないユニークな特徴を持つものもある。

モラヴァ川の渡し船

自由の橋

内陸国なのに船で越境

スロヴァキア西部のザーホルスカー・ヴェス Záhorská Ves と、オーストリア東部のアンガーン・アン・デア・マルヒ Angern an der March は、モラヴァ川（ドイツ語ではマルヒ川）で国境を接しているが、コンパ kompa と呼ばれる渡し船で国境を越えることができる。コンパは朝 5 時から夜 10 時の間頻繁に運行されており、自動車を乗せて渡河することも可能だ。

自転車と徒歩でのみ移動可能な「自由の橋」

2012 年、スロヴァキアとオーストリアの間を流れるモラヴァ川の上に、「自由の自転車橋 Cyklomost slobody（ドイツ語では Fahrradbrücke der Freiheit)」という橋が完成した。この橋は、自転車と徒歩でのみ越境できる。ブラチスラヴァから、かつて鉄のカーテンが降ろされていたモラヴァ川沿いの地域まで、サイクリング・ロードが敷設されており、この「自由の橋」はサイクリング・ロードの途中に位置している。

国境を交差する「バチャ運河のツアー」

世界的に有名な靴ブランド「バチャ Baťa」は、チェコが発祥である（日本では「バタ Bata のブランド名で販売されている)。バチャの一族は、第二次世界大戦直前に国外に移住し、現在はスイスにバチャの本社が置かれているが、創業地のチェコと、工場が置かれていたスロヴァキアでは、今でもバチャの名残を見出すことができる。チェコ南東部オトロコヴィツェ Otrokovice とスロヴァキア北西部のスカリツァ Skalica を結ぶ全長約 50km の運河は、バチャ一族によって灌漑目的で建設され、後に石炭運搬のために利用された。現在では、バチャ運河 Baťov kanál という名前の観光アトラクションになっており、ボートで国境を越えながら運河巡りをすることができる。

バチャ運河

ヴェリケー・スレメンツェとマリィ・セルメンツィの国境ポイント

日本人は利用不可。スロヴァキア版ベルリンの壁に作られた国境ポイント

　スロヴァキア南東部のヴェリケー・スレメンツェ Vel'ké Slemence と、ウクライナ南西部のマ
リィ・セルメンツィ Mali Selmenci は、隣同士の村である。しかし、第二次世界大戦後にスロヴァ
キア（チェコスロヴァキア）とウクライナ（ソ連）の国境が画定されると、この２つの村を自
由に行き来できなくなった。1991 年のソ連崩壊後も、暫くの間は両村の間に国境ポイントがな
く、お互いの村の家族や友人に会うためには、40km 以上離れた別の国境ポイントを迂回する必
要があった。

　2005 年、村の分断を解消するために、ついに国境ポイントが開設された。ヴェリケー・スレ
メンツェとマリィ・セルメンツィの国境ポイントは、朝 8 時から夜 8 時まで開放されており、
徒歩と自転車でのみ通過することができる。スロヴァキアとウクライナの国境は、シェンゲン圏
の国境でもあるため、簡易的な旅券審査が行われているが、パスポートにスタンプが押されるこ
とはない。ただし、この国境ポイントを通過できるのは、スロヴァキア人、ウクライナ人、欧州
経済領域（EEA。EU 加盟国とイギリス、ノルウェー、アイスランド、リヒテンシュタイン）の
国民に限られており、残念ながら日本人は利用することができない。両村の国境ポイントは、あ
くまでも村民の交流目的に開設されたものであり、外国人が無制限に通過することは想定されて
いないようである。

　2009 年、ヴェリケー・スレメンツェとマリィ・セルメンツィの分断と国境開通を題材にした
スロヴァキアのドキュメンタリー映画『国境 Hranica』（ヤロスラウ・ヴォイテク監督）が公開
された。この映画を見ると、両村の住民がハンガリー語を喋っていることが確認できる。ヴェリ
ケー・スレメンツェとマリィ・セルメンツィは、ハンガリー人が住民の大多数を占める村なので
ある。国家とエスニシティが幾重にも重なる両村の歴史は、濃厚な歴史ストーリーを、映画のテー
マとして提供している。

チエルナ・ナト・チソウ駅

鉄鉱石だけが移動可能？　スロヴァキアの製鉄業の生命線

　スロヴァキアとウクライナの間には、2つの鉄道路線が敷設されている。そのうち両国の南端にあるチエルナ・ナト・チソウ Čierna nad Tisou（スロヴァキア）～チョプ（ウクライナ）の国境検問所を通るルートは、旅客列車が運行されており、電車で国境を越えることができる。ただし、ウクライナの線路の軌間は広軌なのに対し、スロヴァキアは標準軌なので、国境ポイントで鉄道車両の台車の交換作業が行われる。

　両国を通るもう1つの鉄道路線は、チエルナ・ナト・チソウのやや北に位置するマチョウスケー・ヴォイコウツェ Maťovské Vojkovce（スロヴァキア）～パッリョ（ウクライナ）の国境検問所を通る。このルートでは、貨物列車しか運行されていないため、鉄道関係者以外の人が国境を越えることができない。そもそも、この路線は、ウクライナ産の鉄鉱石を東スロヴァキアのコシツェにある製鉄所に運ぶために、ウクライナの広軌鉄道をスロヴァキア領内に延伸する形で敷設されたものである。前述の通り、ウクライナとスロヴァキアの線路の軌間は異なるが、コシツェ製鉄所に至る線路は広軌鉄道で統一されているため、国境で貨物を積み替える必要なく、効率的に鉄鉱石を運ぶことができている。

　社会主義時代体制崩壊後、コシツェ製鉄所は民営化され、アメリカの US スチールが新たなオーナーとなった。US スチールの本拠地があるピッツバーグは、19世紀に数多くのスロヴァキア人が出稼ぎに渡り、製鉄業に従事した場所であるため、不思議な縁を感じさせる。その US スチールであるが、日本製鉄によって買収されることが 2023 年に発表された。買収交渉が完了すれば、約 8000 人の従業員を抱えるコシツェ製鉄所は、日本企業の傘下に入ることになる。そうなると、日本製鉄は、ドイツのフォルクスワーゲン（従業員数約1万人）に次いで、スロヴァキアで2番目に大きな外資系企業となる。

対外関係

オーストリア　最も身近な外国と原発問題

ハインブルク（スロヴァキア国境付近のオーストリアの町）

　ブラチスラヴァ旧市街からドナウ川を渡ったところにある、ヤンコ・クラーリュ公園（庭園）Sad Janka Kráľa は、市民にも公開された公園としては中欧で最も古い歴史を持つ（1770 年代にヨーゼフ 2 世によって一般公開された）。ビロード革命が終結して間もない 1989 年 12 月 10 日、この公園を出発点とし、撤去されたばかりの「鉄のカーテン」を越えて、オーストリアのハインブルク Hainburg まで行進する「やあ、ヨーロッパ

「やあ、ヨーロッパ Ahoj Európa」（出典：スロヴァキア・ラジオ HP）

Ahoj Európa」というイベントが開催された。約 5 万人（当時のブラチスラヴァの人口は約 40 万人）が歩いて国境を越えたこのイベントは、スロヴァキア（チェコスロヴァキア）が欧州への回帰の道を歩み始める象徴的な出来事として記憶されている。

　それ以来、ブラチスラヴァに住む人々にとって、オーストリアは最も身近な外国になった。ブラチスラヴァの中心部から自転車で 15 分も行けば、オーストリア国境にたどり着く。首都のウィーンまでは列車でもバスでも 1 時間程度で、埼玉県から東京都心に出かける感覚と変わらない。スロヴァキア人は冬になるとスキーを楽しむが、ブラチスラヴァからタトラ山脈に出かけるよりも（自動車で片道 4 時間）、オーストリアのセメリングにあるスキーリゾート（同片道 2 時間）に行く方が、はるかに近いし、リフト券の価格もあまり変わらないという。スロヴァキアは、祝日に小売店を休業することが法律で義

務づけられているが、どうしても買い物の必要がある場合には、オーストリアのスーパーマーケットに行くという裏技がある。一方で、オーストリアは日曜日が小売店の休業日となるが、スロヴァキアで買い物を済ませることができる。

環境大国オーストリアと原発大国スロヴァキア

今でこそスロヴァキアとオーストリアの間を自由に行き来できるが、社会主義時代は鉄のカーテンで国境が閉ざされていた。ビロード革命後に自由旅行が解禁されると、スロヴァキア人はこぞってウィーン観光に出かけた。ウィーン当局も、地下鉄やトラムの料金を無料にして、スロヴァキア人を歓待したという。多くの人にとっては、オーストリアは初めて見る西側諸国であり、物資の豊かさに驚いたという。オーストリアはスロヴァキアにとって身近な憧れの存在であった。

現在、スロヴァキアとオーストリアは非常に仲が良い国であるが、隣国であるがゆえの「ご近所トラブル」が発生することもあり、その最たる例が、原発問題である。ウィーンには国際原子力機関（IAEA）の本部が置かれているが、オーストリアは脱原発国であり、総発電に占める再生エネルギー（水力も含める）の割合は77%に達している。これに対し、スロヴァキアは、国内で2か所・計5基の原子炉を稼働させており、総発電に占める原子力の割合が50%を超えている原発大国である。スロヴァキアのヤスロウスケー・ボフニツェ原発はオーストリア国境から僅か約50kmの距離にあるが、社会主義時代に燃料溶解事故を起こしたことがあった。オーストリアはスロヴァキアがEUに加盟する時の条件として、同原発の旧型原子炉の廃炉を頑なに主張し、スロヴァキアは要求を飲まざるを得なかった。もう1つの原発であるモホウツェ原発はオーストリアから約100kmの距離にあり、2022年に新規原子炉の稼働を開始した際に、オーストリアの環境団体が反対運動を行った。

また、両国の賃金格差がトラブルの火種になったこともあった。オーストリアはスロヴァキアよりも賃金水準が高いことから、スロヴァキア人にとって身近な出稼ぎ先になっているが、オーストリア政府が労働者に支給する子供手当を巡り、問題が発生した。オーストリアは、国内で働く労働者に対し、子供手当を支給しているが、スロヴァキア人は子供をスロヴァキア国内で養育しているため、スロヴァキアの物価水準に合わせて、子供手当の支給額を引き下げようとしたのだ。物価が高いオーストリアで子供を養育している者と、物価が低いスロヴァキアで子供を養育している者が、同じ金額の子供手当を受給するのは不公平というわけだ。本件は結局EUが介入し、スロヴァキア人もオーストリア人と同様に社会保障税などを納めていることから、スロヴァキア人に対する子供手当を一方的に引き下げることはできないとの判断を下した。

ブラチスラヴァはウィーンを超えたのか？

一方で、スロヴァキアは独立後30年間でオーストリアとの経済格差を急速に縮めてきた。2017年の欧州統計局の調査によると、ブラチスラヴァの人口あたりのGDPはEU平均の179%であり、ウィーンよりも上位であった。ブラチスラヴァでは統計上の人口以上の人が働いている（GDPに貢献している）ため、このデータは実態を反映していないとの指摘もあるが、ビロード革命直後には想像できなかったような経済成長をスロヴァキアが成し遂げたこともまた事実である。

モホウツェ原発（出典：スロヴァキア電力HP）

対外関係

オーストリアの中の「スロヴァキア人村」

スロヴァキアは 2007 年にシェンゲン協定に加盟し、周辺諸国との往来の際には国境審査が必要なくなった。スロヴァキアと国境を接している国のうち、シェンゲン協定未加盟のウクライナ以外の国とは、同じ国のように自由に行き来することができる。まるで、オーストリア＝ハンガリー帝国が復活したかのように、国境の存在感は薄れている。また、EU圏内では自由に就労することができるため、日常的に国境を越えて仕事に向かう者もいる。

キッツェーの街並み

スロヴァキアは、西欧諸国と比べると賃金水準がまだまだ低い。そのため、スロヴァキアの特に地方に住む者の中には、オーストリアやドイツなどに、週・月単位で移り住んで出稼ぎをする者もいる。

オーストリアからスロヴァキアへの越境労働者

しかし、スロヴァキア人労働者の流れは、東から西への一方向だけではない。オーストリアに居住していながら、スロヴァキアに通勤している者も決して珍しくないのだ。ブラチスラヴァは、スロヴァキア経済の中心地であるが、近年市内の不動産価格が上昇していることから、手頃な住居を求めて郊外の農村地帯に引っ越す者もいる。こうしたスプロール現象は、国境を越えて進行している。近隣のオーストリアやハンガリーの農村地帯は、ブラチスラヴァよりも地価が遥かに安いため、スロヴァキア人の移住先として注目を集めている。

ブラチスラヴァの隣村キッツェー Kittsee は、オーストリアで最も人口率が上昇している自治体である。もともと人口約 2000 人に過ぎなかったこの村に、直近僅か 10 年間で 1000 人以上のスロヴァキア人が移り住んだ。キッツェーからブラチスラヴァまでの通勤時間は自動車で僅か 20 分だ。スロヴァキアでは、ドイツ語が英語に次いで人気のある

外国語であることから（義務教育の第一外国語でドイツ語を学ぶ人もいる）、ドイツ語による教育を子どもに受けさせたい家族にとっても、キッツェーは魅力的な移住先となっている。そのため、キッツェーの幼稚園や学校では、半分以上の子どもがスロヴァキア人というクラスも出てきている。筆者も何度かキッツェーを訪れたことがあるが、レストランにはスロヴァキア語のメニューも置かれており、スロヴァキア人のウェーターも働いていたため、オーストリアにいながら注文から会計まで全てスロヴァキア語でこなすことができた。

スロヴァキア人の数が急速に増加したからといって、元々住んでいたオーストリア人との間で軋轢が生じているわけではない。キッツェーにとっても、旧社会主義国との国境沿いの辺鄙な村で突如人口が増え、住民税による歳入が増加することは嬉しい誤算となっている。

キッツェーはチョコレート工場が有名。直売店では、ドイツ語、スロヴァキア語、ハンガリー語で表記されている。

スロヴァーツコ　チェコの中のスロヴァキア？

　チェコには、スロヴァーツコ Slovácko と呼ばれる地域がある。チェコのモラヴィア地方の南東部に位置し、スロヴァキアと国境を接しているこの地域は、スロヴァキア（スロヴァキア語でスロヴェンスコ Slovensko）と名称が非常に似ていて紛らわしいが、チェコの中でスロヴァキアと文化的に最も似通っている地域として知られている。そのためか、「モラヴィアのスロヴァキア Moravské Slovensko」と呼ばれることもある。

　歴史的に見ると、スロヴァーツコは 9 世紀に勃興したモラヴィア国の中心地であったと考えられている。モラヴィア国は、現在のチェコとスロヴァキアにまたがる地域に勢力を広げていたため、チェコスロヴァキアの独立運動期には、チェコ人とスロヴァキア人の最初の共同国家であったという恣意的な解釈がなされたこともあった。地理的に見ると、スロヴァーツコとスロヴァキアは、モラヴァ川と白カルパチア山脈という自然国境で隔てられており、この国境線は、中世にボヘミア王国とハンガリー王国が成立してから現在に至るまで、基本的に変わっていない。

大スロヴァキアの夢

　1939 年にナチス・ドイツの衛星国としてスロヴァキア国が成立すると、「大スロヴァキア主義」と呼ばれた運動が盛んになった。これは、文化も方言も似ているスロヴァーツコを含むモラヴィア地方を、スロヴァキア国に編入しようとする試みであった。1940 年にベルリンを訪問したスロヴァキア国のトゥカ首相兼外務大臣は、ドイツのリッベントロップ外務大臣に対し、「モラヴィア地方には 50 万人のスロヴァキア人が少数民族の権利を与えられることなく生活しており、スロヴァキアへの編入を望んでいる」と訴えた。しかし、ドイツは、当時自国の保護領としていたモラヴィア地方をスロヴァキアに差し出すつもりはなく、大スロヴァキアの夢は実現

することがなかった。

スロヴァーツコの都市案内

ウヘルスケー・フラジシュチェ
Uherské Hradiště
スロヴァーツコ地方最大の都市。モラヴィア国の遺跡を展示した博物館がある。チェコの中堅サッカーチーム「スロヴァーツコ」の本拠地。

ウヘルスキー・ブロト
Uherský Brod
スロヴァーツコ地方出身の教育学者コメンスキー の博物館がある。群馬県の月夜野町（現みなかみ町）と姉妹都市協定を結んでいる関係で、「月夜野」という日本庭園がある。

ホドニーン　Hodonín
チェコスロヴァキア初代大統領マサリクの出身地。17 世紀に建てられた城がマサリクの博物館になっている。町を流れるモラヴァ川の対岸はスロヴァキア。

キヨフ　Kyjov
モラヴィアのトスカーナと呼ばれるなだらかな丘陵地帯に位置し、ワインが名産。地ビールも有名で、醸造所ではビール風呂（ホップやビール酵母が入った風呂）も併設。

ハンガリー　「上部ハンガリー」と脱ハンガリー化

スロヴァキア南西部にシュトゥーロヴォŠtúrovo という都市がある。ドナウ川を挟んだ対岸はハンガリーで、ハンガリー系住民の割合は 60% を超える。この都市の名前は、スロヴァキアの偉人シュトゥールの名前を冠しているが、彼はシュトゥーロヴォで生まれたわけではなく、住んだこともなく、この都市とは何も関係ない。シュトゥーロヴォはハンガリー語でパールカーニ Párkány と呼ばれているが、第二次世界大戦直後に強化された脱ハンガリー化の過程で、スロヴァキア語の地名が付けられた。このように、スロヴァキアには、ハンガリー系住民が多数を占めているが、縁もゆかりもないスロヴァキアの偉人の名前が付けられている市町村が、同国南部を中心にいくつも存在する。第一次世界大戦が終結する 1918 年までハンガリー王国に支配されていたスロヴァキアにとって、脱ハンガリー化は自らのアイデンティティを確立する上で重要なプロセスであった。

ベトラノウツェにあるトゥルゾー家の城館。ハンガリーの財団によって購入された。

失われた土地を求めて

ハンガリー王国時代、スロヴァキアは上部ハンガリー Felvidék と呼ばれており、王国の北側半分近くを占める地域であった。世界遺産スピシュ城を始めとするスロヴァキアの城や館は、もともとハンガリー貴族の所有物であり、ブラチスラヴァはハンガリー王国の事実上の首都だったことがある。スロヴァキア（上部ハンガリー）はハンガリーにとって、歴史的に重要な場所であったのだ。第一次世界大戦後のチェコスロヴァキア建国は、スロヴァキア人にとってみればハンガリー王国からの解放であったが、ハンガリー人にとってみれば歴史的に重要な地域の喪失であった。しかも、多くの同胞ハンガリー人が、スロヴァキアなどのハンガリー国外に取り残されてしまった。

このような背景の中、スロヴァキアとハンガリーの間では、歴史や民族の関係を巡り、

問題が発生することがある。以下、その一例を挙げよう。

・2021 年、ハンガリー政府に近い財団が、スロヴァキア国内の様々な歴史的建造物 を購入していることが明るみに出た。スロヴァキアは、外国人による不動産買収を禁ずることはできないとしつつ、購入の際にはスロヴァキア外務・欧州問題省に事前通告するよう要請した。

・2021 年、ハンガリーの国会議長が、スロヴァキア西部シャモリーンを事前通告無しに訪問し、第二次世界大戦後のチェコスロヴァキアによるハンガリー系住民追放に関する記念碑の除幕式に出席した。同議長は演説の中で、ハンガリー人は住民追放についての謝罪を受けていないとしてスロヴァキアを非難した。これに対し、スロヴァキアは、戦後処理は解決済のトピックであり、政治家が自らの歴史認識を国外で語るべきではないと批判した。

・2022 年、ハンガリーのオルバーン首相がサッカーの試合を観戦中、ハンガリー王国の地図が描かれたスカーフ を着用したため、「大ハンガリー主義」を煽るものとして、スロヴァキアを含む周辺諸国が猛反発した。

・2023 年、スロヴァキア総選挙の直前に、ハンガリーのシーヤールトー外務貿易大臣

がスロヴァキア南部を訪問し、ハンガリー系住民に対し、ハンガリー系政党の「同盟Aliancia」に投票するように呼び掛けた。スロヴァキアは、ハンガリーによる国内選挙への介入だとして抗議した。

対するスロヴァキアも、過去には以下のような問題を起こしている。

・1999 年、スロヴァキア国民党の党首が、「戦車に乗ってブダペシュトを破壊しに行こう」と発言し、ハンガリー大統領のスロヴァキア訪問が延期される騒ぎがあった。
・2006 年、スロヴァキアのニトラでハンガリー語を話していた女性が、スロヴァキア人に殴られるという事件があったが、警察に通報した女性が逆に偽証罪で訴えられる事態となり、両国間で政治問題化した。

スロヴァキア人とハンガリー人の平和的共存

両国の間では、この種の争いごとがよく発生するが、不思議なことに両国の関係は基本的に良好であり、首脳同士の会談も頻繁に行われている。スロヴァキアがハンガリーとの貿易を停止したり、ブダペシュトでスロヴァキア人観光客が嫌がらせを受けたりするようなことはない。結局のところ、両国の政治家は多くの場合、国民の歓心を得るために、歴史問題を利用しているに過ぎないのだ。

スロヴァキア南部には、多くのハンガリー系住民が住んでいるが、スロヴァキア系住民と平和的に共存している。民族間の対立が絶えなかったヨーロッパでは珍しいことかもしれないが、地元住民は、民族主義に走るよりも静かに共生する方が、平穏な生活を維持する上で得策であると悟っているのであろう。

最近注目すべき動向として、スロヴァキアにおけるハンガリー系政党の衰退がある。スロ

ヴァキアでは 1993 年の独立以来、ハンガリー系住民の権利向上を訴える諸政党が合併や分裂を繰り返しながらも国会議席を維持し、時には連立政権に加わって存在感を示してきた。しかし、2020 年の選挙で国会議席を初めて失うと、2023 年 9 月の選挙でも議席を獲得できなかった（国会総選挙では、得票率5% 以上の政党のみが、議席を獲得できる）。これは、ハンガリー系住民の政治志向が多様化し、ハンガリーの民族主義が政治的求心力を失いつつあることを示しているのかもしれない。

2023 年 5 月には、スロヴァキア国立銀行副総裁のオードル Ľudovít Ódor 氏が首相に任命されたが、彼はスロヴァキアで初めてのハンガリー系首相であった。オードル首相は、前任のヘゲル政権が崩壊したことを受けて、2023 年 9 月に実施された総選挙までの暫定政権を率いた（スロヴァキアの憲法規定により、政府が機能不全に陥った場合、大統領は専門家から構成される暫定政権を任命することができる）。オードル氏は選挙で国民によって選ばれた政治家ではないが、過去の歴史問題を踏まえると、スロヴァキアでハンガリー系の人物が首相になるのは衝撃的なことのように思われる。しかし、首相の出自について国民の間で目立った議論は起こらなかった。

ハンガリー王国の地図が書かれたスカーフを着用するオルバーン首相（本人の Facebook より）

対外関係

ポーランド　山を挟んだ関係と国境地帯のゴラル人

スロヴァキア語で食料品店 potraviny、ポーランド語で商店 sklep と書かれている（スロヴァキア北東部フンコウツェ村で撮影）

筏下りをするゴラル人の船頭（スロヴァキアとポーランド国境を流れるドゥナイェツ川）

　日本で登山に行くと、すれ違う人と挨拶するのがマナーであるが、それはスロヴァキアでも同じである。タトラ山脈は、中欧有数の山岳リゾート地であるため、様々な国の言語の挨拶が飛び交う。スロヴァキア語とチェコ語の次によく聞こえてくるのがポーランド語であるが、それもそのはず、タトラ山脈はスロヴァキアとポーランドにまたがっている。スロヴァキアから国境に位置するリシ山 Rysy を越えて、ポーランドへと至るルートは、登山客の間で人気が高い。ポーランド側のタトラ山脈の麓には、ザコパネという保養地があるが、ここではブリンゾヴェー・ハルシュキやオシュチエポク（燻製チーズ）など、スロヴァキアでもおなじみの乳製品や料理を見かける。

山の民ゴラル人

　スロヴァキア語とポーランド語はともに西スラヴ語族の言語である。スロヴァキア語とチェコ語の関係のように近いわけではないが、スロヴァキア人とポーランド人はお互いの言語で話しても多少理解し合うことができる。なお、両国の国境地帯には、ゴラル人 Gorali という少数民族が住んでおり、スロヴァキア語とポーランド語に似た方言を話している。ゴラル人は、正式な少数民族として認められていないが、独自のフォークロア

を持っている。スロヴァキアとポーランドの間を流れるドゥナイェツ川では、伝統的な民族衣装を着たゴラル人による筏下りを楽しむことができる（最近はゴラル人以外の筏師も増えてきているようであるが）。スロヴァキアのナショナル・ヒーローである義賊ヤーノシークは、北部チェルホヴァーの出身であるが、ポーランドとの山岳地帯で盗賊行為を行っており、スロヴァキア人ではなくて、ポーランド人あるいはゴラル人だった可能性もある。

タトラは分断するものではなく結びつけるもの

　ポーランド人のローマ教皇、ヨハネ・パウロ2世は、スロヴァキア国境に近いヴァドヴィツェ Wadowice 出身である。ローマ教皇として、3回（1990年、1995年、2003年）もスロヴァキアを訪問しており、「タトラ山脈は、我々を分断するものではなく、我々を結びつけるものである」と語りかけ、スロヴァキアの信者の喝采を浴びた。ヨハネ・パウロ2世は、「ゴラルよ、君は寂しくないのか Góralu, czy ci nie żal」という民謡を気に入っており、信者の前でもよく歌っていた。この歌はまさにゴラル人の民謡であり、スロヴァキアでもポーランドでも歌われている。

ヴィシェグラード４カ国（V4）中欧 4 か国の地域協力

V4 設立 30 周年を記念したブラチスラヴァ市内の壁画。

ブラチスラヴァからブダペシュト行きの国際列車に乗って、ハンガリーに入国してからしばらくすると、ドナウ川沿いの丘の上にヴィシェグラードと呼ばれる古城が見えてくる。ヴィシェグラードでは、1335 年にハンガリー、ボヘミア、ポーランドの国王による会談が行われた。この故事に因んで、1991 年に、当時のチェコスロヴァキア、ポーランド、ハンガリーの大統領がヴィシェグラードに集まり、共に EU 加盟を目指すための協力グループを結成することで合意した。このグループは、1993 年にチェコとスロヴァキアが独立したことにより、ヴィシェグラード 4 カ国（V4）と呼ばれることになった。

プラグマティックな協力関係

V4 の当初の目的は、2004 年に揃って EU に加盟したことで達成されたが、現在でもこの 4 か国は密接な協力を続けている。V4 諸国が共通の立場を取ることによって、EU の中での発言力を強化しようとすることがその狙いである。V4 は、2015 年の欧州難民危機の際に、揃って難民受け入れに反発したことから、一躍注目を集めた。その一方で、V4 はウクライナや西バルカン諸国などの EU 加盟を一貫して支持しており、EU に働きかけている。とはいえ、V4 の関係は、利害関係が一致する場合には協力するというプラグマティックなものであり、意見が異なる分野では無理して協調することはない。最近では、法の支配を巡る問題や、ロシアのウクライナ侵略を巡る対応で、V4 内での対立も生じている。

「V4 ＋日本」

日系企業が多数進出している V4 は、日本との協力関係も強化している。2019 年には、3 回目となる「V4 ＋日本」の首脳会合 がブラチスラヴァで開催された。また、V4 主導による国際的な助成プロジェクトを展開しているヴィシェグラード基金（本部はブラチスラヴァ）が、日本の大学との先端技術研究や、日本との協力によるボスニア・ヘルツェゴビナの小学校改修事業を実施している。

ブラチスラヴァで行われた V4 ＋日本首脳会合（2019 年）

ザカルッパチャ　幻の戦間期チェコスロヴァキア領

ウジホロドの街並み

　ウクライナには全部で 24 の州があるが、そのうち最も西にあり、スロヴァキア、ハンガリー、ポーランド、ルーマニアと国境を接しているのが、ザカルッパチャ州である。州都はウジホロド で、スロヴァキアと国境を接しており、国境検問所が設置されている。このザカルッパチャ州は、1919 年から 1939 年までの間、チェコスロヴァキア領のポトカルパツカー・ルス Podkarpatská Rus と呼ばれる地域であった。そのため、ザカルッパチャ州では、現在でもチェコスロヴァキア時代の名残を見つけることができる。

カルパチア山脈の向こう側／麓

　ザカルッパチャは、ほかのウクライナ地域とカルパチア山脈で区切られており、まるで陸の孤島のような場所に位置している。一方で、ザカルッパチャとスロヴァキアの南部国境地帯には低地が広がっており、自然的な障壁が存在しない。ザカルパッチヤとは、「カルパチア山脈の向こう側」という意味で、ウクライナ側から見た表現なのに対し、ポトカルパツカー・ルスは、「カルパチア山脈の麓の」という意味が含まれており、スロヴァキア側から見た呼称である。

　ザカルパッチヤは元々ハンガリー王国に支配される地域であった。19 世紀になると、

　ほかのスラヴ系民族と同様、ザカルパッチャに住むルシーン人の間でも民族覚醒運動が見られるようになるが、スロヴァキア人の運動のような盛り上がりには至らなかった。第一次世界大戦以降、スロヴァキアはオーストリア・ハンガリー帝国から独立してチェコとの合同国家を建設するが、その際、紆余曲折を経て、ザカルパッチャがチェコスロヴァキアに編入されることが合意された。こうして、チェコスロヴァキアの領内に、ポトカルパツカー・ルス州 が設置された。

　1939 年、チェコスロヴァキアがナチス・ドイツによって解体されると、ポトカルパツカー・ルスは独立を宣言する（同時期にスロヴァキアも独立している）。しかし、その直後にハンガリーが軍事侵攻し、全域がハンガリーによって占領された。その後、第二次世

チェコスロヴァキア領時代のウジホロド

ウジホロドのシュチェファーニク像

ウジホロドにあるマサリク像

界大戦末期にザカルパッチャはソ連軍によって解放され、1945年6月にチェコスロヴァキアとソ連が結んだ条約に基づき、ソ連に引き渡された。そして、1991年にソ連が崩壊すると、ウクライナの一部として現在に至っている。

　複雑な歴史を有するザカルパッチャは、ウクライナ人やルシーン人のほか、ハンガリー人、ロマ、ロシア人、ルーマニア人、スロヴァキア人、チェコ人など様々な民族が共生している。中でも、ハンガリー系住民の割合は10%を超えており、ザカルパッチャ州の自治体の中には、ハンガリー系住民が多数を占める自治体が少なくない。ハンガリーの影響は食文化にも及び、ザカルパッチャの伝統料理の1つであるボグロチは、グヤーシュによく似た料理である。

スロヴァキアとの結びつき

　ウジホロドでは、現在でもチェコスロヴァキア時代の名残を見つけることができる。市内を流れるウジ川に架かる橋の1つは、「マサリク橋」と名付けられており、川沿いの公園にはマサリクとシュチェファーニクの銅像がある。旧市街の目抜き通り「コルゾ」に立ち並ぶアール・デコ様式の建物や、ザカルッパチャ州庁舎は、いずれもチェコスロヴァキア時代に建設された。

　ウジホロドには、ウクライナで唯一のスロヴァキア語のバイリンガル初等学校があり、ウジホロド大学にはスロヴァキア語学科が設置されている。西スラヴ語族の中で、ウクライナ語に最も近いと言われる言語はポーランド語だが、スロヴァキア語もウクライナ語との共通点が多く、双方の単語の約6割は共通しているという。ロシアのウクライナ侵略以前から、多くのウクライナ人が、勉強や仕事のためにスロヴァキアで生活しているが、語学の上達速度は非常に速い。

　元々同じ国であったスロヴァキアとザカルパッチャの間には、現在は国境が引かれている。その国境は、EU、NATO、シェンゲン圏の東部国境でもある。それでも、両国間の人の往来は盛んであり、2019年の統計によれば、陸路での出入国者の合計は、1日平均7000人以上に及んでいる。スロヴァキア第2の都市コシツェからザカルパッチャまでは、国境を越えてバスや列車が運行されている。

　2022年に始まったロシアのウクライナ侵略により、これまでに100万人以上がザカルッパチャ州を経由してスロヴァキアに入国し、そのうち約11万人が避難民としてスロヴァキアに留まった。スロヴァキアは、世界で最初に防空ミサイルや戦闘機をウクライナに引き渡したが、前者については鉄道を利用してザカルパッチャ州経由でウクライナに移送された。なお、首都キーウに置かれていた在ウクライナ・スロヴァキア大使館は、拠点を一時的にウジホロドに移転させた。

　「ザカルパッチャ」が「ポトカルパツカー・ルス」であった時代は20年間に過ぎないが、今でもスロヴァキアとの結びつきは意外と強い。将来ウクライナがEUに加盟すれば、その結びつきはさらに強まることになるだろう。

ウクライナ　東の大きな隣国

2022年に始まったロシアによるウクライナへの侵略は、ウクライナの隣国であるスロヴァキアにも多大な影響を与えている。スロヴァキアでは2023年10月に政権交代があり、軍事支援に反対しているフィツォ氏が首相に返り咲いたが、スロヴァキアの民間軍事企業によるウクライナとの取引は容認している。フィツォ首相の発言は、国内（国民向け）と国外（EUとNATO向け）で内容が一致しないこともあり、今後のスロヴァ

ブラチスラヴァで行われたウクライナ支援集会（2022年）

キアのウクライナ政策を予測するのは現時点では困難である。

100年前のウクライナ難民

スロヴァキアにウクライナからの難民が押し寄せたのは、今回が初めてのことではない。今から約100年前、1917年のロシア革命とその後のロシア内戦の影響により、ボリシェヴィキから逃れるためにウクライナから数万人の人々がチェコスロヴァキアに移住した。内戦中に一時的に独立したウクライナ人

国境に設置されたウクライナ避難民支援センター（東スロヴァキアのヴィシネー・ニェメツケー村）

民共和国の初代大統領のフルシェーウシクィイも、ブラチスラヴァ経由でウィーンに亡命したという。

ウクライナからスロヴァキアへの人の移動の流れは、両国が独立した1990年代初頭以降に顕著になった。スロヴァキアの経済成長に伴い、仕事を求めて移住するウクライナ人の数が増加したのである。既に2022年以前の時点で、ウクライナ人はセルビア人と並び、スロヴァキアで最も多い非EU諸国出身の外国人労働者であった。

EU加盟に対する支持

スロヴァキアにとって、約4200万人の人口を数え、面積は日本の1.6倍あるウクライナは、隣国の中で最も大きい国である。ウクライナが安定して繁栄した国になることは、歴代のスロヴァキア政権が望んでいることであり、ウクライナのEU加盟も一貫して支持し続けている。戦争で大きな被害を受けているウクライナの復興についても、スロヴァキアは隣国として積極的に関与していく姿勢を示している。

日本とスロヴァキアの関係史　最初の接点は江戸時代

ベニョフスキー

スロヴァキア出身の人物が初めて日本に来航したのは、今から200年以上前の江戸時代のことである。西スロヴァキア（当時はハンガリー王国）のヴルボヴェー Vrbové 出身のベニョフスキー Móric Beňovský は、ポーランド貴族によるバール連盟に加わってロシアと戦うも捕虜となり、カムチャッカ半島に流された。しかし、そこで軍艦を奪って仲間の捕虜と出航し、日本の阿波国(徳島県)や土佐国(高知県）への上陸を試みたという。そして、奄美大島に漂流した後、マカオ経由でヨーロッパに戻り、アフリカのマダガスカル島の統治を試みるなど、破天荒な人生を送った。ベニョフスキーが日本側に渡した書簡には、ロシアが日本攻撃を企てているとする真偽不明の情報があり、工藤平助や林子平がロシア脅威論を唱えるきっかけとなった。

それから100年以上が経った1918年、スロヴァキア人のシュチェファーニク将軍が来日し、シベリア出兵の拡大を日本に求めた。詳細については歴史の章で記述したが、シュチェファーニクはチェコスロヴァキアの独立に向け、ロシア革命の混乱に伴いシベリアで取り残されていたチェコスロヴァキア軍団を救出するための任務についていた。チェコスロヴァキアが独立を宣言したのは、シュチェファーニクが日本滞在中のことであった。

広がる若者間の交流

それから更に100年以上が経った現在、日本とスロヴァキアの交流は、様々な分野に及んでいる。若い世代の交流に関しては、2016年からワーキングホリデー制度が両国の間で始まった。日本語教育については、

1986年にコメンスキー大学哲学部に日本科が設置され、現在は2年に1度新入生を募集している。チェコのカレル大学（プラハ）、マサリク大学（ブルノ）、パラツキー大学（オロモウツ）の日本科で勉強しているスロヴァキア人も多い。日本でスロヴァキア語を学べる教育機関はないが、日本スロバキア協会がスロヴァキア語の講座を開設している。スロヴァキアの大学と協定を結ぶ日本の大学も増加しており、それぞれの国から毎年約10人の学生が留学している。最近では、外国の大学の医学部に進学する日本人が増えているが、コメンスキー大学でも、数十人の日本人の学生が正規生として勉強している。

自治体レベルでは、島嶼部を除く日本の市町村で最も人口が少ない奈良県の野迫川村が、タトラ山脈にあるヴィソケー・タトリ市と姉妹都市として交流を続けている。

日本に住むスロヴァキア人の数は312人（2023年6月現在、在留外国人統計）、スロヴァキアに住む日本人の数は336人（2023年10月、在スロバキア日本大使館調べ）となっている。

在スロバキア日本国大使館　駐日スロヴァキア大使館

スロヴェニアじゃないスロヴァキア　混同されやすい国

　2018年3月14日、スロヴァキアの首相が辞意を表明したというニュースが報じられた。それと全く同じ日に、今度はスロヴェニアの首相が辞意を表明したというニュースが出てきた。スロヴァキアのフィツォ Robert Fico 首相は、同年2月に発生した若手ジャーナリストの暗殺事件を契機に、政府の汚職疑惑に対する国民による退陣圧力がピークに達したことにより、辞任に追いこまれた。一方で、スロヴェニアのツェラル Miro Cerar 首相は、自身が進めていた鉄道建設プロジェクトが頓挫したことを機に、辞任を表明した。

　2つのニュースを最初に聞いた時は、単なる誤報かと思った。中東欧の2つの小国の首相が、全く同じ日に辞意表明するのはあまりにも偶然すぎるのに加えて、スロヴァキアとスロヴェニアが混同される事例は枚挙にいとまがないからである。両国は、国名や国旗が似ているだけでなく、地理的にも近いことから、ヨーロッパの中では屈指の紛らわしい国である（世界的に見れば、コンゴ共和国とコンゴ民主共和国や、ドミニカ国とドミニカ共和国も紛らわしいが）。スロヴァキアとスロヴェニアの間では、郵便物の宛先を間違える事例が多発しているという話や、スロヴァキアの芸術作品の展覧会にスロヴェニアの作品が混じっていたという話を聞いたことがある。また、筆者がスロヴァキアに住んでいたことを知人に話した際に、「スロヴァキアはユーゴスラヴィア紛争で大変でしたね」とか、「スロヴァキアはイタリアと隣国で羨ましいですね（スロヴェニアはイタリアの隣国）」と言われることが何度もあった。日本人だけでなく、ヨーロッパに住んでいる人も、スロヴァキアとスロヴェニアを頻繁に間違えている。

　スロヴァキアもスロヴェニアも、国名の語源はスラヴ人に由来する。スラヴ人は、現在のウクライナ西部付近から、5〜6世紀頃に現在のスロヴァキアに、6世紀頃に現在のスロヴェニアに到達したと考えられている。スラヴ人が「スロヴァキア人」や「スロヴェニア人」になったのは、18〜19世紀のナショナリズムの時代のことだ。ハンガリー王国の北部（現在のスロヴァキア）に住んでいたスラヴ人が「スロヴァキア人」という呼称を選び、ハプスブルク帝国の南西端（現在のスロヴェニア）に住んでいたスラヴ人が「スロヴェニア人」という呼称を選択したが、どちらも「スラヴ人」という名称を変形させたものである。

　両国の基本情報は、下記の通りになっており、スロヴァキアの方がスロヴェニアよりも人口も面積も2倍以上大きい。人口あたりのGDPは、スロヴェニアの方がスロヴァキアを上回っている。

	人口（2021年）	面積	首都	一人あたりGDP（2022年）
スロヴァキア	約545万人	約4.9万㎢	ブラチスラヴァ（人口約47.5万人）	2万1263米ドル
スロヴェニア	約211万人	約2.3万㎢	リュブリャナ（人口約28.5万人）	2万8526米ドル

　スロヴェニアは旧ユーゴスラヴィアの構成国であり、1991年に独立した。スロヴァキアは旧チェコスロヴァキアの構成国であり、1993年に独立している。どちらの地形も山地が卓越しているが、スロヴァキアは内陸国であるのに対し、スロヴェニアには海がある。

　スロヴァキアのことをスロヴァキア語で「スロヴェンスコ Slovensko」と言うが、スロヴェニア語では「スロヴァシュカ Slovaška」となる。一方で、スロヴェニアのことをスロヴェニア語で「スロヴェニヤ Slovenija」と言い、スロヴァキア語では「スロヴィンスコ Slovinsko」となる。スロヴァキア語で「スロヴァキア語」のことを「スロヴェンチナ slovenčina」と言うが、スロヴェニア語で「スロヴァキア語」のことは「スロヴァシュチナ slovaščina」と言う。これに対して、

スロヴェニア語で「スロヴェニ
ア語」は「スロヴェンシュチナ
slovenščina」となり、スロヴァ
キア語で「スロヴェニア語」は
「スロヴィンチナ slovinčina」
である。一言で言って非常にや
やこしい。
　また、スロヴァキア語でスロ
ヴァキア人男性のことは「スロ
ヴァーク Slovák」と言い、ス
ロヴェニア語でスロヴェニア人
男性のことは「スロヴェネツ
Slovenec」と言うが、スロヴァ

在スロヴァキア・スロヴェニア大使館

キア語でスロヴァキア人女性のことは「スロヴェンカ Slovenka」、スロヴェニア語でスロヴェニ
ア人女性のことも「スロヴェンカ Slovenka」となり、スロヴァキア語でもスロヴェニア語でも
自国女性のことを指す言葉はどちらも同じである。
　スロヴァキアの公用語は西スラヴ語族のスロヴァキア語であり、スロヴェニアの公用語は南ス
ラヴ語族のスロヴェニア語である。スロヴァキア語とスロヴェニア語の関係は、スロヴァキア語
とチェコ語の関係のように、互いに問題なくコミュニケーションが可能、というわけにはいかな
いが、同じようなフレーズや単語はいくらでもある。例えば、スロヴァキア語で「ビールをくだ
さい」は「Pivo, prosím（ピヴォ、プロシーム）」と言うが、スロヴェニア語で「ビールください」
も「Pivo, prosim（ピヴォ、プロシム）」となり、発音・イントネーション共にほぼ同様である。
一方で、スラヴ言語ではよくあることだが、似ている言語であっても全く違う意味の単語も多く
存在する。例えば、スロヴェニア語で子供のことを otrok と言うが、otrok はスロヴァキア語では「奴
隷」という意味である。昔、スロヴェニアの博物館で入場券を購入しようとした時に、スロヴァ
キア語的には「奴隷料金」という表記が掲載されていて、びっくりした思い出がある。
　ちなみに、アメリカのトランプ元大統領の夫人メラニア Melania Trump はスロヴェニア出身
であるが、トランプ氏の元妻イヴァナ Ivana Trump は、チェコスロヴァキア（現在のチェコ）出
身である。2016 年にトランプ氏が大統領が選出された際、当時チェコの首相であったソボトカ
Bohuslav Sobotka は、「トランプ大統領は、歴代のアメリカ大統領とは異なり、元妻がチェコ人
であることから、少なくともチェコがどこに位置しているかは知っているだろう」と冗談（一般
的なアメリカ人が中東欧の地理に精通していないことに関する皮肉）を言っていたが、スロヴァ
キアとスロヴェニアを巡る誤解や混同は、簡単には無くなることはなさそうだ。

スラヴォニアじゃないスロヴァキア

　スロヴェニア以外にも、スロヴァキアと似ている名前で、スラヴォニアという地名がある。
スラヴォニアは、クロアチア東部の内陸部に位置する地域で、クロアチア語では Slavonija と表
記するが、スロヴァキア語ではスラヴォーンスコ Slavónsko と呼ばれており、スロヴェンスコ
Slovensko（スロヴァキア語でスロヴァキア）と似ていてややこしい。
　スラヴォニアの名前も、地名の語源はスラヴ人に由来する。スラヴォニアは、スロヴァキアと
同様、歴史的にハンガリー王国の一部であったことがある。中心都市はオシィエク（人口約 10
万人、クロアチア第 4 の都市）で、セルビアとの国境の近くに位置するヴコヴァルは、ユーゴ
スラヴィア紛争の激戦地として知られる。

対外関係

実はスロヴァキア系の有名アメリカ人　75万人も

　前述した通り、19世紀後半から20世紀初頭は、多くのスロヴァキア人にとって移民の時代であった。アメリカに住んでいるスロヴァキア系住民の数は75万人に上ると推定されており、我々が知っているアメリカ人の中にも、実はスロヴァキアにルーツを持つ者が少なくない。

アンディ・ウォーホル　Andy Warhol　1928 ～ 1987

ポップアートの旗手として死後もカリスマ的な人気を誇るアンディ・ウォーホルの両親はルシーン系で、1913年に北東スロヴァキアのミコヴァー Miková 村からペンシルヴァニア州ピッツバーグに移民した。ウォーホル自身はアメリカ生まれであるが、英語を覚えるのに苦労した母親と、ルシーン語で会話していたという。両親の故郷に近いメジラボルツェ Medzilaborce には、アンディ・ウォーホル現代美術館がある（ピッツバーグのアンディ・ウォーホル美術館に次いで、コレクションの規模は世界で2番目に多い）。

アンジェリーナ・ジョリー　Angelina Jolie　1975 ～

世界的女優アンジェリーナ・ジョリーの父方の曽祖父にあたるユライ・ヴォイトコ Juraj Vojtko は、コシツェ生まれのスロヴァキア人で、1890年代にアメリカに移民した。ユライの息子エルメルはプロゴルファーで、その息子（つまりアンジェリーナの父親）は、名優ジョン・ヴォイト Jon Voight だ。ジョン・ヴォイトは2001年に、ワルシャワ蜂起を題材にしたテレビ映画『Uprising アップライジング』に出演したが、そのロケ地はブラチスラヴァであった。

ジョン・ボン・ジョヴィ　Jon Bon Jovi　1962 ～

「Livin' on a Prayer」や「It's My Life」など数々のヒット曲で知られる、ロック界のレジェンド、ボン・ジョヴィは、父方の祖母がスロヴァキア系であることを公言している。祖母のエリザベス・ベンコウスカーは、アメリカのペンシルヴァニア州で、スロヴァキア人移民の両親の下に生まれた。エリザベスは、イタリアのシチリア島出身のルイス・ボンジョヴィと結婚し、その孫がジョンというわけだ。ボン・ジョヴィは、ウィーンにはツアーで訪れたことがあるが、スロヴァキアではコンサートを開催したことがないようである。

ポール・ニューマン　Paul Newman　1925 ～ 2008

『ハスラー』『明日に向かって撃て！』などで知られる名優ポール・ニューマンの母親テレージアも、スロヴァキア人であった。東スロヴァキアのフメンネー Humenné 近郊の村で生まれたテレージアは、幼い時に母親が亡くなったため、アメリカで出稼ぎをしていた父親と生活するために、9歳の時にオハイオ州クリーヴランドに送られた。テレージアは、故郷に住む親戚との交通を欠かさず、息子ポールが着用した軍服を送ったこともあったという。

ピーター・ローレ　Peter Lorre　1904 ～ 1964

1940年代のハリウッド映画『カサブランカ』や『マルタの鷹』に名脇役として出演したピーター・ローレは、1904年にスロヴァキア北部ルジョンベロク Ružomberok で生まれた。1920年に移住したベルリンで、『三文オペラ』で有名なドイツの劇作家ブレヒトと知り合い、俳優として頭角を現すと、戦前のドイツ映画の傑作『M』で主演を務めた。ローレはユダヤ人のため、1930年代にイギリスに逃れてヒッチコックの映画に出演し、最終的にアメリカに渡った。

オードリー・ヘプバーン　Audrey Hepburn　1929～1993

『ローマの休日』『ティファニーで朝食を』などで知られる大女優オードリー・ヘプバーンは、ベルギーのブリュッセル出身だが、スロヴァキアにもルーツを持つ。ヘプバーンの父方の祖母に当たるアンナ・ウェルソヴァーは、スロヴァキア西部のコヴァルツェ Kovarce 村で生まれた。アンナの父親アントン・ウェルスは、1864 年に同村で製糖工場を開いた地元の名士であった。オードリーの父親（アンナの息子）はチェコ生まれで、後にオランダに移り住んだ。

スティーヴ・ディッコ　Steve Ditko　1927～2018

世界中でヒットした映画『スパイダーマン』シリーズ。原作となる漫画は、1960 年代にマーベル・コミックス社によって発表された。スパイダーマンの作画を担当したのは、スロヴァキアにルーツ持つアメリカ人のスティーヴ・ディッコである。ペンシルヴァニア州で生まれたスティーブの両親はスロヴァキアからの移民 2 世で、どちらもルシーン系であった。ディッコは、『ドクター・ストレンジ』の原作者でもある他、『アイアンマン』の制作にも携わった。

ジョン・ダニエル・ハーツ　John Daniel Hertz　1879～1961

スロヴァキア中部のスクラビニャ Sklabiňa 村出身のハーツは、3 歳の時に家族と一緒にアメリカに移民し、若い頃はアマチュア・ボクサーとして活躍した。1915 年にシカゴでイエロー・キャブと呼ばれるタクシー会社を設立。タクシーを大衆的な交通機関とすることに成功し、「タクシーと言えば黄色」というイメージを全米に定着させた。1924 年にはレンタカー業に進出し、この会社は「ハーツ Hertz」として現在でもレンタカー会社の世界最大手として君臨している。

ユージン・サーナン　Eugene Cernan　1934～2017

アポロ 17 号の船長ユージン・サーナンは、これまでのところ人類で最後に月面を歩いた人物として知られている。サーナンはシカゴ生まれだが、父方の祖父母はスロヴァキア北部のヴィソカー・ナト・キスツォウ Vysoká nad Kysucou 村出身で、母親はチェコ人であった。サーナンは、月面着陸した 2 年後の 1974 年にスロヴァキアを初めて訪問し、祖父母が生まれた村も訪れている。その後も 2 回スロヴァキアを訪問し、2004 年にはブラチスラヴァで開催された月面探査の展示会に出席した。

ミハエル・ストランク　Michael Strank　1919～1945

東スロヴァキアのヤラビナ Jarabina 村でルシーン人の家庭の下に生まれたストランクは、子供の時に家族と一緒にペンシルヴァニア州へ移民した。高校を卒業したストランクは、1939 年にアメリカ海兵隊に入隊する。1945 年、ストランクは激戦地の硫黄島に派兵され、仲間とともに摺鉢山に星条旗を掲げた。ストランクは最終的に硫黄島の戦いで戦死するが、その名声は後世にも語り継がれることとなった。2006 年に公開された映画『父親たちの星条旗』では、カナダ人俳優バリー・ペッパーがストランクの役を演じた。

グスターウ・ポポヴィチ　Gustáv Popovič　1880～1945

ニューヨークのエンパイア・ステート・ビル建設現場を撮影した有名な写真「摩天楼の頂上でのランチ」は、10 人の作業員が命綱無しで高所の鉄筋に座って昼食を食べている様子を撮影したものだが、一番右の人物は、スロヴァキア人のポポヴィチである。東スロヴァキアのヴィシニー・スラウコウ Vyšný Slavkov 出身のポポヴィチは、アメリカとカナダに複数回出稼ぎに行き、故郷で家を建てて、畑と林を購入したという。この写真をよく見ると、ポポヴィチは昼ご飯を食べておらず、酒のようなものを飲んでいる。

対外関係

第 6 章　食文化と酒文化

グルメ情報　レストランの定番メニューなど

　　スロヴァキアは、様々な食文化の影響を受けており、その料理の種類は極めて多種多様である。スロヴァキアに行くと、「ハンガリー料理屋」「チェコ料理屋」あるいは「オーストリア料理屋」という周辺諸国の名前の看板を掲げたレストランに遭遇しないことに気づくであろう。これは、周辺諸国の料理が、スロヴァキア料理にすっかり溶け込んで融合していることを意味しているのかもしれない。

スープ

　　お昼時にスロヴァキアのレストランや居酒屋に行くと、多くの店では日替わりの定食メニューが提供されている。定食メニューでは、ほぼ例外なくスープが出されて、その後に主菜（メイン料理と付け合わせ）が提供される。スープ（スロヴァキア語でポリエウカ polievka）は、スロヴァキアの食生活を語る上で欠かせない存在であり、バラエティーは非常に豊富である。下記に紹介

カプストニツァ
kapustnica

酢キャベツ（ザワークラウト）とソーセージなどの加工肉を具材にしたもので、パプリカで煮込んでいるため赤い色をしている。スロヴァキアを代表するスープ。

スレパチー・ヴィーヴァル
slepačí vývar

チキンコンソメスープ。サッパリした味わいであり、日本人の口にも合いやすい。野菜だけでなくパスタも入っており、ボリューム満点。

ツェスナコヴァー・ポリエウカ
cesnaková polievka

ニンニク（cesnak）がしっかり効いた白色のスープに、溶けたチーズとクルトンが入っている。パンを切り抜いて作られた器に入って提供されることもある。

するスープ以外にも牛のコンソメスープ hovädzí vývar、野菜スープ zeleninová polievka、トマトスープ paradajková polievka、ジャガイモスープ zemiaková polievka、レンズ豆スープ šošovicová polievka、ボルシチ boršč も、スロヴァキアでよく見るスープである。なお、日本の松原食品が、「おうちで旅する世界の絶品グルメ」のシリーズの中で、チェコの「チェスネチュカ Česnečka」のレトルト食品を販売しているが、チェスネチュカは、下記のツェスナコヴァー・ポリエウカ（ニンニクスープ）と同じスープである。

ドルシコヴァー・ポリエウカ
držková polievka
牛のトライプ（胃）を煮込んだピリ辛スープ。少しエキゾチックな味わいだが、モツ好きにはたまらないだろう。

ファズリョヴァー・ポリエウカ
fazuľová polievka
インゲン豆、燻製肉、野菜をパプリカで煮込んだスープ。ハンガリー人の詩人のヨーカイ Jókai Mór が好んでいたことから、ヨーカイ・スープと呼ばれることがある。

ハラースレー
halászlé
川魚をパプリカで煮込んだピリ辛スープ。ハンガリーが本場。チェコのゼマン元大統領の大好物で、スロヴァキアやハンガリーを訪問する度に食していたという。

チーズを使ったメイン料理が出てくるのが、スロヴァキア料理の特徴。豚肉をよく食べるチェコに対して、スロヴァキアは鶏肉を食べることが多いと言われていたが、最近ではあまり差が見られなくなった。牛肉は、伝統的にはスロヴァキアであまり食べられてこなかったが、今では、ほとんどの店で提供されている。内陸国スロヴァキアでは、魚料理は淡水魚が主流。肉料理や魚料理の付け合わせには、茹でたジャガイモ、炒めたジャガイモ、フライドポテト、ライスの中から選ぶことができる。

ストラパチキ
strapačky

ハルシュキに酢漬けキャベツ（ザワークラウト）を和えたもの。カプストヴェー・ハルシュキ kapustové halušky とも呼ばれる。

ブリンゾヴェー・ハルシュキ
bryndzové halušky

すりおろしたジャガイモと茹でた小麦粉のダンプリング（ハルシュキ）に、羊乳のチーズ（ブリンザ）とカリカリに揚げたベーコンをまぶして作られる。スロヴァキアの代表料理。

グラーシュ
guláš

ハンガリー起源のビーフシチュー。キャンプで作られることもあり、スロヴァキアにおけるカレーライス的な位置づけであろうか。スープのような形状で食べることもある。

ブリンゾヴェー・ピロヒ
bryndzové pirohy

餃子のようなダンプリングに、羊乳のチーズ（ブリンザ）を詰めたもの。ポーランドのピエロギに似た食べ物（ポーランドでは肉やキノコも詰める）

ヴィプラージャニー・スィル
vyprážaný syr

揚げたチーズにフライドポテトを添えて、タルタルソースにつけて食べるジャンキーな料理。大学の学食の定番メニュー。

スヴィエチコヴァー ・ナ・スモタニェ
sviečková na smotane
牛ヒレ肉のクリームソース添えで、チェコの定番料理である。クネドリェ（knedľe、チェコ語ではクネドリーキ）という茹でパンを付け合わせて食べる。

レゼニュ
rezeň
シュニッツェル（カツレツ）のこと。本場ウィーンのシュニッツェルは仔牛が使われるが、スロヴァキアでは豚肉か鶏肉が使われることが多い。

プストルフ・ナ・マスレ
pstruh na masle
マスにニンニクやハーブをまぶしてバター焼きにしたもの。マスは鯉と並び、スロヴァキアで最もよく食べられている川魚。フライにして食べることもある。

ペチェナー・フス
pečená hus
ローストしたガチョウ。紫キャベツとロクシェ lokše というジャガイモのクレープを添えて食べる。スロヴェンスキー・グロプ Slovenský Grob 村に名店が集う。

ペチェナー・カチカ
pečená kačka
ロースト・ダックのこと。紫キャベツとクネドリェを添えて食べる。これもチェコの定番料理で、秋の味覚。ビールとの組み合わせが抜群に良い。

食文化と酒文化

チーズ

　チェコ南東部の古都オロモウツは、プラハの次に国内で最も多くの文化財を保有する美しい都市であるが、トヴァルーシュキ tvarůžky というチーズでも有名である。オロモウツの周辺地域で生産されるトヴァルーシュキは、強烈な臭みがあり、一度食べるとその味を忘れることはないだろう。
　スロヴァキアにも独特なチーズがあり、その代表格はブリンザ bryndza だ。ブリンザは羊乳から作られたチーズで、独特の味わいがある。ブリンザは、メイン料理で紹介した「ブリンゾヴェー・ハルシュキ」や、ブリンザのスープ「デミカート demikát」の材料として利用される。その他、バターや粉パプリカと混ぜてペースト状にした「ブリンゾヴァー・ポマザーンカ bryndzová pomazánka」というものがあり、パンに塗って食べられている。
　ブリンザはスロヴァキアを代表するチーズであるが、その起源はルーマニアにあるとされ、カルパチア山脈の羊飼いによってもたらされたと言われている。実際、ブリンザはルーマニア語由来の言葉であり、ルーマニアでもブリンザが作られている。
　ブリンザ以外にもスロヴァキアには様々なチーズがあるが、ここではスナック感覚で食べことができるチーズ製品を紹介しよう。なお、スロヴァキアには、飲料の自動販売機は無いが、チーズの自動販売機が設置されており、以下のチーズは自動販売機でも購入可能。

オシュチエポク
oštiepok

羊乳から作られる燻製チーズ。木製の容器入れてプレスされるため、チーズに模様がついている。グリルして食べたり、ジャムをつけて食べることもある。

korbáčik

牛乳から作られる鞭という意味のチーズで、3つ編みのような形をしている。3つ編みにしていないひも状のチーズもあり、これはニチェ nite（糸という意味）と呼ばれる。

パレニツァ
parenica

かたつむりの渦巻きのような形をした羊乳から作られるチーズ。コルバーチクとパレニツァは、燻製したものと、燻製していないものがある。

居酒屋のつまみ

スロヴァキア人はお酒を飲む時に、おつまみを食べることはほとんどない。大抵のスロヴァキア人は、仕事が終わり家で夕飯を食べてから飲みに出かける。それでも、居酒屋やレストランでは、軽く食べたい人向けの料理がある程度用意されている。

ナクラダニー・スィル
nakladaný syr

酢漬けのカマンベール・チーズ。ピクルスやパンを添えて食べる。ウトペニェツと同様、瓶に入って提供されることがある。

ウトペニェツ
utopenec

酢漬けのソーセージ。ウトペニェツとは「溺れている人」という意味。瓶に入って提供されることがあり、ソーセージが瓶の中で溺れているように見えるからこの名がついた。

トラチェンカ
tlačenka

豚肉の煮こごり。酢をつけて食べる。農村で秋に行われるザビーヤチカ zabíjačka という豚の解体イベントの際に作られることが多い。

ウージェニー・ホヴェジー・ヤジク
údený hovädzí jazyk

スロヴァキアでは、スモークした牛タンを食べることもある。ホースラディッシュ（西洋わさび）を添えて食べる。オーストリアから伝わったと言われる料理。

ヤチェルニツァ
jaternica

豚の血や米を混ぜて作るソーセージ。グロテスクな見た目だが、味はおいしい。ザビーヤチカの際に作られることが多い。

タルタルステーキ
tatársky biftek

生の牛肉をミンチにしたもの。玉ねぎやスパイスをまぶし、ニンニクを塗ったトーストにペーストして食べる。タタール人によって伝えられたとする伝承がある。

食文化と酒文化

トルジェルニーク　スロヴァキア発祥のチムニーパン

トルジェルニーク

　一般的にチェコ名物として知られるトルジェルニーク trdelník は、実はスロヴァキア北西部のスカリツァ Skalica が本場である。トルジェルニークは、トルドロ trdlo と呼ばれる木製の回転棒に生地を巻き付けて焼き上げ、クルミや砂糖などをまぶして提供される焼き菓子だ。元々、トランシルヴァニア（現ルーマニア）のハンガリー貴族ヨージェフ・グヴァダーニ József Gvadányi が 18 世紀末にスカリツァ（当時はハンガリー王国）で暮らしていた時に、専属料理人に作らせたものだという。なお、ハンガリー系住民が多く住むトランシルヴァニア地方でも、キュルテーシュカラーチ kürtőskalács という、トルジェルニークとほぼ同様の焼き菓子が知られており、そのためトランシルヴァニアがトルジェルニークの発祥地と紹介されることもある。

　現在、トルジェルニークは、中欧諸国を代表する焼き菓子となっており、チョコレート味やシナモン味など、多種多様なフレーバーも出てきている。一方で、スカリツァのトルジェルニークは、19 世紀初頭から現在に至るまで、全く同じ製法で作られ続けており、それゆえ、スカリツァはトルジェルニークの元祖とされている。2007 年、スカリツァのトルジェルニークは、EU の地理的表示保護（PGI）に登録され、特産品として制度的に保護されるようになった。

　ちなみに、韓国では、2015 年頃からトルジェルニークが「チムニーパン（煙突パン）」という名前で流行し始めており、その流れを受けてか、2023 年に東京のコリアンタウン新大久保で、「トルドロ Trdlo」というトルジェルニーク専門店がオープンした。

　表参道にある「バラトンカフェ」と、札幌と鎌倉にある「クルトシュビー」という店も、ハンガリー風のトルジェルニーク（キュルテーシュカラーチ／クルトシュカラーチ）を販売している。

スイーツ、菓子パン

ウィーンやブダペシュトに近いスロヴァキアでも、カフェ文化は根付いている。どこの町でもカフェ kaviareň やケーキ屋 cukráreň があり、コーヒーやスイーツを楽しむことができる。パン屋 pekáreň では、オープンサンドのような食事用のパンの他、菓子パンも豊富に揃っている。

パラチンキ
palacinky

中欧風のクレープで、ハンガリー語ではパラチンタ palacsinta と言う。中身は果物のコンポートやジャムが入ることが多いが、チーズや野菜を入れたスナック風のパラチンキもある。ブラチスラヴァには、パラチンキ専門店がいくつかある。

ブフタ
buchta

菓子パンの一種で、中には果物のジャムやカッテージ・チーズが入っている。パレナー・ブフタ parená buchta という巨大な茹でたブフタもあり、これは夕食として提供されることもある（スロヴァキアではデザートのような甘い料理が夕食に出てくることがある）。

シュトルードリャ
štrúdľa

オーストリア風のアップルパイ。ドイツ語ではシュトゥルーデル strudel と言う。スロヴァキアでも一般的なデザートで、レストランのデザートとしても定番メニューである。

ブラチスラウスキー・ロジョク
bratislavský rožok

三日月状の菓子パンで、中にはクルミやケシの実が入っている。ブラチスラヴァ名物として古くから知られており、ウィーンのハプスブルク王室に献上されたこともあったという。2012年、ブラチスラヴァの伝統特産品としてEUの認証を受けた。

食文化と酒文化

地名という名のスパイス　異国情緒と食欲を掻き立てる

料理の名前には、国や地域の地名が付けられているものがある。その中には、ナポリタンのように料理名と地名の関係が全くないものもあるが、地名は異国情緒と食欲を掻き立てるスパイスのような効能があるかもしれない。スロヴァキアにも、地名が付いた料理が多数存在する。

フランツースケ・ゼミアキ
Francúzske zemiaky

ジャガイモ、チーズ、卵、サラミなどを使ったスロヴァキア風のグラタン。直訳するとフレンチ・ポテトという意味。グラタンはフランスが発祥とされる。

モラウスキー・ヴラベツ
Moravský vrabec

モラヴィアのスズメという意味だが、スズメを調理するわけではなく、豚肉を煮込んだ後に香辛料をつけて焼いた料理。チェコのモラヴィア地方が発祥と言われる。

セゲディーンスキ・グラーシュ
Segedínsky guláš

豚肉と酢漬けキャベツをパプリカで煮込んだグラーシュの一種。ハンガリー南部の都市セゲドに由来するという説がある。セゲドは良質なパプリカの生産地。

チェルノホルスキー・レゼニュ
Černohorský rezeň

チーズやハムが入ったシュニッツェル。モンテネグロ風カツレツという意味だが、スロヴァキアの著名料理人アントウスキー氏によって考案された。

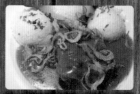

シュパニエルスキ・フターチク
Španielsky vtáčik

スペインの小鳥という意味だが、ベーコンや卵を牛肉で巻いて煮込んだ料理。スペインのハプスブルク家が中欧に持ち込んだ料理とも言われる。

ルスカー・ズムルズリナ
Ruská zmrzlina

ウエハースに挟まれたアイスクリームで、ソ連からチェコスロヴァキアに製法が伝わったとされる。ロシアのウクライナ侵攻後は、ウクライナ・アイスなどの名称に改名された。

トゥレツカー・カーヴァ
Turecká káva

社会主義時代から飲まれてきた庶民のコーヒー。トルコ・コーヒーという意味だがトルコとは無関係。コーヒー粉をお湯に溶かし、グラスに入れて提供される。

アルジールスカ・カーヴァ
Alžírska káva

コーヒーに生クリームと卵酒を入れたアルコール飲料。エッグノッグのように冬に飲まれる。アルジェリア・コーヒーという意味だが同国とは関係ない。

スロヴァーク・パブ　Slovak Pub

Obchodná 62, Bratislava　ブラチスラヴァ中心街に所在

ブラチスラヴァの繁華街オプホドナー通りにある。基本的なスロヴァキアの伝統料理は何でも揃っている。近郊の町ストゥパヴァ Stupava に自社農場を有しており、新鮮な乳製品を利用した料理に定評がある。クラーシュトルニー・ピヴォヴァル（修道院のビール醸造所という意味）の地ビールを提供している。

メアント　Meanto

Biela 4, Bratislava　ブラチスラヴァ中心街に所在

ブラチスラヴァ旧市街にある。ブリンゾヴェー・ハルシュキ、ブリンゾヴェー・ピロヒ、ストラパチキの3点盛セット、パンの器に入って提供されるツェスナコヴァー・ポリエウカ（にんにくスープ）などのスロヴァキアの伝統料理が揃っている。地下はバーになっており、深夜まで営業している。コメンスキー大学日本学科の飲み会で利用されることも。

サラシュ・ズボイスカー　Salaš Zbojská

Zbojská 1580/4, Tisovec ズボイスカー Zbojská 駅から徒歩15分

スロヴァキア中部の中心都市バンスカー・ビストリツァから東に60km離れた高原に位置している。ブリンゾヴェー・ハルシュキの料理の実演や、ロマ楽団のライブ演奏が行われることも。レストランの近くにあるパン屋では、スロヴァキアで最もおいしいブフタ（中にジャムが入ったドーナッツ）が販売されていることで有名。

ズラター・プトニャ　Zlatá Putňa

Hlavná 414, 076 31 Viničky　ボルシャ Borša 駅から徒歩25分

東スロヴァキアのトカイ地方にあるペンション兼レストラン。スロヴァキアのトカイ地方には、コシツェからウクライナ国境に向かう列車に乗り、1時間ほどでアクセスできる。トカイワインの種類が豊富で、破格の安さでグラスワインを味わうことができる。ハラースレー（川魚とパプリカのスープ）などのハンガリー料理や、ワインによく合う肉料理が揃っている。

ビール　世界で２番目にビールが旨い国？

　現在世界中で飲まれている黄金色のビールが初めて誕生したのは、チェコのプルゼニュであり、チェコはビールの本場である。プルゼニュで生まれたピルスナー・ウルケル Pilsner Urquell（チェコ語ではプルゼニュスキー・プラズドロイ Plzeňský Prazdroj）は、世界で最も有名なビールの１つであろう。チェコはビールの本場であり、その品質や種類は世界トップクラスであり、ビールを飲むためだけにチェコを旅行する人もいるぐらいである。

　一方のスロヴァキア・ビールは、残念ながら日本では現時点で販売されておらず、未知の存在である。しかし、世界的に見れば、スロヴァキアはビール先進国であり、老若男女問わずビール人気は非常に高い。隣国チェコの影響を受けていることもあり、スロヴァキアのビールも世界トップクラスに旨く、種類も豊富だ。

スロヴァキアのビール小史

　スロヴァキアでは既に中世初期からスラヴ人によるビール造りが行われていたとされるが、ドイツ人の東方植民に伴いビール醸造技術が発展していった。1473 年には、現存するスロヴァキア最古のビール・メーカー「シュタイゲル Steiger」がスロヴァキア中部のヴィフニェ Vyhne に設立された。15 ～ 17 世紀になるとビール醸造はスロヴァキアの各主要都市で行われるようになり、19 世紀末の工業化を経てビール生産は拡大した。

　社会主義時代には既存のビール会社は国有化され、計画経済に基づく大規模なビール工場が新設された。生産量は飛躍的に向上し、スロヴァキア産ビールはヨーロッパのみならず、南米やアフリカにも輸出された。また、スロヴァキアは、ビールの風味付けに欠かせないホップの生産地でもあり、社会主義時代にスロヴァキア産ホップが日本にも輸出されていたという。

　1989 年のビロード革命後はビール工場の統廃合が進み、外資系企業の進出も相次いだ。その一方で、クラフト・ビールを作る小規模な醸造所が各地に設立されており、スロヴァキア・ビールの多様化が進んでいる。

スロヴァキアにおけるチェコ・ビール

　スロヴァキアはチェコと同じ国であったこともあり、チェコ・ビールの人気は極めて高い。スロヴァキアは、チェコ本国以外で最も多くのチェコ・ビールが飲まれている国である。2014 年の統計によれば、スロヴァキアは約 85 万ヘクトリットルのチェコ・ビールをチェコから輸入しており、これはスロヴァキアのビール年間消費量の 4 分の 1 に相当したという。それに加え、チェコの主要ビール（ピルスナー・ウルケル、コゼル、ガンブリヌス）は、スロヴァキア国内のビール工場でもライセンス生産されている。

　飲食店に行くとチェコ・ビールしか置いていないことは稀ではなく、スーパーマーケットの陳列棚ではチェコ・ビールが多くのスペースを占めている。ポジティブに捉えれば、スロヴァキアは多種多様なチェコ・ビールも味わえるお得な国であり、チェコが世界で 1 番ビールが旨い国であるならば、世界で 2 番目にビールが旨い国は（チェコ・ビールが豊富な）スロヴァキアであると言えるかもしれない。とはいえ、せっかくスロヴァキアに行くのであれば、スロヴァキアのビールも試してみたいものである。次ページ以降で、代表的なスロヴァキア・ビールを紹介していこう。

スロヴァキアのビール・ブランド

　スロヴァキア・ビールの生産者は、「世界最大手メーカー2社」「スロヴァキア資本の中堅メーカー」「クラフト・ビール・メーカー」の3種類に大別できる。大手2社でスロヴァキア・ビールの80%を生産している。

多国籍企業傘下の大手2社

ズラティー・バジャント
Zlatý Bažant

　金の雉という意味のスロヴァキアを代表するビール。ハンガリーやベラルーシでもライセンス生産されている。近年、1973年のレシピを参考に造られた復刻版も発売。

ハイネケン・スロヴェンスコ
Heineken Slovensko

　スロヴァキア南西部フルバノヴォにビール工場がある。主力商品の「ズラティー・バジャント」は、1970年代には、アメリカを含む世界12か国に輸出されていた。旧共産圏で最初に缶ビールの製造を始めた醸造所。1995年にハイネケン傘下に。

ツォルゴニュ
Corgoň

　元々は1896年にニトラ（スロヴァキア西部）で生産開始。ツォルゴニュは、ニトラの伝説で登場する怪力の持ち主で、その彫像は町のシンボルになっている。

プルゼニュスキー・プラズドロイ・スロヴェンスコ
Plzeňský Prazdroj Slovensko

　スロヴァキア北東部ヴェリュキー・シャリシュが本拠地。社会主義時代は、生産されたビールの50%がソ連などの外国に輸出されていた。2017年に日本のアサヒ・グループの傘下に入る。チェコのピルスナー・ウルケルの生産ラインもある。

シャリシュ
Šariš

　東スロヴァキアでは圧倒的な人気を誇るビール。シャリシュは北東スロヴァキアの旧地域名。黒ビールやエール・ビールも販売している。

スメドニー・ムニーフ
Smädný Mních

　スメドニー・ムニーフは「のどが渇いた修道士」という意味で、シャリシュ城で修道士がビール作りを行っていたことに由来する。

スロヴァキア資本の中堅ビール・メーカー

シュタイゲル　Steiger

1473 年創業。現存するスロヴァキア最古のビール醸造所。同国中部ヴィフニェに工場がある。修道士によって醸造所が開かれ、バンスカー・シュチアヴニツァ市（ヴィフニェ近隣の鉱山都市）や貴族によって経営されていた時代もあった。

シュタイゲル
Steiger

1473 年から生産されているスロヴァキア最古のビール。550 年以上にわたり作り続けられているビールは、ヨーロッパでも珍しい。

シュタイン
Stein

元々は 1873 年にブラチスラヴァで生産開始。スロヴァキアのみならず国外でも高い評価を受け、19 世紀後半にウィーンとパリの品評会で金メダルを受賞した。

バンスカー・ビストリツァ・ピヴォヴァル
Banskobystrický pivovar

1501 年にバンスカー・ビストリツァ市がビール醸造の特権を申請したことに端を発する歴史ある醸造所。社会主義時代の 1971 年に、近代的なビール工場が完成し、以降は一貫して「ウルピネル」を生産。

ウルピネル
Urpiner

1971 年に生産開始。スロヴァキア中部最大の都市バンスカー・ビストリツァを代表するビール。スロヴァキア農業省が定める「高品質食品」に認定されている。

クラフトビール

ストゥパヴァル
Stupavar

2013 年生産開始。インディアン・ペール・エール（IPA）を中心に 10 種類以上のビールを醸造。ブラチスラヴァから北に 17km 離れた町ストゥパヴァ Stupava に醸造所を有する。ストゥパヴァは、毎年秋に行われるキャベツの収穫祭で有名。

カルテネッカー
Kaltenecker

1997 年生産開始。東スロヴァキアのロジュニャヴァ Rožňava で醸造。日本のクラフト・ビール・メーカー「横浜ベイブルーイング」とコラボしたインディアン・ペール・エール「SUZUKI IPL 16°」を販売したことがある。

ワイン　日本でも飲めるようになったリーズナブルで高品質な逸品

ブラチスラヴァの隣町スヴェティー・ユルのブドウ畑

チェコとスロヴァキアの違いに関して、「チェコ人はビールを飲み、スロヴァキア人はワインを飲む」とよく言われる。チェコでも、南東部のモラヴィア地方を中心に良質なワインを生産しているが、スロヴァキアではワインが生活の一部として昔から根付いてきた。1908年の統計によれば、一人あたりのワイン年間消費量はチェコでは約3リットルであったのに対し、スロヴァキアでは2倍に当たる約6リットルであったという。日本では考えられないかもしれないが、スロヴァキアでは首都のブラチスラヴァ近郊にもブドウ畑が一面に広がっている。首都で本格的にワイン作りが行われているのは、世界の中でもウィーンとブラチスラヴァだけであろう。

スロヴァキアにおけるワイン作りの歴史は古い。1世紀頃に、古代ローマ人によってブラチスラヴァ近郊でワイン生産が始まったとされるが、紀元前7～6世紀にケルト人によって既にワイン生産が行われていたという説もある（ケルト人が利用したとされるブドウ収穫用の道具とワイン貯蔵用の土器が発掘されている）。

スロヴァキアでは、33種類の白ワイン用ブドウと17種類の赤ワイン用ブドウが登録されている。スロヴァキアの気候条件は特に白ワイン用のブドウの生育に適しており、生産されるワインの約8割が白ワインである。一方で、ロゼワインも国際的に高い評価を受けているほか、赤ワインも固有種のブドウから作られた希少性の高いものがある。

以前、日本ではスロヴァキアワインはほとんど見かけることがなかったが、最近状況が変わりつつある。スロヴァキアワインの輸入を取り扱う事業者が増えて、オンラインやデパートの催事で気軽に購入できるようになった。また2018年には、大阪に日本初のスロヴァキアワイン専門店「デュファム」がオープンした。

食文化と酒文化

スロヴァキアワインにまつわる７のトピック

トカイワイン

①ワインの王、トカイワイン

　トカイワインは、フランスのソーテルヌ、ドイツのトロッケン・ベーレン・アウスレーゼと並び、世界三大貴腐ワインに数えられている。「高貴に腐敗したワイン」という意味がある貴腐ワインは、ボトリティス・シネレア菌による作用で、水分が蒸発して糖度が凝縮されたブドウを原料とする。菌がブドウに付着した状態で、水分が十分に蒸発するために、1か月以上晴天で乾燥した日が続くなど

特別な条件が必要で、毎年生産できる保障はない。そのため、甘口ワインの中でも特に高級なワインとして知られている。

　中でも、トカイワインは貴腐ワインの代表格である。フランスのルイ14世は「王のワイン、ワインの王 Vinum regum, rex vinorum」と称賛し、ロシアのピョートル大帝は「私は一度も敗北したことがないが、トカイワインには敗北した」と語り、マリア・テレジアは黄金色のトカイワインに金が含ま

スロヴァキア側のトカイ地方

トカイワインの貯蔵庫

第 6 章　　　　　　176

れていると思い、ウィーン大学でワインの成分を分析させたという。

生産地のトカイ地方は、ハンガリー北東部とスロヴァキア南東部にまたがっている。ただし、トカイ地方のブドウ栽培面積のうち約5000〜6000ヘクタールがハンガリー領であるのに対し、スロヴァキア側の栽培面積は約900ヘクタールに過ぎず、市場に流通するトカイワインの多くがハンガリー産である。また、2002年にトカイ地方のワイン産地が世界遺産に登録されたが、対象地域はハンガリー領内のみとなっており、「トカイワインはハンガリーだけのもの」という誤解が広まる原因の1つになっている。ハンガリーとスロヴァキアは、トカイワインの原産地呼称を巡る問題で一時期揉めていたが、現在では一定の条件を満たせばスロヴァキア産もハンガリー産も「トカイワイン」と名乗ることができる。

伝説によれば、17世紀前半にトカイ地方がオスマン帝国の侵略を受けた際に、ブドウの収穫が通常よりも遅くなってしまい、仕方なく腐敗したブドウでワインを作ったところ、黄金色の甘口ワインが完成したという。実際のところ、トカイ地方の貴腐ワインはそれ以前から作られていたようだが、トカイワインの熟成のために保管される凝灰石のワインセラーは、オスマン帝国軍による略奪からワインを守るために丘を削って建造された。

②タイタニック号にも積まれたワイン

スロヴァキアワインは豪華絢爛な社交の場に登場している。1912年4月10日にイギリスのサウサンプトン港を出港した当時世界最大の豪華客船にも、ブラチスラヴァのワインが積み込まれていた。

19世紀、ブラチスラヴァのパルジャイ家Palugyayは、当時最新の技術を用いて瓶詰ワインの販売を始め、産業化に伴う交通の発達と相まりスロヴァキア最大のワイン・メーカーに成長した。中でも、パルジャイのスパークリングワインは好評を博し、その評判はオーストリア・ハンガリー帝国内に留まら

パルジャイ宮殿

ず、ベルギー、スペイン、ルーマニア、日本、ブラジル、メキシコ、アメリカなどの世界各国に輸出され、ついにはタイタニック号の乗客にも提供された。大西洋の海溝には、豪華客船の残骸とともにスロヴァキアワインも眠っているのである。

パルジャイ家は第一次世界大戦中、オーストリア・ハンガリー帝国に多額の戦費を貸し付けていたため経営が傾き、スロヴァキア最大のワイン販売者の地位を失った。現在、パルジャイ家のワインは、ブラチスラヴァのヴィラ・ヴィノ・ラチャ Villa Vino Rača 社から販売されている。ワインボトルに描かれているパルジャイ宮殿は、ブラチスラヴァ中央駅の近くに現存し、現在はスロヴァキア外務・欧州問題省の迎賓館として利用されている。

③世界で2番目に古い発泡性ワイン

スロヴァキアはフランスに次いで、世界で2番目にスパークリングワインが作られた場所である。ナポレオン戦争に従軍したシャンパーニュ地方出身の兵士が、スロヴァキアに製造方法を持ち込んだという伝説が残るが、実際には、ブラチスラヴァのドイツ系ワイン業者が1825年にスパークリングワインを作り始めたらしい。その後、フベルト Hubertというスパークリングワイン・メーカーが設立され、オーストリア・ハンガリー帝国内で人気を博す。皇帝フランツ・ヨーゼフ1世は、1896年にブダペシュトで行われたハンガリー建国千年祭博覧会を視察した際に、出展されていたフベルトのワインを飲んで「こ

食文化と酒文化

のシャンパンは素晴らしい」と絶賛したという。フベルトのワインはイギリス、イタリア、ロシアといったヨーロッパ諸国だけでなく、アメリカ、インド、オーストラリアにも輸出された。フベルト社は、社会主義時代に国営化され、2000年以降はドイツ企業の傘下に入ったが、現在でもスロヴァキア最大のスパークリングワイン・メーカーとして君臨している。

④ブドウ交配の魔術師

スロヴァキアには、ジェヴィーン Devín という城の名前が付いた白ワイン用ブドウや、ドゥナイ Dunaj（ドナウ）、フロン Hron、ヴァーフ Váh という川の名前が付いた赤ワイン用ブドウがある。これらは、スロヴァキアの気候や土壌に合わせて交配された固有品種であるが、いずれも一人の女性の手によって生み出された。ブラチスラヴァで生まれたポスピーシロヴァー Dorota Pospíšilová（1930～）は、コシツェ農業大学でワイン学を学んだ後、60年以上ブドウ交配に人生を捧げてきた。交配したブドウは24種類にも上り、1998年にワイン関係者としては異例となる国家勲章を授与された。「スロヴァキア・ブドウの

ファースト・レディー」と呼ばれているポスピーシロヴァーは、近年は第一線を退いたものの、90歳を過ぎても旺盛に著作活動を続けている。

ドロタ・ポスピーシロヴァー

⑤高校生がワインの勉強？

ヨーロッパでは日本と比べるとワインが遥かに身近な存在である。それでも、ワイン醸造について学べる高校がスロヴァキアにあると聞いたら、度肝を抜かれるかもしれない。

ブラチスラヴァ近郊の小カルパチア山脈南麓は、スロヴァキア屈指のワイン生産地域である。その中心都市モドラ Modra にあるワイン生産・果物栽培専門高校 Stredná odborná škola vinársko-ovocinárska では、高校生がワイン醸造について専門的に勉強することができる。学校の歴史は古く、1884年にブラチスラヴァで設立され、1922年にモドラに移転された。

ワイン専門高校と言っても、学生はワインの飲み方を学ぶわけではなく、ワイン作りに必要な化学の知識などを習得する。スロヴァキアでは、18歳未満の飲酒は法律で禁止されており、もちろんその法律はワイン高校でも適用される。ただし、学生は、カリキュラムの一環として実際にワインを作っており、一般向けに販売している。

スロヴァキアには「ワイン専門高校」はあるが、「ワイン専門大学」は無い。卒業生の多くは、チェコ南東部にあるメンデル大学（遺伝の法則で有名なメンデルの名前を冠している）の園芸学部ワイン製造・ブドウ栽培学科や、スロヴァキア西部にあるニトラ農業大学の園芸・景観工学部果物栽培・ワイン製造・ブドウ栽培学科に進学することになる。そして大学卒業後に、ようやく本格的なワイン職人としての道を歩み始めるのである。

⑥ブドウ以外から作られるワイン

ブラチスラヴァ郊外のジェヴィーン城は、ドナウ川とモラヴァ川が交差する地点を見下ろす丘の上にある。川の向こう側はオーストリアで、美しい眺望で知られている。このジェヴィーン城を秋に訪れると、露店で甘酸っぱい味のするワインの試飲を勧められるかもしれない。このワインは、リーベズリョヴェー・ヴィーノ Ríbezľové víno というもので、日本語ではスグリワインと訳される。スグリはベリー系の果物で、黒いスグリはカシスとも呼ばれる。

スグリワインは不幸の連続によって生み出された。19世紀末にヨーロッパで猛威を振るった害虫フィロキセラにより、ジェヴィーン城周辺のブドウ畑は全滅してしまう。その

スグリワイン

ブドウ収穫祭で提供されるワイン

後、ブドウの代わりにスグリが栽培されるようになり、大都市ウィーンに出荷された。ところが、1918 年にチェコスロヴァキアが建国され、オーストリアとの間で国境が引かれると、気軽にウィーンに出荷できなくなってしまった。そこで、余剰のスグリを用いてワインが作られるようになったのである。伝統的なスグリワインは、黒スグリから作られるが、赤スグリや白スグリが用いられることもある。近年では、ビタミン豊富なワインとして健康面からも注目されている。

⑦ワインの歳時記

　ブドウ収穫祭「ヴィノブラニエ Vinobranie」は、スロヴァキアの秋の風物詩である。毎年 9 月になると、ブラチスラヴァ郊外のラチャ Rača 地区、ペジノク Pezinok、モドラ Modra を始めとするスロヴァキア各地のワイン生産地に露店が立ち並び、新酒が振る舞われる。この時期に是非試して頂きたいのが、発酵途中のワインであるブルチアク Burčiak だ。ブルチアクは、日本酒で言えばどぶろくのようなもので、濁っておりアルコール度数 5% 前後と低い。甘くてジュースのように飲みやすいが、発酵途中のお酒であるため調子に乗って飲みすぎるとお腹を壊すことがあるそうだ。ブルチアクは、ドイツ語圏ではフェーダーヴァイサー Federweißer と呼ばれている。常に発酵を続けているため、瓶に入れると割れてしまうことから、ペットボトルに詰めて販売される。ペットボトルで持ち運ぶ際も、少し時間が経つと容器が膨らみすぎて破裂の恐れがあるた

め、定期的にふたを開けて空気を抜く必要がある。そのため、ブルチアクは国外に持ち出すことは難しく、また期間限定でしか飲むことができないため、ある意味でワイン以上に貴重なお酒と言えるかもしれない。

　秋が深まり冬が近づくと、クリスマス・マーケットが各地で開かれ、寒空の下でホットワイン（ワインにシナモン等のスパイスを加えて温めたもの）やクリスマス・プンチ（ホットワインに果物を煮込んだ飲料）が販売される。

　春になると、聖ウルバンの記念日とされる 5 月 25 日頃に、大規模なワイン祭りが開催される。ギリシャ神話におけるワインの神様はバッカスであるが、スロヴァキアを含むヨーロッパではワインの守護聖人として聖ウルバン Svätý Urban が有名だ。聖ウルバンとは、第 17 代ローマ教皇とされるウルバヌス 1 世（在位 222 ～ 230 年）のことで、キリスト教迫害の際にブドウ畑に隠れて助かったという伝説がある。

ブルチアク

食文化と酒文化

その他のお酒　酒の多種多様性はどこの国にも負けない

パーレンカの専門店

スリヴォヴィツァ

パーレンカ　pálenka

　「燃える水」を意味するパーレンカ は、果物などから作られる蒸留酒で、アルコール度数は通常52%（高いとそれ以上で、低くても40%）。パーレンカは、ハンガリーではパーリンカ、バルカン諸国ではラキヤと呼ばれ、南東欧全域で見られる酒だ。スロヴァキアの村落には、パーレニツァと呼ばれる蒸留小屋があり、自分の庭で収穫した果物を持って行くと、好みのアルコール度数の自家製パーレンカを作ることができる。よく作られるパーレンカとして、スリヴォヴィツァ（スモモ）、フルシュコヴィツァ（洋ナシ）、ボロヴィチカ（ネズの実）、ヤブルコヴィツァ（りんご）、マルフリョヴィツァ（アプリコット）、チェレシニョヴィツァ（チェリー）などがある。そのままショットで一気飲みするのが作法であり、歓迎の意を込めて客人に出されることも多い。社会主義時代にブラチスラヴァを訪問した安部公房も、スロヴァキア人にスリヴォヴィツァで歓待されたと回想している。

ウォッカ
vodka

ウォッカはスロヴァキアの伝統的な酒ではなく、ロシアやポーランドのように頻繁に飲まれることはないが、タトラ山脈に近いスタラー・リュボウニャ Stará Ľubovňa で、ダブルクロス Double Cross という高級ウォッカが製造されている。スロヴァキアのヘゲル元首相は、政界入りする前に、アメリカでダブルクロスの販売責任者を務めていた。

タトラティー
Tatratea

スロヴァキアのシンボル「タトラ山脈」の名を冠したアルコール飲料。タトラティーという名前が付いているが、お茶ではなく、様々な茶やハーブを原料とした酒である。アルコール度数 17% から 72% まで多様な種類があるが、いずれも甘くてスッキリした味わい。タトラティーは最近国外でも人気を集めており、ウィーンやブダペシュトでも販売されている。

ジェメノウカ
Demänovka

チェコの温泉地カルロヴィ・ヴァリでは、ベヘロフカ Becherovka という世界的に有名なハーブ酒が生産されているが、スロヴァキアにもジェメノウカ Demänovka というハーブ酒がある。ジェメノウカは、14 種類のハーブや香辛料を調合して作られ、中世の修道院のレシピにインスピレーションを受けたという。

ラドラー
Radler

ビールを果物やハーブのジュースで割った飲み物で、レモン味、グレープフルーツ味、エルダーフラワー味などがある。アルコール度数は 3% 以下で、レモネードのような味わいのため、ビールが苦手な人でも飲みやすい。ノンアルコールのラドラーも広く出回っている。

蜂蜜酒
medovina

中欧で広く飲まれている蜂蜜酒は、スロヴァキアでも特産品となっている。蜂蜜を醸造して作るアルコール度数 14% 前後のお酒で、蜂蜜ワインと呼ばれることもある。ハーブを配合したものや、果物の果汁を混ぜたものなど、変わり種の蜂蜜酒もある。クリスマス・マーケットでは、温かい蜂蜜酒が販売される。

食文化と酒文化

食品と飲料　時代を超えて愛されるヒット商品

　どこの世界でも時代を超えて愛される製品がある。しかし、社会主義時代から資本主義社会への体制転換という荒波を乗り超えて、国が分かれても世代が変わっても全国民に愛され続けている食品や飲料は珍しいかもしれない。スロヴァキアでは、社会主義時代のヒット商品が今でも変わらず店で販売されている。

ホラルキ　Horalky

　スロヴァキア人は山登りが大好きだ。欧州統計局によると、旅行先に山を選ぶ割合が EU 諸国で最も高いのはスロヴァキア人だそうである（ちなみに、2位はルーマニア人、3位はフランス人とイタリア人）。そんなスロヴァキア人がこぞって登山に携行するのは、ホラルキ Horalky というピーナッツバターとカカオパウダーを挟んだウエハースだ。hora はスロヴァキア語で「山」という意味で、パッケージには山とエーデルワイスが描かれている。ほど良い甘さで軽量のホラルキは、小腹が空いた登山客のために生まれたお菓子なのだ。

　ホラルキは、スロヴァキア西部の町セレチ Sereď で誕生した。セレチは歴史的に製糖業が盛んな町で、セディタ Sedita という食品メーカーが 1965 年にホラルキの発売を開始した。現在は、年間 1 億 6000 万個のホラルキが生産されているという。なお、セディタ社は、やはり社会主義時代からタトランキ Tatranky という類似商品（ヘーゼルナッツ味など）を出しており、こちらも根強い人気を誇っている。

内陸国で生まれたスロヴァキアの「タラマヨ」（1954 年誕生）

トレスカ　Treska

　内陸国スロヴァキアでは、鯉やマスのような淡水魚を除き、魚介類は伝統的な食材ではない。しかし、一見矛盾するようであるが、魚を用いた加工食品が国民的人気を博している。ブラチスラヴァの魚加工品の国営工場で働いていたユーリウス・ボシュコ Július Boško は、工場前の屋台でファストフードとして販売するための新商品を思いついた。タラに野菜のマリネとマヨネーズをミックスしたこの食べ物は、1954 年に売り出されて以降瞬く間にヒット商品となり、その味は現在でも基本的に変わることはなくトレスカ Treska という商品名で販売されている。当初はスロヴァキアのみで販売されていたトレスカであったが、社会主義時代に多くのスロヴァキア人が炭鉱で働いていたチェコのオストラヴァにも出荷され、そこからチェコ全土にもトレスカが広がった。

　Treska はスロヴァキア語でタラという意味だ。トレスカは、どこの店でも販売されており、価格も 1 ユーロ弱とリーズナブルであるが、タラの魚肉が通常よりも多く含まれている「高級品 EXKLUSIV」も売られている。通常、トレスカはそのまま食べたり、あるいはパンに塗ったりして食されている。

コフォラ　Kofola

　スロヴァキアやチェコを旅行していると、「コフォラ Kofola」というチェコスロヴァキア版コーラを至るところで目にするだろう。コフォラは、14 種類のハーブと果汁にカフェインがブレンドされており、そのレシピは門外不出となっている。ペットボトルや缶に入ってスーパーマーケットなどで販売されている他、飲食店で樽出しの「生コフォラ」も飲むことができる。コフォラの原材料は天然由来のものが使われており、砂糖はコカ・コーラよりも 30% 少なく、酸味料のリン酸は一切使われていない。

　コフォラの本社はチェコのオストラヴァにあり、開発されたのもチェコであるが、生産拠点はスロヴァキアとチェコの両国に置かれている。スロヴァキアの工場は、同国中部のライェツカー・レスナー Rajecká Lesná 村にあるが、同地を中心とするライェツ盆地は名水スポットとして知られており、ライェツ Rajec というブランドのミネラルウォーターもコフォラと同じ工場で採水されている。もちろん、コフォラにも天然水が原材料として利用されている。

　コフォラは、アメリカのコカ・コーラやペプシ・コーラに対抗する目的で、社会主義時代のチェコスロヴァキアで開発された。1950 年代、チェコスロヴァキア共産党は、国内またはコメコン（経済相互援助会議）諸国の原材料のみを用いて、西側諸国のコーラに匹敵する飲料を開発するよう、国営製薬企業スポファ SPOFA 社に命令を出した。2 ～ 3 年間の研究期間を経て、チェコ人薬剤師のズデニェク・ブラジェク Zdeněk Blažek は、「コフォ Kofo」と呼ばれるシロップの開発に成功する。このシロップにさらに改良が加えられ、1960 年にプラハのソーダ工場がコフォラの販売を開始した。以来、コフォラの味は半世紀を経た現在も変わっていない。

　コフォラは発売と同時に爆発的な人気を集め、国中のハーブを使い果たして生産が追いつかなくなるほどであった。1970 年代の年間生産量は 1 億 8000 リットルに達しており、当時の人口を勘案すると、赤ん坊からお年寄りを含めて 1 人あたり年間約 18 リットルが消費された計算になる。

　1989 年の社会主義政権崩壊後も、コフォラが歴史の彼方に消え去ることはなかった。1990 年代にギリシャ系チェコ人のサマラス家（1940 年代にギリシャ内戦を避けてチェコスロヴァキアに亡命していた）が、チェコのクルノフ Krnov にある清涼飲料水工場を買い取ると、後にコフォラのライセンスも買収した。サマラス家が設立したコフォラ・チェコ・スロヴァキア社は、コフォラだけでなく、ジュースやミネラルウォーターなどの製造も手掛け、経営の多角化に成功している。

ヴィネア　Vinea

　スロヴァキアとチェコで、コフォラと並ぶ人気を誇っている清涼飲料水は、ブドウジュースのヴィネア Vinea である。100% 果汁ジュースではないが、ワイン用ブドウの果汁を使用したノンアルコールの本格派ブドウジュースで、自然の風味豊かな微炭酸飲料だ。ワインと同じように「白」と「赤」の種類があり、瓶、缶、ペットボトルの容器に入ってレストランやスーパーマーケットなどの至るところで販売されている。コフォラはチェコで生まれたが、ヴィネアが発明されたのはワイン生産が盛んなスロヴァキアだ。

　ブラチスラヴァ近郊に位置するペジノクは、スロヴァキアにおけるワインの一大生産地である。1973年、そのペジノクにあるワイン工場は、当時のチェコスロヴァキア共産党政権より、西側諸国の清涼飲料水よりもヘルシーな飲料を開発するよう指令を受けた。開発チームを率いることになったのは、先祖代々のワイン農家に生まれた生化学者のヤーン・ファルカシュ Ján Farkaš である。ファルカシュは、子供の時に飲んだワイン用ブドウのストレートジュースからインスピレーションを受けて、ブドウの風味豊かな清涼飲料水を発明した。

　ヴィネアは 1974 年に発売されるとすぐに供給が追いつかなくなり、ペジノク以外の工場でも生産が始まった。発売から 1 年後の 1975 年にチェコのブルノで行われた国際食料品見本市「サリマ SALIMA」で最優秀賞を受賞し、その評判は国内外に知れ渡るようになった。そして、社会主義時代末期には、資本主義陣営であったアメリカとカナダにもヴィネアが輸出された。

　ビロード革命後、資本主義経済への移行の混乱の中で、ヴィネアの生産は一時停止するが、1997 年に復活発売され、2008年からコフォラ・チェコ・スロヴァキア社の傘下に入って今に至っている。

　ヴィネアは、基本的には「白ヴィネア Vinea biela」と「赤ヴィネア Vinea červená」の 2 種類が販売されているが、ピンク色の「ロゼ・ヴィネア」や、フリッツァンテ（発泡性ワイン）風の「スパークリング・ヴィネア」が店に並ぶこともある。また、特定の単一ブドウ品種（白ワイン用のトラミーン・チェルヴェニーや、赤ワイン用のモドリー・ポルトゥガル）のみを利用した「純ヴィネア」が、期間限定で販売されたこともあった。ヴィネアは、単なる清涼飲料水の域には収まらず、ワイン生産国であるスロヴァキアの矜持が感じられる飲み物なのである。

ほかにもある！ スロヴァキアのロングセラー商品

そのほかにも、体制転換の荒波を生き延びた個性的なスロヴァキアの食品がある。いずれも、スロヴァキアのスーパーマーケットなどで販売されている。

カカオプリン（1947 年誕生）	チョコレート（1951 年誕生）

ベー・ベー・プディング
BB puding

戦後間もない頃、スロヴァキアの温泉地ピエシュチャニ Piešťany の医師が、虚弱体質の子どもが手軽に摂取できる栄養源として考案した。摂取対象年齢は 0 歳から 99 歳までとパッケージに書かれている。1990 年代にドイツの大手食品企業 Dr. Oetker に買収された。

ジェヴァ　Deva

スロヴァキア東部トレビショウ Trebišov に工場がある。赤地に水玉模様のスカーフを頭に被った少女がマスコット・キャラクターで、どことなく旧ソ連っぽい雰囲気を漂わせている。チェコレートとしての品質の良さは折り紙付きで、国外にも輸出されている。

紅茶（1963 年誕生）	プロセスチーズ（1976 年誕生）

ピギ・チャイ　Pigi čaj

チェコスロヴァキアで最初に発売されたティーバッグ紅茶。タトラ山麓の都市ポプラト Poprad で製造されている。Pigi は、紅茶の茶葉の等級の種類であるペコ pekoe とゴールデン golden の頭文字に因んでいるとされる。

カリチカ　Karička

スロヴァキア東部ミハロウツェ Michalovce に工場がある。民族衣装を着た女性の絵が印象的なパッケージ。近年、乳糖不耐症の消費者のために、スロヴァキアで初めてのラクトースフリー・チーズを発売しており、時代の流れにも見事に適応している。

食文化と酒文化

第7章　文化

建築家　フジェツとユルコヴィチ

上海のパークホテル

ラジスラウ・フジェツ

ツァで生まれたフジェツは、ハンガリー王国の首都ブダペシュトで建築を学んだ。その後、第一次世界大戦で徴兵されるも、ロシア軍に捕虜として捕まり、その後中国に逃亡するという波乱の人生を送っている。フジェツは 1916 年から 1945 年まで約 30 年間上海に滞在し、劇場、病院、教会、富裕層向けの邸宅など約 60 の建物を建設し、「上海の表情を変えた男」とも呼ばれた。中国語名では、鄔達克 Wu Dake と名乗ったという。フジェツが建設した建物には、当時世界最新の技術を用いられており、例えば前述のパークホテルは、アジアとアメリカ大陸間で初めて国際電話が行われた場所でもあった。

フジェツは 1945 年にスイスに渡り、1947 年からはアメリカで余生を過ごしている。フジェツの偉業は、本国スロヴァキアでも忘れ去られていたが、2010 年の上海国際博覧会を契機に、再び脚光が当てられるようになった。近年では、スロヴァキア文化省主催による展覧会が上海で開催され、スロヴァキア郵便による記念切手が発売された。約 100 年の時を経て、「東洋のパリ」を彩ったスロヴァキア人の再評価が進んでいる。

民族アールヌーヴォー建築の大家

スロヴァキア国境からほど近いチェコ南東部の都市ルハチョヴィツェ Luhačovice は、モラヴィア地方最大の温泉地である。ルハチョヴィツェは歴史的に重要な場所でもあり、1908 年から第一次世界大戦までの間、

アジアで最も高い建物を建てたスロヴァキア人

中国最大の商業都市である上海は、今や世界最大の都市圏を形成しているとも言われており、見渡す限り近代的な摩天楼が広がっている。一方で、上海の中心部には、「東洋のパリ」と呼ばれた租界時代の面影を伝える欧州風の街並みが数多く残されている。中でも、1934 年に竣工されたパークホテル（国際飯店）は 84 m の高さを誇るアールデコ様式の高層建造物であり、1952 年まではアジアで最も高い建物であった。

このパークホテルを設計したのは、スロヴァキア人建築家のラジスラウ・フジェツ Ladislav Hudec（1893 〜 1958、日本語では「ヒューデック」とも表記される）であった。スロヴァキア中部のバンスカー・ビストリ

ルハチョヴィツェのユルコヴィチ建築

チェコ人とスロヴァキア人の政治家や知識人による会合が開催され、オーストリア・ハンガリー帝国内におけるチェコ人とスロヴァキア人の政治的・文化的な協力の可能性について議論された。

ルハチョヴィツェの温泉街を散策すると、素朴さと優雅な装飾を兼ね備えた建造物群を目にするだろう。これらの建物を設計したのは、スロヴァキアの建築家ドゥシャン・ユルコヴィチ Dušan Jurkovič（1868 ～ 1947）である。彼は、当時流行していたアールヌーヴォー様式に地方の民俗性を融和させた異色の建築家として知られている。

1868 年、ユルコヴィチは、北西スロヴァキアのミヤヴァにおいて、スロヴァキアの民族運動の指導者の家系に生まれた。父親は民族文化団体マチツァ・スロヴェンスカーの共同

ドゥシャン・ユルコヴィチ

設立者であり、祖父は欧州大陸で最初の農民のための相互支援・信用組合をスロヴァキアに設立した。

ユルコヴィチはウィーンで建築学を修めた後、1899 年から 1914 年までチェコ第 2 の都市ブルノの建築事務所で勤め、モラヴィア地方でコテージや邸宅を設計し頭角を現した。そして、当時ヨーロッパで流行していたアールヌーヴォー様式とスロヴァキア山間部で見られるような木造の民俗建築を融合した独自の建築スタイルを確立した。ユルコヴィチの活躍はモラヴィアだけに留まらず、スロヴァキア北西部スカリツァの組合会館や、石材と木材を組み合わせたポーランド南部ガリツィア地方の墓地を設計した。1905 年に建てられたスカリツァの組合会館は、ファサード上部に設置されたスロヴァキア人とチェコ人の連帯を示すステンドグラスの壁画が象徴的な建物である。

1918 年にチェコスロヴァキアが独立すると、ユルコヴィチは故郷スロヴァキアに戻り、民族アールヌーヴォー建築以外の分野でも才能を発揮する。1921 年、伝統家屋で有

文化

スカリツァの組合会館

シュチェファーニクの霊廟

ポーランド南部ウジュナ村にあるユルコヴィッチ設計の墓地

ブラチスラヴァにある青の教会。レヒネルの傑作の1つ。

名なチチマニ Čičmany 村が大火に遭った際には、村の復興を主導し、フォークロア建築の保全に貢献した。1928 年には、チェコスロヴァキア建国の立役者であるシュチェファーニクの霊廟を完成させた。シュチェファーニクの生地コシャリスカー村近郊の丘に建造されたこの霊廟は、ユルコヴィチのこれまでの作風とは異なり、アステカ帝国の遺跡を彷彿とさせる大理石で造られた荘厳な建造物である。

ユルコヴィチは、スロヴァキアの象徴とも言えるタトラ山脈のロープウェーの建設にも携わった。このロープウェーは、タトラ山脈で 3 番目に高いロムニツキー・シュチート（ロムニツァ峰）に繋がるものであり、第二次世界大戦中の 1940 年に開業した。ユルコヴィチは 1947 年にブラチスラヴァで亡くなり、79 歳の生涯を閉じた。

19 世紀末から 20 世紀初頭にかけて、中欧ではユルコヴィチ以外にも、アールヌーヴォー様式と地域の民族的なモチーフを融合させる試みが見られた。スロヴァキアでも多数の傑作を残したハンガリー人建築家のレヒネルはその代表的な人物かもしれない。レヒネルは民族性を建築に反映させるためにハンガリー南部のジョルナイ陶磁器に着目したのに対し、ユルコヴィチはスロヴァキア山岳地帯の木造建築からインスピレーションを受けた。

民族アールヌーヴォー建築の傑作を残しつつ、チェコスロヴァキア独立前後は建築家として祖国に貢献したユルコヴィチは、日本でも大人気のチェコ人芸術家のムハ（ミュシャ）と共通点があるように思われる。ムハは、アールヌーヴォーの旗手としてパリで一世を風靡した後にチェコに戻り、スラヴ民族の歴史に傾倒しつつ、プラハの建造物や切手のデザインを担当して祖国に貢献した。ユルコヴィチも、新生チェコスロヴァキアを彩った建築家として、スロヴァキア本国では今なお高い評価を受けており、毎年最も優れた建造物を設計した建築家に「ドゥシャン・ユルコヴィチ賞」が授与されている。

絵画　素朴な風景を愛した画家

　スロヴァキアで専門的な美術学校が誕生するのは、チェコスロヴァキア成立後のことである。1928 年に、ドイツのバウハウスの影響を受けた芸術工芸学校 Škola umeleckých remesiel がブラチスラヴァに開設された。それまで、スロヴァキアで生まれて画家を志す者は、ブダペシュト、プラハ、ウィーンなどで美術を学んでいたが、彼らが好んで題材にしたのは故郷スロヴァキアの風景であった。以下で紹介する 4 人の画家のうち、メドニャーンスキは印象派の影響を受けており、ベンカ、バゾウスキー、フラの 3 人はスロヴァキアにおけるモダンアートの創始者と評価されている。

タトラの風景 Tatranská krajina（出典：webumenie.sk）

メドニャーンスキ

Ladislav Mednyánszky　1852 ～ 1919
スロヴァキア北西部ベツコウ Beckov を拠点とするハンガリー貴族出身で、自身も同地で生まれた。ウィーンとパリで美術を学び、家族の城館があったタトラ山脈麓のストラーシュキ Strážky などに滞在して風景画の傑作を残す。

畑へ Na pole（出典：webumenie.sk）

ベンカ　Martin Benka　1888 ～ 1971

プラハで美術を学び、約 40 年間にわたり同地で暮らしたが、終生スロヴァキアの山岳地帯の風景とそこに住む人々を描き続けた。熱心なエスペランティストでもあり、エスペラントで書かれた絵葉書も制作した。晩年を過ごしたマルティン Martin に美術館がある。

片田舎 Samota（出典：webumenie.sk）

バゾウスキー

Miloš Alexander Bazovský　1899 ～ 1968
プラハ、ブダペシュト、ウィーンで美術を学ぶ。その後、出身地であるトゥラニ Turany やマルティンを拠点とし、民俗的なモチーフとモダニズムを結合させた作品を数多く残した。サンパウロやヴェネツィアでも展覧会が開催されたことがある。

羊飼いの小屋での夢 Sen na salaši（出典：webumenie.sk）

フラ　Ľudovít Fulla　1902 ～ 1980

斬新で大胆な芸術様式を提唱し、スロヴァキアの民俗文化を題材とした独特な作品を残した。イラストレーターとしても活躍し、スロヴァキア民話の絵本の作画も担当した。生まれ故郷のルジョムベロク Ružomberok に美術館がある。

文化

フォークロア　民謡・民俗舞踊・風習

ジェトヴァの民俗舞踊祭

スロヴァキアは、ヨーロッパの中でも特に、民謡や民俗舞踊などのフォークロアが豊富に残されている国である。山地が多いスロヴァキアでは、村落ごとに異なる文化が育まれ、多種多様なフォークロアが生まれることになった。また、チェコと比べて歴史的に工業化が遅れ、昔ながらの生活形式が農村で比較的最近まで維持されたため、世代間でフォークロアが受け継がれてきた。

生活に根付く民謡

スロヴァキアでは民謡は非常に身近な存在であり、様々な場面で耳にする。以下、その一例を挙げてみる。

・アイスホッケーの国際大会でスロヴァキアが得点を決めた時、「ヘイ、マツェイコ、マツェイコ Hej, Macejko, Macejko」の曲がスタジアムに流された。

・サッカーの国際試合に勝った選手たちが、「トレンチーンの近くに Neďaleko od Trenčína」を歌い勝利を祝った。

・以前、公共放送 RTVS で広告番組に切り替わる際、「ここはヘリュパ To ta Heľpa」のメロディーが流れていた。

・スロヴァキア第 3 の都市プレショウの鉄道駅の構内放送で「そしてプレショウの方から A od Prešova」のメロディーが利用されている。

・選挙に勝った政治家たちが、「クラーリョヴァ・ホラ山にて Na Kráľovej holi」を歌い勝利を祝った。

一般市民も、老若男女問わず民謡を知っているし、民謡を歌うことができる。スロヴァキアのように民謡がこれほど生活に根付いている国は珍しい。国歌のメロディーにも民謡が使われていることは、1 章で触れたとおり

である。ちなみに、日本でも歌われる民謡「お
お牧場はみどり」は、スロヴァキア民謡「菩
提樹が燃えた Horela lipka, horela」を基にし
た歌唱である。

スロヴァキア民俗舞踊と日本人

　毎年夏になると、スロヴァキア各地で民俗
舞踊祭が開催される。特に、ヴィーホドナー
Východná や、ジェトヴァ Detva で行われる
フェスティバルの規模が大きく、軽食や民芸
品を売る露店も出現して大きな賑わいを見
せる。民俗舞踊団の中では、「ルーチニツァ
Lúčnica」「スロヴァキア民俗芸術団 SĽUK」
「シャリシャン Šarišan」が著名であり、い
ずれも日本での公演歴がある。また、日本国
内には、「ヴァラシュカ」と「クラースナ・
ホルカ」という日本人によるスロヴァキア民
俗舞踊団があり、前者はスロヴァキア公共放
送のテレビ番組「大地は歌う Zem spieva」
に出演して踊りを披露したことがある。

女性のお尻を叩くスロヴァキアのイースター

　最後に、宗教に関連したスロヴァキアの風
習を紹介しよう。毎年 3 ～ 4 月に祝われる
イースターでは、男性が女性のお尻を鞭で叩
き、水をかけるという不思議な風習がある。
イースターは、キリストの復活を祝うことか
ら、「死に対する生の勝利」というモチーフ
があり、また春の祭りであるので生命の息吹
を連想させる。そのため、健康な子どもが生
まれてくるようにお尻を叩き、水をかけて女
性を清めるということらしい（チェコの一部
でも、同じ風習が見られる）。
　11 月 1 日の万聖節（スロヴァキア語では、
ドゥシチキ dušičky とも言う）は、日本のお
盆に相当する日であり、先祖の魂が墓地に
戻ってくるとの考えから、墓参りして墓地に
蝋燭を灯す。クリスマスには、キリストが生
まれた日の肉食を避ける習慣があり、伝統的
に鯉が食べられている。クリスマスが近くな
ると、スーパーマーケットの店頭で生きた鯉
が販売されており、冬の風物詩となっている。

中部スロヴァキアの民謡グループ

スロヴァキアのイースター（出典：bystricoviny.sk）

万聖節のスロヴァキアの墓

鯉のフライ

文化

クラシック音楽　音楽の都ウィーンに近く、地味だが盛ん

　スロヴァキアのクラシック音楽は、チェコの影に完全に隠れてしまっていると言える。スロヴァキア・フィルハーモニー管弦楽団が来日しても、演奏されるのはスメタナの「わが祖国」やドヴォジャークの交響曲といったチェコの作曲家のメジャーな作品ばかりで、スロヴァキアの作曲家の作品が取り上げられることはほぼない。しかし、地図を見れば分かるように、スロヴァキアは「音楽の都」ウィーンに近く、クラシック音楽の文化は十分に根付いている。以下の2名の作曲家は、ウィーンで活躍した人物であるが、出身地は現在のスロヴァキアである。

ベートーヴェンのライバル

フンメル　Johann Nepomuk Hummel　1778 ～ 1837

　　　　ヴァイオリニストであった父親と、町の有力者の娘であった母親との間に、ブラチスラヴァで生まれた。旧市街にある生家は、現在ではフンメル博物館となっている。
　　　　8歳でウィーンに出たフンメルはモーツァルトに弟子入りし、10歳になると父親に引き連れられてヨーロッパ各地でピアノの演奏旅行を行った。1804年にハイドンの推薦により、ハンガリー貴族エステルハージ家の音楽長に就任、その後シュツットガルトとワイマールの宮廷楽長を歴任した。1837年にワイマールで亡くなるまで、故郷ブラチスラヴァを何度も訪問してピアノ演奏を披露した。
　　　　フンメルは、古典派とロマン派の間の世代に属し、ピアノ曲を中心に多数の作品を残したが、どちらかというと現在ではマイナーな作曲家として認識されているかもしれない。しかし、生前は同時代に活躍したベートーヴェンに匹敵する名声を得ており、スロヴァキア出身で最も成功した音楽家であったと言える。ブラチスラヴァでは、3年に1度「フンメル国際ピアノコンクール」が開催されており、2017年に行われたコンクールでは、日本人の仁田原祐が1位に、伊藤香紀が2位に選ばれた。

オペレッタの王様

レハール　Franz Lehár　1870 ～ 1948

　スロヴァキア南西部のコマールノ Komárno で生まれた。ドナウ川を挟んだ対岸の町コマーロム Komárom は現在ハンガリー領で、第一次世界大戦後に両都市の間に国境が引かれた。
　　　　レハールは20歳の時に、スロヴァキア南部のルチェニェツ Lučenec で、歩兵連隊の軍楽隊長として音楽家としてのキャリアをスタートさせた。20歳での軍楽隊長就任は、当時のオーストリア・ハンガリー帝国で最年少記録だったという。なお、ルチェニェツには、「フランツ」という名前のビアホールがあるが、そこでは「レハール」という名前の地ビールが看板メニューである。レハールは、ある演奏会で、上官にお気に入りの曲の演奏を頼まれたところ、依頼を拒否して口論になる。この事件がきっかけでルチェニェツの軍楽隊長の職を辞し、その後ウィーンに移った。
　レハールは35歳の時、「メリー・ウィドウ」を作曲して一躍有名になると、「オペレッタ（喜歌劇）の王様」としての名声を確立した。晩年にナチス・ドイツに協力していたことが問題視されることもあるが、ユダヤ人であった妻ゾフィーの強制収容所送りを阻止するためにやむを得なかったという見方もある。1948年にザルツブルク近郊の温泉地バート・イシュルで死去。

スロヴァキア人の三大作曲家

　次に紹介する３名の作曲家は、スロヴァキアで生まれ、スロヴァキアで活躍した人物である。20世紀のスロヴァキア・クラシック界を代表する３巨頭として知られている。いずれの作曲家も、プラハ音楽院のマスターコースでチェコの著名作曲家ノヴァーク Vítězslav Novák の教えを受けたという共通点がある。

多数の交響曲を作曲

モイゼス　Alexander Moyzes　1906 〜 1984

　プラハ音楽院を卒業後、1928年からブラチスラヴァ音楽院で教え、共産党政権発足後は、スロヴァキア音楽教育の最高峰であるブラチスラヴァ舞台芸術大学 VŠMU の教授に就任した。また、チェコスロヴァキアラジオのブラチスラヴァ支部の音楽監督も務め、スロヴァキア放送交響団（現在でも活動を続けるスロヴァキア最古のオーケストラ。1929年設立）の発展に貢献した。

　モイゼスの曲は、古典派、近代音楽、ジャズなどの影響を受けているが、スロヴァキア民謡に基づく作品も数多く残している。主な作品は、12の交響曲の他、オペラ「勇敢な王様」「室内楽のための前奏曲ムジカ・イストロポリタナ」「2台のピアノのためのジャズ・ソナタ」など。

スロヴァキア最初のオペラを作曲

スホニュ　Eugen Suchoň　1908 〜 1993

　ブラチスラヴァ舞台芸術大学 VŠMU、プラハ音楽院で学び、卒業後はブラチスラヴァ音楽院やコメンスキー大学で教鞭を執り、音楽理論などを研究した。スホニュの作品には、ロマン派、表現主義、近代音楽の影響が見られ、また、スロヴァキア民謡の要素も取り入れられている。

　スホニュは、スロヴァキア人作家ウルバン Milo Urban の小説を基に、スロヴァキア人の手による初めてとなるオペラ「渦巻」を作曲した。その他の主要作品として、モラヴィア国の君主を題材にしたオペラ「スヴェトプルク」「交響幻想曲 B-A-C-H」などが挙げられる。

　2018年に、スホニュ生誕110周年を記念してピアノ曲全集が収録・発売され、ブラチスラヴァ在住の日本人ピアニスト瀧根真優子氏も演奏に参加した。

ユネスコ国際音楽賞を受賞

ツィケル　Ján Cikker　1911 〜 1989

　プラハ音楽院で学んだ後、ウィーンで大指揮者ワインガルトナーの教えを受けた。その後、ブラチスラヴァ音楽院、ブラチスラヴァ舞台芸術大学 VŠMU で作曲を教える。スロヴァキアの義賊を題材にしたオペラ「ユロ・ヤーノシーク」、トルストイの小説を基にしたオペラ「復活」などの作品で知られる。なお、スロヴァキア人女性初のオリンピック・メダリストである体操選手のパールフィオヴァーは、ツィケルが指揮者を務めていた合唱団に所属しており、両者は婚約したが、最終的に彼女は別の男性と結婚している。

　ツィケルは1979年にユネスコ国際音楽賞（作曲部門）を受賞した。同賞の歴代受賞者には、ショスタコーヴィチ（ソ連）、バーンスタイン（アメリカ）、武満徹（日本）などの作曲家が名前を連ねている。

文化

スロヴァキア・フィルハーモニー（文化省HPより）

コシツェの民族劇場

スロヴァキア・フィルハーモニー管弦楽団

　スロヴァキア髄一のオーケストラである
スロヴァキア・フィルハーモニー管弦楽団
Slovenská filharmónia が設立されたのは、
チェコスロヴァキアで共産党政権が発足した
後の1949年であり、ヨーロッパの名だたる
オーケストラと比較すると歴史は浅い。チェ
コ・フィルハーモニー管弦楽団の指揮者を長
らく務めたチェコの名指揮者ターリヒと、ハ
ンガリー放送交響楽団の指揮者を務めたスロ
ヴァキア人ライテルが、スロヴァキア・フィ
ルハーモニーの設立に貢献し、共同で初代指
揮者を務めた。スロヴァキア・フィルハーモ
ニーは、中央ヨーロッパの主要オーケストラ
としての地位を確立しており、日本でも概ね
2年に1度の頻度で公演を行っている。

　スロヴァキア・フィルハーモニーが本拠地
を置いているレドゥタ Reduta は1915年に
建設されたネオ・バロック様式のオーケスト
ラ・ホールで、近年大規模な改装工事が施さ
れた。レドゥタでは、毎年秋にブラチスラヴァ
音楽祭 Bratislavské hudobné slávnosti が開

催されている。コンサートのチケットは、数
か月前からオンラインで購入できる。上演直
前だと売り切れていることが多いので、事前
購入をお勧めする。

　もしオーケストラのコンサートだけでな
く、オペラやバレエも見てみたい場合には、
スロヴァキア民族劇場 Slovenské národné
divadlo の演目をチェックしてみよう。スロ
ヴァキア民族劇場のバレエ団には、7名の
日本人ダンサーが所属している（2023年現
在）。異国の地でバレエを踊る日本人は増え
ているが、これだけ大勢の日本人が1つのバ
レエ団に所属していることは珍しい。なお、
スロヴァキア第2の都市コシツェにある民
族劇場でも、日本人バレエダンサーが活躍し
ている。

ハンガリー系作曲家のゆかりの地

　「ピアノの魔術師」と呼ばれたフランツ・
リスト Franz Liszt（1811～1886）は、現在
オーストリアのブルゲンラント州に位置する
ライディングという町で生まれた。リストの
母語はドイツ語であったが、当時この町はハ
ンガリー王国に属しており、リストは自身の
ことをハンガリー人として見なしていたとさ
れる。リストはハンガリー語が話せなかった
が、現在ハンガリーにおける最大の作曲家と
して認識されており、ブダペシュトのリスト
音楽院や、リスト国際空港にその名前が使わ
れている。

　リストは9歳の時に、ブラチスラヴァの
レオポルド・デ・パウリ宮殿で行った演奏会

レドゥタ

クララ会教会

バルトークによるスロヴァキア民謡の収集の様子（左から4人目の人物）

で大成功をおさめ、コンサートに来ていたハンガリー貴族から奨学金を獲得した。リストはその後も度々ブラチスラヴァを訪問し、聖マルティン大聖堂ではミサ曲の指揮者を務めた。リストの祖父はブラチスラヴァで教師を務めており、リストの父親はブラチスラヴァのギムナジウムを卒業している。

　リストがブラチスラヴァで初めての演奏会を開いた会場から1本入った通りにあるクララ会教会 Kostol klarisiek も、音楽家と関係が深い場所である。ハンガリー人作曲家ドホナーニ・エルネー Dohnányi Ernő（1877〜1960）は、教会に面したクラリスカ通りの家で生まれた。当時、クララ会教会は、カトリック系のギムナジウムが置かれていたが、ドホナーニの父親フリードリヒがそこで数学と化学の教師を務めていた。ドホナーニは、父親が教員を務めていたギムナジウムを卒業後、ブダペシュトのリスト音楽院に進学し、その後ベルリンでピアニストや作曲家として活躍した。第一次世界大戦後はブダペシュトに戻り、リスト音楽院の院長も務めた。

スロヴァキアの民謡収集

　クララ会教会のギムナジウムの卒業生には、もう1人ハンガリー人作曲家がいる。民俗音楽の研究者としても有名で、ドホナーニを敬愛していたバルトーク・ベーラ Bartók Béla（1881〜1945）だ。バルトークは、ナジセントミクローシュ（現ルーマニアのスンニコラウ・マレ）で生まれたが、父親が若く

して亡くなった後、母親と一緒にハンガリー王国内を転々とし、最終的にブラチスラヴァに移り住んだ。ピアノ教師であった母親のパウラは、スロヴァキア中部のマルティン出身であった。幼い時から神童と言われたバルトークは、ブラチスラヴァで音楽の才能を開花させ、ドホナーニと同じくリスト音楽院に進学し、卒業後は同音楽院の教授に就任する。

　バルトークはハンガリー王国内での民俗音楽の収集と分析をライフワークとしていたが、その対象には（ハンガリーやルーマニアの民謡だけでなく）スロヴァキア民謡も含まれており、その一部は作曲にも生かされた。バルトークはスロヴァキア語も理解し、蓄音機を担いで直接スロヴァキアの農民から民謡を収集したという。バルトークの民謡採集は、1906年からハンガリー王国が消滅する1918年まで続けられ、第一次世界大戦中も、相対的に戦争の被害が少なかったスロヴァキアでフィールドワークを継続した。バルトークが収集したスロヴァキア民謡は3200点以上にも及び、1920年代にスロヴァキアの民族文化団体マチツァ・スロヴェンスカーに民謡コレクションを提供し、出版を働きかけた（実際に出版されたのは、バルトークの死後のことであった）。

　バルトークのスロヴァキアでの民謡収集については、伊東信宏『バルトーク：民謡を発見した辺境の作曲家』（中公新書、1997年）に詳しい。

ポップ歌手　チェコスロヴァキア時代の曲も人気

　スロヴァキアとチェコは分かれて別々の国になったが、ポップ音楽の世界は分かれていないようである。スロヴァキアでもチェコでも、飲食店やコンサートで、両国のポップ・ソングを聴く機会は今でも多い。スロヴァキアで結成された音楽バンドがチェコでも人気を博することは、よくあることである。ミロスラウ・ジュビルカのように、チェコを拠点に活動するスロヴァキア人歌手がいたし、リハルト・ミュレルのように、チェコ人の歌手とコラボしてチェコ語でも歌うスロヴァキア人歌手もいる。

　最新の曲だけでなく、社会主義時代や 1990 年代にヒットした「懐メロ」が根強い人気を誇っているのも、スロヴァキアのポップ・ソングの特徴であろう。日本で知られている歌手はほとんどいないかもしれないが、下記に掲載した歌手や曲は、YouTube や iTunes などでも検索できる。

カロル・ドゥホニュ　Karol Duchoň　1950 ～ 1985

35 歳の若さで亡くなった社会主義時代の伝説的な歌手。スロヴァキア西部ガランタ生まれ。工業学校を卒業したが、音楽の道を歩み、様々なグループで歌手として活動した。1974 年に、チェコスロヴァキアのポップ音楽の祭典である「ブラチスラヴァの竪琴 Bratislavská lýra」で優勝。1975 年に、ヤマハ音楽振興会が東京で開催していた世界歌謡祭にチェコスロヴァキア代表として出場した。
代表曲：「渓谷で V dolinách」「2 つの心のチャールダーシュ Čardáš dvoch sŕdc」

ミロスラウ・ジュビルカ　Miroslav Žbirka　1952 ～ 2021

スロヴァキアのポップ音楽の象徴と言える人物。メキ Meky の愛称で親しまれた。母親はイギリス人で、父親は在英チェコスロヴァキア軍兵士のスロヴァキア人。2 人は第二次世界大戦中にロンドンで知り合った。1967 年に人気音楽バンド「モドゥス Modus」の立ち上げに参加。1980 年代以降はソロでの活動も開始した。亡くなる直前までトップ歌手として君臨し、後述のマリカ・ゴンビトヴァーやヤナ・キルシュネルとも共演した。
代表曲：「野鳥のバラード Balada o poľných vtákoch」「アトランティス Atlantída」

マリカ・ゴンビトヴァー　Marika Gombitová　1956 ～

社会主義時代に最も人気があった女性歌手で、スロヴァキア・ポップ界の女王と呼ばれた。東スロヴァキアのトゥラニ・ナド・オンダヴォウで生まれ、13 歳の時から兄のバンドで歌い始めた。1976 年に音楽バンド「モドゥス」のボーカルに加わり、ヒット曲を連発。1977 年にモドゥスの一員として、1978 年にはソロ歌手として、「ブラチスラヴァの竪琴」で優勝。1981 年に交通事故で重傷を負うがカムバックした。
代表曲：「広場の真ん中のケーキ屋 Cukráreň na dlani námestia」「告白 Vyznanie」

ペテル・ナジ　Peter Nagy　1959 ～

1980 年代を代表するポップ歌手で、「ナジマニア」という熱狂的なファンを生み出した。スロヴァキア東部プレショウで生まれ、地元の大学の哲学部を卒業する。1983 年に音楽バンド「インディゴ Indigo」を結成し成功を収め、その後はソロとしても活動。子供向けの歌を作曲してアルバムを発表したり、写真家として活動したり、多様な活動を展開している。
代表曲：「救われに行こう Poďme sa zachrániť」「それでも僕たちは親友 Aj tak sme stále frajeri」

リハルト・ミュレル　Richard Müller　1961 〜

スロヴァキア西部フルホヴェツ生まれ。父親のヴラドは俳優であった。ブラチスラヴァ舞台芸術大学 VŠMU を卒業し、音楽雑誌への執筆活動を行った。1984 年に音楽バンド「バンケト Banket」を結成し、1989 年の「ブラチスラヴァの竪琴」で優勝。1990 年代からはソロ活動を開始した。シンセポップやシャンソンなど、幅広いジャンルで活躍し、テレビ番組の司会も務めた。
代表曲：「階段で Po schodoch」「ロハン公爵のような心 Srdce jako kníže Rohan」

パヴォル・ハベラ　Pavol Habera　1962 〜

スロヴァキア中部ブレズノで生まれる。大学で経済学を勉強するも歌手の道を歩み、1986 年にアヴィオン Avion というバンドを立ちあげ、音楽活動を開始する。1988 年に自身がリーダーとなって結成した「チーム Team」は、チェコスロヴァキアで最も人気があるバンドの一つとなった。1990 年代からはソロ活動も開始。映画俳優やテレビ番組の司会を務めるなど、マルチな才能を見せた。
代表作：「君の場所は取っておく Držím ti miesto」「静寂の広告 Reklama na ticho」

ヤナ・キルシュネル　Jana Kirschner　1978 〜

独立後のスロヴァキアで最も有名な女性歌手で、スロヴァキア・ポップのファーストレディと呼ばれている。スロヴァキア中部のマルティン生まれ。1996 年の全国ミス・コンテストで 5 位に入り、その後歌手に転身。パートナーはイギリス人で、ロンドン在住。英語での楽曲も多数発表しており、彼女のアルバムはスロヴァキアとイギリス以外のヨーロッパ諸国でも販売されている。
代表曲：「精神の安らぎ Pokoj v duši」「見知らぬ町で V cudzom meste」

ズザナ・スモタノヴァー　Zuzana Smatanová　1984 〜

2000 年代を代表する歌姫。スロヴァキア北部のスーリョウーフラドナー Súľov-Hradná 村に生まれる。教員養成大学に通うが在学中から音楽活動を始める。2003 年に最初のアルバム『Entirely Good』を発表。スロヴァキアのポップ・ミュージックの頂点を決めるアンケート「ウグイス Slávik」で、2005 年から 2010 年まで 6 年連続で最優秀女性歌手に選出された。ペテル・ナジや、ロックバンド「デスモド」「IMT スマイル」とも共演している。
代表曲：「私の前を歩かないで Nekráčaj predo mnou」「空飛ぶツィブリアーン Lietajúci Cyprián」

クリスティーナ　Kristína　1987 〜

本名はクリスティーナ・ペラーコヴァー Kristína Peláková。東スロヴァキアのスヴィドニークで生まれ、コシツェ音楽院を卒業。2010 年にノルウェーで行われたユーロビジョン・ソング・コンテストで、フロン川（スロヴァキアで 2 番目に長い川）上流地方の自然を題材にとった歌曲「ホレフロニエ」を歌い、一躍人気歌手となる。スロヴァキアの著名詩人カミル・ペテライ Kamil Peteraj から作詞提供を受けている。
代表曲：「ホレフロニエ Horehronie」「祭壇のそばで Pri Oltári」

アダム・ジュリツァ　Adam Ďurica　1987 〜

21 世紀に入ってから最も成功しているスロヴァキアの男性シンガーソングライター。スロヴァキア西部ニトラ生まれ。2006 年にユニバーサル・ミュージック社から最初のアルバム『砂糖と塩 Cukor a Soľ』を発表。2009 年にポーランドのジェシュフで開催された国際音楽フェスティバル「カルパチア Carpathia」で入賞して注目を集め、以降数多くのヒット曲を発表している。趣味は卓球。
代表曲：「後悔していない Neľutujem」「一緒に Spolu」

文化

ロック・パンク・メタル 体制転換後も活躍する音楽バンド

　社会主義体制成立後のチェコスロヴァキアでは、ロックンロールは西側のブルジョア的な音楽として禁止されていたが、人々はオーストリアのラジオの電波を拾って、こっそり聴いていたようである。1960年代になると、プラハの春の改革運動に伴う自由な雰囲気の中で、「ビッグ・ビート bigbít」（ロック音楽のこと）を標榜するバンドが相次いで誕生した。当時のチェコスロヴァキアでは、ロックという用語を使用することが禁止されていたため、代わりにビッグ・ビートと呼ばれていたのである。1980年代から活躍しているエラーン、トゥブラタンカ、ゾーナ・アーは今でも現役であり、スロヴァキアを代表するバンドとして認知されている。なおスロヴァキアのブラックメタルについては、岡田早由『東欧ブラックメタルガイドブック』（パブリブ、2017年）で、詳しく紹介されている。世界レベルで有名になったバンドは少ないが、多くのバンドがアンダーグラウンドでひしめいているようだ。

エラーン　Elán

スロヴァキアで最も有名な音楽バンド。ヨジョ・ラーシュ Jožo Ráž やヴァショ・パテイドル Vašo Patejdl が中心となり、初等学校の同級生により結成された。1980年代以降ヒット曲を数多く発表。チェコでも熱狂的な人気を誇り、プラハで開催したコンサートでは8万人の観客が集まった。なお、ラーシュの息子は官僚で、2023年に交通大臣に任命されている。
代表曲：「仮想の女 Vymyslená」「1人じゃいられない Neviem byť sám」

トゥブラタンカ　Tublatanka

1982年にマルティン・ジュリンダ Martin Ďurinda が中心となって結成されたロック・バンド。1980年代後半に発表した3枚のアルバムが記録的な販売数を記録した。同時期にウィーンやモスクワでもコンサートを行っている。ビロード革命に積極的に関与し、革命の舞台となったブラチスラヴァの SNP 広場で演奏した。
代表曲：「今日 Dnes」「真実が勝利する Pravda víťazí」

ゾーナ・アー　Zóna A

1984年にブラチスラヴァで結成されたパンク・バンド。スロヴァキア・パンクのレジェンドと呼ばれている。ヴォーカルのコニーク Koňýk（本名はペテル・スフレドル Peter Schredl）は、バンド結成時から現在まで活動を続けている唯一のメンバー。社会主義時代は、政治的な歌詞の内容のため、秘密警察に活動を妨害されていた。
代表曲：「素晴らしく、意地悪い女 Nádherná, zákerná」「バカになるな Nebuď hlúpa」

ヘクス　Hex

1989年にブラチスラヴァで、ペテル・ドゥダーク Peter Dudák らによって結成されたロック・ポップ・バンド。メンバーによれば、ヘクスというバンド名は、「ヒューマノイドの実験 humanoidný experiment」という造語から取られた。2019年に設立メンバーのドゥダークが膵臓がんで亡くなったが、現在でも活動を続けている。
代表曲：「僕たちだけの時 Keď sme sami」「金曜日の夕方に V piatok podvečer」

グラディアトル　Gladiator

1989 年に結成されたロック・バンド。リーダーはヴォーカルのミロシュ・フラトキー Miloš Hladký（愛称はミコ Miko）。メタルの要素も多く取り入れており、アメリカのメタリカやブラジルのセパルトゥラといったヘヴィ・メタル・バンドからインスピレーションを受けているという。ドイツやフランスなどでもコンサートを行っている。
代表曲：「君を失いたくない Nechcem o teba prísť」「恋 Láska」

アイ・エム・ティー・スマイル　IMT Smile

独立後のスロヴァキアで最も有名なロック・バンド。1992 年にスロヴァキア東部プレショウにて、イヴァン Ivan とミロスラヴ Miroslav のタースレル Tásler 兄弟によって結成された。IMT というバンド名は、兄弟の名前と名字の頭文字に由来する。ロック・バンドだが、パンク、レゲエ、フォークソングなどのジャンルを取り入れた曲も発表した。
代表曲：「人々は悪くない Ľudia nie sú zlí」「二級国道 Cesty II. triedy」

ホルキージェ・スリージェ　Horkýže Slíže

1992 年にニトラで結成された。リーダーはヴォーカルのペテル・フリヴニャーク Peter Hrivňák（愛称はクコ Kuko）。最も人気があるスロヴァキアのパンク・バンドで、ブラック・ユーモアを含む歌詞が人気を集めている。結成されてから 30 年以上が経った今でも、精力的にコンサートを実施している。
代表曲：「エル・エー・ジー・ソング L.A.G. Song」「力強いリフレーン Silný refrén」

イネー・カフェ　Iné Kafe

1995 年にブラチスラヴァにて、ヴラトコ・ロホニュ Vratko Rohoň らが中心となり結成されたポップ・パンク・バンド。1990 年代のブラチスラヴァでは、ドナウ川に架かる港橋 Prístavný most 周辺の人気（ひとけ）のない倉庫街で、駆け出しのバンドが腕を磨いていたが、イネー・カフェも元々はこの場所で活動していた。バンド名は「その他のカフェ」という意味。
代表曲：「朝 Ráno」「汚い抱擁 Špinavé objatie」

デスモド　Desmod

1996 年にニトラで結成されたバンドで、リーダーはマーリオ・コラール Mário Kollár。ロックとメタルを融合した曲風で、独立後のスロヴァキアを代表する音楽グループ。バンド名は、中南米に生息する、哺乳類の血を吸うコウモリの名前から付けられた。当初はヘヴィ・メタルに専念していたことから、このような「おぞましい」名前を付けたという。
代表曲：「恋しさ Chýbanie」「君に首ったけ Na tebe závislý」

マロカルパタン　Malokarpatan

2014 年にブラチスラヴァで結成されたブラック・ヘヴィメタル・バンド。スロヴァキアの民謡を巧みに編み込んだ楽曲を発表している。バンド名は、ブラチスラヴァ近郊の小カルパチア山脈 Malé Karpaty が由来。ヴォーカルは HV（本名ヴラジミール・モラヴチーク Vladimír Moravčík）。日本にも CD が輸入されている。
主なアルバム：『クルピナの炎 Krupinské ohne』『北カルパチアの土地 Nordkarpatenland』

ヒップホップ、ジャズ　多くの人材を輩出

　スロヴァキアはヒップホップの分野で優れたミュージシャンを輩出している。ここで紹介しきれなかったラッパーは、平井ナタリア恵美『ヒップホップ東欧』（パブリブ、2018年）に多数掲載されているので、是非参照して頂きたい（スロヴァキア人ラッパーへのインタビューも掲載されている）。ジャズについては、大御所のペテル・リパと、日本とも関わりが深いヴァリホラを取り上げた。

リトムス　Rytmus　1977〜

スロヴァキア・ラップ界の帝王。本名はパトリク・ヴルボウスキー Patrik Vrbovský。チェコのクロムニェジーシュでロマ系の家族の下に生まれ、スロヴァキアの温泉地ピエシュチャニで育つ。2001年に後述のコントラファクト Kontrafakt を結成し、2006年には自主レーベルを設立した。2015年には自伝映画『リトムス、団地の夢 RYTMUS sídliskový sen』が公開された。
代表曲：「失われた世代の子供たち Deti Stratenej Generácie」「ゴールドディガー Zlatokopky」

マイク・スピリト　Majk Spirit　1984〜

本名はミハル・ドゥシチカ Michal Dušička。ブラチスラヴァ出身。リトムスに次いで2番目に有名なスロヴァキア人のラッパー。2011年にソロアルバム『新しい人 Nový človek』を発表した。セレステ・バッキンガム Celeste Buckingham（父親がアメリカ人、母親がイラン人で、スイス生まれでスロヴァキア育ちの歌手）とのコラボでも知られる。
代表曲：「プライムタイム Primetime」「女の子たちはみんな俺を見る Všetky oči na mne」

コントラファクト　Kontrafakt

3人の著名ラッパーによって2001年に結成されたヒップ・ホップ・グループ。メンバーは、前述のリトムス、エゴ Ego、アニス Anys で、いずれもピエシュチャニ育ちという共通点がある。なお、エゴ（本名はミハル・ストラカ Michal Straka）がソロで発表した「人生は一度だけ Žijeme len raz」は、2012年にスロヴァキアで最もヒットした曲となった。
代表曲：「俺に与えている Dáva mi」「人生は映画だ Život je film」

ペテル・リパ　Peter Lipa　1943〜

スロヴァキア・ジャズ界のレジェンド。プレショウ生まれ。幼少期から様々な楽器に親しみ、建築学やジャーナリズムを学んだ後に、フリーのアーティストになった。1975年に自身が始めたブラチスラヴァのジャズ・フェスティバル Bratislavské jazzové dni は、現在に至るまで毎年開催されている。その影響力はジャズだけに留まらず、スロヴァキア音楽界の重鎮として君臨し続けている。
代表曲：「4頭の馬についてのバラード Balada o štyroch koňoch」「繁栄 Prosperita」

マルティン・ヴァリホラ　Martin Valihora　1976〜

ブラチスラヴァ出身のドラマー。ベース・ギタリストの父親と、歌手の母親の間に生まれ、音楽一家で育った。ブラチスラヴァ音楽院を卒業し、アメリカのバークリー音楽大学でも学んだ。ジャズ・ピアニストの上原ひとみと共演していることから日本でも知られている。日本各地でのツアーにも参加しており、東日本大震災の直後には、復興支援のためのチャリティーコンサートをブラチスラヴァで行った。妻はスロヴァキアの著名女優ナターリア・ゲルマーニ Natalia Germani。

オペラ歌手　日本でも知られている歌手たち

　スロヴァキアは世界的に有名なオペラ歌手を輩出してきたが、活動の舞台が国外であったこともあり、スロヴァキア人の歌手として認知されていないかもしれない。ここでは、日本でも知られているオペラ歌手を紹介しよう。ちなみに、スロヴァキアのバンスカー・ビストリツァ国立歌劇場は、1999年以降ほぼ毎年来日公演を行っている。

ルツィア・ポッポヴァー　Lucia Poppová　1939〜1993

日本ではルチア・ポップという名前で親しまれたソプラノ歌手。元々は医学を勉強していたが、ブラチスラヴァ舞台芸術大学VŠMUを卒業し、1963年にウィーン歌劇場のメンバーとなった。1967年にメトロポリタン歌劇場でも出演し、大成功を収める。特にモーツァルトの「魔笛（夜の女王役）」や、リヒャルト・シュトラウスの「ばらの騎士（ゾフィー役）」といったドイツ語圏のオペラで多くの名演を残した。脳腫瘍のため54歳の若さで死去。墓地はブラチスラヴァにある。

エディタ・グルベロヴァー　Edita Gruberová　1946〜2021

日本ではグルベローヴァとの表記で知られる。ブラチスラヴァ舞台芸術大学を卒業し、1969年からウィーン歌劇場で歌い始めた。世界最高峰のコロラトゥーラ・ソプラノ歌手として、技巧的な歌唱力で観衆を魅了し、ロッシーニの「セビリアの理髪師（ロジーナ役）」やヴェルディの「リゴレット（ジルダ役）」など、イタリア・オペラを中心に活躍。グルベローヴァーの評伝『うぐいすとバラ』（ニール・リショイ著）は、日本語でも翻訳出版されている。来日歴多数。

ペテル・ドヴォルスキー　Peter Dvorský　1951〜

ブラチスラヴァ音楽院で学び、学生時代からスロヴァキア国立歌劇場で出演した。1974年にチャイコフスキー国際コンクールで、1975年にはジュネーヴ国際音楽コンクールで入賞している。1977年にウィーン国立歌劇場に活動の舞台を移すと、1980年代に世界屈指のテノール歌手として君臨し、ウィーン国立歌劇場から「宮廷歌手」の称号が与えられた。兄弟3名もオペラ歌手であり、後述するミロスラウと、ヤロスラウ、パヴォルを含めた「ドヴォルスキー4兄弟」として世界的に知名度が高い。

ミロスラウ・ドヴォルスキー　Miroslav Dvorský　1960〜

上述したペテル・ドヴォルスキーの弟。スロヴァキア国立歌劇場のテノール歌手を務めている他、ウィーンのフォルクスオーパーのメンバーでもある。当たり役は、ドニゼッティの「愛の妙薬（ネモリーノ役）」、モーツァルトの「魔笛（タミーノ役）」、チャイコフスキーの「エヴゲーニー・オネーギン（レンスキー役）」、スメタナの「売られた花嫁（イェニーク役）」など。慈善事業として、アルツハイマー病の患者を支援する財団の代表を務めている。

パトリツィア・ヤネチコヴァー　Patricia Janečková　1998〜2023

スロヴァキア人の両親の下にドイツで生まれ、幼い時にチェコのオストラヴァに移住した。幼少期から天才ソプラノ歌手として注目を集め、10歳の時に交響楽団と初共演した。12歳の時にチェコとスロヴァキアのタレント発掘番組「タレントマニア Talentmania」で優勝すると一躍有名になり、13歳でCDデビューを果たした。その歌声は日本でも知られていたが、2022年に乳がんのため活動を休止。2023年7月に交際していたチェコ人俳優と結婚したが、その3か月後に25歳の若さで亡くなった。

文化

文学　スロヴァキア文章語の普及を支える

『墓地の書』の日本語訳

チェコ文学は、日本語にも多数翻訳されており、チャペック、ハシェク、フラバル、クンデラなどの作家はよく知られている。しかし、スロヴァキア文学で日本語に翻訳されているのは、ムニャチコ Ladislav Mňačko 著／栗栖継訳の『遅れたレポート』（岩波書店）や、ターレ Samko Táले 著／木村英明訳の『墓地の書』（松籟社）など僅かである。スロヴァキア文学は、本国以外ではほとんど知られておらず、世界文学の中でマイナー分野に位置づけられている。

世界一長い恋愛詩

シュトゥールが現在のスロヴァキア語に近い文章語を整備したのは 1843 年のことである。スロヴァキア文学を現在のスロヴァキア標準語で書かれたものと定義するのであれば、スロヴァキア文学の歴史はこの頃から始まったと言えよう（スロヴァキア語での創作活動が定着するまでは、チェコ語、ハンガリー語、ドイツ語で執筆する文学者も多かった）。19 世紀半ば頃から、クラーリュ Janko Kráľ、スラートコヴィチ Andrej Sládkovič、フヴィエズドスラウ Pavol Országh Hviezdoslav といった詩人がスロヴァキア語で作品を発表した。1846 年にスラートコヴィチが発表した『マリーナ Marína』は、世界一長い恋愛詩として知られている。この詩は、バンスカー・シュチアウニツァに住むマーリアという女性に捧げられたが、失恋に終わっている。マーリアが住んでいたバンスカー・シュチアウニツァの邸宅は、恋愛銀行 Banka Lásky という恋愛をテーマとした博物館になっている（た

だし、2023 年に発生した火災のため、現在長期閉館中）。

20 世紀のスロヴァキア文学者

1918 年にチェコスロヴァキアが独立すると、スロヴァキア人作家による創作活動がより一層盛んになった。戦間期に活躍した作家の中では、特にツィーゲル＝フロンスキー Jozef Cíger-Hronský や、ウルバン Milo Urban が有名である。社会主義時代になると、共産党の検閲の下で自由な著作活動が制限され、プラハの春弾圧後に、著名作家であったムニャチコはオーストリアに亡命し、タタルカ Dominik Tatarka は公の場での執筆活動を停止させられた。ビロード革命以降は、SF を織り交ぜた作風で人気を博したフヴォレツキー Michal Hvorecký や、女性や家族の問題に切り込んだケレオヴァー＝ヴァシルコヴァー Táňa Keleová-Vasilková の作品が注目されている。

スロヴァキア語に翻訳された日本文学

日本におけるスロヴァキア文学の知名度とは対照的に、多くの日本文学がスロヴァキア語に翻訳されている。既に社会主義時代に、川端康成の『眠れる美女』、阿部公房の『砂の女』、三島由紀夫の『潮騒』、原民喜の『夏の花』の他、戦後にフィリピンの島で潜伏を続けたことで知られる小野田少尉の『わがルバング島の 30 年戦争』までスロヴァキア語に翻訳されていた。近年では、村上春樹、小川洋子、川口俊和、川上未映子、有川ひろの作品がスロヴァキア語で出版されている。スロヴァキア人はチェコ語を理解するため、外国語文学をチェコ語訳で読むことができる。そのような状況の中で、これだけ多くの日本人作家の作品がわざわざスロヴァキア語にも翻訳されているので、スロヴァキアにおける日本文学の需要は高いと言えるかもしれない。

絵本　世界最大級の絵本原画展を開催

ドゥシャン・カーライの展覧会（出典：danubiana.sk）

　スロヴァキアは、知る人ぞ知る絵本大国である。ブラチスラヴァでは、1967 年から隔年で、世界最大級の絵本原画展が開催されている。ブラチスラヴァ絵本原画展は、絵本の挿絵に関する展示会としては世界最高峰に位置しており、毎回世界各国の絵本作家から多数の原画が出展される（1967 年から 2021 年までに、110 以上の国の 8748 人の絵本作家の作品が展示されたという）。日本人もブラチスラヴァ絵本原画展で活躍しており、これまでに瀬川康男、中辻悦子、出久根育の 3 人がグランプリ（最優秀賞）を獲得した。ブラチスラヴァ絵本原画展では、グランプリ以外にも複数の賞が設けられているが、その中の 1 つに、子供が審査員を務める「子供審査員賞」がある。絵本の読者のほとんどが子供であるので、子供が受賞作品を決めるのは合理的であろう。なお、ブラチスラヴァ絵本原画展に出展された作品は、日本各地の美術館で不定期に開催される巡回展でも鑑賞することができる（これまでに、さいたま、千葉、茅ヶ崎、足利、新潟、東大阪、奈良で巡回展が開催された）。

　スロヴァキアの絵本界で最も重要な人物として、ブルノウスキー Albín Brunovský、ツィパール Miroslav Cipár、カーライ Dušan Kállay が挙げられる。特にカーライは日本との縁が深く、個展を開くために何度も訪日している他、カーライが挿絵を描いた絵本は日本語にも翻訳されている。また、驚くべきことに、カーライを慕ってスロヴァキアの芸術大学に留学した日本人は、筆者が知っているだけでも 10 人を超える。カーライの教え子の降矢ななと洞野志保は、スロヴァキアを拠点に創作活動を続けており、日本でも多くの絵本作品が知られている。

ドゥシャン・カーライ

文化

映画　佳作を撮り続ける小国の底力

『大通りの店』の舞台となった洋品店（東スロヴァキアのサビノウ）

　1895 年、リュミエール兄弟がパリで世界最初の映画を公開した。その翌年にはスロヴァキアで初めてとなる映画の一般公開がブラチスラヴァで行われている。1921 年にはスロヴァキア最初の長編映画『ヤーノシーク Jánošík』が公開された。映画監督を務めたのは、スロヴァキア出身でアメリカで活躍していたシアケリュ Jaroslav Siakeľ であった。彼はこの映画を制作するために故郷に戻り、同映画はスロヴァキアで撮影された。ヤーノシークは、スロヴァキアの伝説的な義賊であり、民衆のヒーローとして人気を集め、これまでに何度も文学や映画の主役になっている。

チェコスロヴァキア初のアカデミー外国語映画賞

　スロヴァキアで本格的な映画製作が始まったのは、第二次世界大戦後のことである。1965 年に公開された『大通りの店 Obchod na korze』は、戦時中のユダヤ人迫害を題材にした作品であり、チェコスロヴァキア映画として初めてのアカデミー外国語映画賞を獲得した。監督はスロヴァキア人のカダール Ján Kadár とチェコ人のクロス Elmar Klos が共同で務め、主役を演じたのはスロヴァキア人の名優クロネル Jozef Kroner であった。映画の舞台となった東スロヴァキアのサビノウ Sabinov では、ロケ地になった広場や洋品店を巡ることができる。

　スロヴァキアで最も偉大な映画監督と見なされているのは、ユライ・ヤクビスコ Juraj Jakubisko（1938 ～ 2023）だ。山村に住む家族の叙事詩を描いた『千年のミツバチ Tisícročná včela』（1983 年）、毎年クリスマスにテレビ放

ユライ・ヤクビスコ

`『千年のミツバチ』`

映されるおとぎ話『ペリンババ Perinbaba』
（1985 年）、吸血鬼伝説で知られるバート
リ・エルジェーベトをモデルにした『バート
リ Bathory』（2008 年）が代表作である。
　21 世紀に入ってからは、現代スロヴァキ
ア政治の諸問題に焦点を当てた映画も大き
な注目を集めている。初代首相についての
ドキュメンタリー映画『メチアル Mečiar』
（2017 年、テレザ・ヌヴォトヴァー Tereza
Nvotová 監督）、コヴァーチ大統領の子息誘
拐事件を描いた『誘拐 Únos』（2017 年）と、
ジャーナリスト暗殺事件を題材にした『ブタ
Sviňa』（2020 年、いずれもマリアナ・チェ
ンゲル・ソルチャンスカー Mariana Čengel
Solčanská 監督）がその代表例である。

日本でも公開されたスロヴァキア映画

　あまり馴染みのないスロヴァキア映画で
あるが、近年は日本で上映される作品も多
くなった。山間部に住む老人の生活を映

し出したドキュメンタリー映画『百年の夢
Obrazy starého sveta』（ドゥシャン・ハナー
ク Dušan Hanák 監督、1972 年）、マイダン
革命後のドネツクなどでの取材をまとめたド
キュメンタリー映画『ウクライナから平和を
叫ぶ Mir Vam』（ユライ・ムラヴェツ監督、
2016 年）、スロヴァキア民族蜂起をモチーフ
にした『未来は裏切りの彼方に Malá ríša』（ペ
テル・マガート Peter Magát 監督、2019 年）、
ナチスの強制収容所から脱走したユダヤ系
スロヴァキア人の実話に基づく『アウシュ
ヴィッツ・レポート Správa』（ペテル・ベビ
アク Peter Bebjak 監督、2021 年）はその一
例だ。そのほか、東京や京都などで毎年開催
される EU フィルムデーズでも、スロヴァキ
ア映画が上映されている。

ハリウッド映画のロケ地

　最後に、スロヴァキアがロケ地となった映
画についても紹介しよう。ジョージ・クルー
ニーとニコール・キッドマンが出演した『ピー
スメーカー』（ミミ・レダー監督、1997 年）、
ジェニファー・ローレンス主演の『レッド・
スパロー』（フランシス・ローレンス監督、
2008 年）、デンマークの名優マッツ・ミケ
ルセンが主演を務めた『ムーブ・オン Move
on』（2012 年、アスガー・レス監督）は、
ブラチスラヴァもロケ地の一つとなった。ま
た、TV ドラマ『のだめカンタービレ in ヨー
ロッパ』（2008 年）は、スロヴァキア民族劇
場でも撮影が行われた。
　反対に、スパイ映画シリーズの『007 ／
リビング・デイライツ』（ジョン・グレン監
督、1987 年）では、ジェームズ・ボンドが
ブラチスラヴァに立ち寄っているが、撮影は
ウィーンで行われた。コマールノ（スロヴァ
キア南西部）出身のライトマン Ivan Reitman
が制作総指揮を務めたコメディ映画『ユーロ
トリップ』（2004 年）では、主人公たちが欧
州周遊中にブラチスラヴァに辿り着くが、ス
ロヴァキアで撮影されたわけではない。

アニメ　ヤーノシークや羊飼いが主人公

『盗賊ユルコ』（出典：csfd.sk)

　芸術の国チェコでは、アニメ制作も盛んだ。1957 年に生まれたモグラのクルテクは、チェコの国民的キャラクターで、その人気は今も衰えることを知らない。『アリス Něco z Alenky』や『悦楽共犯者 Spiklenci slasti』などのグロテスクなアニメーション作品で知られるヤン・シュヴァンクマイエルは、日本でも熱狂的なファンが多い。

　スロヴァキアのアニメは日本ではあまり知られていないが、その歴史は意外と長く、初めて映画が作られたのは第二次世界大戦中のことである。制作したのは、後にスロヴァキアで最も偉大なアニメ監督と見なされることになるクバル Viktor Kubal で、大学生の時に『恋の井戸 Studňa lásky』（1943）を発表した。クバルは、生涯で約 400 本のアニメを世に送り出し、1976 年には義賊ヤーノシークを題材にしたスロヴァキア初の長編アニメ『盗賊ユルコ Zbojník Jurko』を制作した。

　1965 年、スロヴァキアで最初のアニメ映画スタジオがブラチスラヴァに創設された。ちょうどその頃から、チェコスロヴァキアの国営テレビは、「ヴェチェルニーチェク Večerníček」という子ども向けの短編アニメ番組の放送を開始している。ヴェチェルニーチェクは、「おやすみの前のお話」という意味で、子どもが寝る前に見るアニメとして位置づけられており、多数の短編アニメ作品がそれぞれ 1 話ずつ紹介されている。国が分かれた現在でも、毎日 18 時半頃に放映されており、チェコ人とスロヴァキア人なら誰でも知っている長寿番組だ。

　チェコスロヴァキア時代から、チェコ側ではチェコ語の、スロヴァキア側でスロヴァキア語のヴェチェルニーチェクが放送されており、スロヴァキア語アニメの代表的な作品として、やはり義賊ヤーノシークを題材に取った『ユロシーク Jurošík』、マチコとクプコという羊飼いが主人公の『羊飼いは羊を放牧させた Pásli ovce valasi』、カタツムリと妖精の冒険を描いた『カタツムリのマチョと、妖精のクリンチェク Slimák Maťo a škriatok Klinček』が挙げられる。

羊の教育アニメ

　スロヴァキアが独立した 1993 年、ブラチスラヴァ舞台芸術大学の映画テレビ学部に、アニメ制作学科が新設された。以降、この学科を卒業した若手監督が、スロヴァキアのアニメ界を牽引していく。ストルス Michal Struss は、1999 年に制作した『箱の中で V kocke』（1999 年）で、学生アカデミー賞にノミネートされた。ケレケショヴァー Katarína Kerekesová は、不思議な世界を旅する二人の少女を描いた作品『ミミとリーザ Mimi a Líza』で一躍有名になり、クモの家族の生活を描いた『ウェブスター一家 Websterovci』も、国内外で高い評価を受けた。ブジンスキー

『羊飼いは羊を放牧させた』

Peter Budinský の『君の国 Tvojazem』（2022年）は、シカゴ国際子ども映画祭で最優秀長編アニメ映画賞を受賞した。

　2011年からは、ブラック・ユーモア溢れる大人向けのシットコム形式アニメ番組「ローカル・テレビ Lokal TV」が放映されている（YouTube の公式チャンネルで視聴できる）。「ローカル・テレビ」の監督は、1987年生まれのクロネル Jakub Kroner で、実写版映画や TV ドラマの監督も務めている。24歳の時に発表した「ラブ＆マネーLóve」（2011年）は、強盗と女学生の恋愛を描いた実写版映画で、スロヴァキアで大ヒットを記録した（日本でも2016年の EU フィルムデーズで公開された）。

　その他、興味深いアニメ作品として、インターネットの危険から子どもを守るためにスロヴァキアの NGO が制作した『羊 Ovce』がある。このアニメでは、子どもがスマートフォンなどを利用する際に注意すべき点についてユーモラスに解説されており、日本のV4中央ヨーロッパ子ども映画祭でも上映された。

『君の国』（出典：BFILM）

『ローカル・テレビ』

文化

第8章 スポーツ

サッカー　なぜかチェコだけが脚光を浴びる

創成期のスロヴァン・ブラチスラヴァ（出典：Slovan Bratislava 公式 HP）

　スロヴァキアでは、サッカーがアイスホッケーと並ぶ人気スポーツである。見るスポーツとしてはアイスホッケーが一番人気だが、自分でやるスポーツとしてはサッカーが人気だ。スロヴァキアにはプロアマ合わせて約2400 のサッカーチームがあり、人口の12分の1に当たる約26 万人がサッカー選手として登録されているという。小国ながら、サッカーの国際大会で強豪国相手に勝利することも稀ではなく、2010 年に南アフリカで行われた FIFA ワールドカップでは、前回優勝国イタリアを下し世界を驚かせた。また、1993 年にスロヴァキアが独立する前には、チェコスロヴァキアとしてワールドカップや欧州選手権に頻繁に出場し、好成績を残してきた。しかし、日本では、チェコスロヴァキアの継承国が、まるでチェコだけであるかのように扱われることがあり、チェコスロヴァキアのサッカー史からスロヴァキアの存在が忘れられることが多いように思われる。

　サッカーのチェコスロヴァキア代表は、当然ながらチェコ人だけでなくスロヴァキア人も招集されていた。それどころか、スロヴァキアの人口はチェコの約半分であるにも関わらず、チェコ人選手よりもスロヴァキア人選手の方が多く代表に選ばれることもあった。

サッカーの伝来とチェコスロヴァキア建国期

　19 世紀末、プラハ、ウィーン、ブダペシュトを経由してスロヴァキアにもサッカーが伝来した。1898 年には東スロヴァキアのプレショウで、ブダペシュトのサッカーチームによるパフォーマンスが行われた。

　1922 年にスロヴァキアで最初のリーグ戦が行われ、スロヴァン・ブラチスラヴァが初代チャンピオンとなった。1925 年以降は、スロヴァキアのチームはチェコのチームと合同でリーグ戦を行うことになる（1918 年にチェコスロヴァキアが独立していた）。戦前のチェコスロヴァキアリーグでは、プラハの2 大チーム（スパルタ・プラハとスラヴィア・プラハ）がほぼ全てのタイトルを独占した。しかし、スロヴァキアのチームがチェコのチームと比べて極端に劣っていたわけではない。1928 年、スロヴァン・ブラチスラヴァは、当時イングランドの強豪チームであったニューカッスル・ユナイテッドを招待して親善試合を行い、8 − 1 の大差で勝利してヨーロッパ中を驚かせた。

　1930 年代の世界のサッカー強豪国は、オーストリア、ハンガリー、チェコスロヴァキア、イタリアであった。中欧諸国は、ショートパスを多用する当時としては近代的な戦術を導入していたが、細かいパスをテンポ良くつなぐスタイルは、現在のスロヴァキア代表とチェコ代表のサッカーにも受け継がれている。

　チェコスロヴァキアは、1934 年ワールドカップで決勝に進むも、開催国イタリアに敗れ惜しくも準優勝となった。決勝戦は、延長戦の末イタリアが逆転勝利するというドラマチックな展開となったが、ムッソリーニによる審判団への圧力により、イタリアに有利となる不可解な判定が続出したことに留意する

必要がある。同大会では、得点王に輝いたネ
イェドリー Oldřich Nejedlý や、俊敏な反応
で「プラハの猫」という綽名が付けられた
GK のプラーニチカ František Plánička など、
チェコ人選手の活躍がクローズアップされる
が、チェコスロヴァキアの構成民族であるス
ロヴァキア人、ドイツ人、ハンガリー人、ル
シーン人の選手もメンバーに含まれていた。
チェコスロヴァキアは、1938 年フランス・
ワールドカップにも出場し、ベスト 8 に進
出している。
　1939 年にヒトラーの圧力によってチェコ
スロヴァキアが解体されると、ナチス・ドイ
ツの傀儡国家「スロヴァキア国」のサッカー
代表チームが組織された。「スロヴァキア国」
としての最初の国際試合の相手はドイツで
あったが、2 － 0 で勝利している。

1969 年カップ・ウィナーズ・カップでヨーロッパ王者
に輝いたスロヴァン・ブラチスラヴァ（出典：Slovan
Bratislava 公式）

社会主義時代のチェコスロヴァキア・サッカー

　1960 年代に入ると、チェコスロヴァキア
代表は国際大会で次々と好成績を残し、黄
金期を迎える。1960 年の第 1 回欧州選手権
（EURO）で 3 位に入ると、1962 年のチリ・
ワールドカップでは決勝まで進み、ブラジル
に敗れて惜しくも準優勝となった。同大会の
中心選手は、その年のバロンドール（当時の
ヨーロッパ最優秀選手賞）を獲得したマソプ
スト（チェコ人）であったが、同大会の最優
秀ゴールキーパーに選出されたスフロイフ
Viliam Schrojf、世界選抜にも選出されたディ
フェンスのポプルハール Ján Popluhár、国
内リーグ戦で 4 度の得点王を獲得したアダ
メツ Jozef Adamec など、多数のスロヴァキ
アの選手がメンバーに名前を連ねていた。
　1964 年の東京オリンピックでは、主力選
手を召集しなかったものの、チェコスロヴァ
キアは銀メダルを獲得した（金メダルはハン
ガリー）。キャプテンを務めたのは、スロヴァ
キア人選手のウルバン Anton Urban であっ
た。なお、日本は、同大会の準々決勝でチェ
コスロヴァキアと対戦し、0 － 4 で敗れてい
る。
　スロヴァキアのサッカーは、1960 年代後

半以降最盛期を迎え、チェコを圧倒するよう
になる。1968 年から 1975 年までのチェコ
スロヴァキアリーグでは、スロヴァキアの
チームがタイトルを独占し続けた（スパルタ
ク・トルナヴァが 5 回、スロヴァン・ブラ
チスラヴァが 3 回優勝）。ヨーロッパレベル
でも、スロヴァン・ブラチスラヴァは 1969
年の UEFA カップウィナーズカップで FC バ
ルセロナを決勝で破り優勝し、スパルタク・
トルナヴァは 1968 － 1969 年シーズンの
UEFA チャンピオンズリーグでベスト 4 に進
出した（ヨハン・クライフ擁するアヤックス・
アムステルダムと準決勝で対戦し、2 試合合
計 2 － 3 の僅差で敗れた）。
　当時のチェコスロヴァキア代表チームは、
実に約 8 割がスパルタク・トルナヴァとス
ロヴァン・ブラチスラヴァの選手で占められ
ていた。両チームは国際舞台でも活躍してい
たことから、1970 年メキシコ・ワールドカッ
プでの代表チームの活躍も期待された。しか
し、プラハに本部を置きチェコ人が幹部を務
めるチェコスロヴァキア・サッカー協会は、
スロヴァキア人が多い代表チームに不快感を
示し、チェコ人選手をもっと選出するよう露
骨な圧力をかけていたという。代表監督のマ
ルコ Jozef Marko（スロヴァキア人）は、チェ
コ人選手を積極的に登用しなければ監督を首
にする、と協会より脅しを受けていたと後に
述懐している。
　それでも、マルコ監督は実力を重視し、
22 人の代表メンバーのうち 17 人をスロヴァ

スポーツ

1976年ユーロ予選決勝のチェコスロヴァキア代表のメンバー（出典：チェコ・サッカー協会HP）

キア人選手で固めて1970年ワールドカップ
に臨んだ。サッカー協会は、スロヴァキア人
が大半を占める代表への支援に消極的であ
り、直前の国内リーグ戦でワールドカップに
配慮しない日程を組んだ。そのため、チェコ
スロヴァキア代表は、同大会に出場した国の
中で一番最後にメキシコ入りすることを余儀
なくされる。また、試合会場のグアダラハラ
に直接飛行機でキャンプ入りすることは認め
られず、まず首都メキシコシティまで飛び、
そこから約600kmの距離をバスで移動する
ことになった。チェコスロヴァキア代表は長
旅と疲労により、練習中に体調を崩す選手が
続出した。灼熱のメキシコの気候も、コンディ
ション不足に追い打ちをかけた。

　結局、大会前は史上最強と評されていた
チェコスロヴァキアは、グループリーグ3戦
全敗で敗退した。グループリーグでは、前回
優勝国のイングランドと、前々回優勝国のブ
ラジルと対戦することになり、組み合わせの
運も悪かったが、チェコスロヴァキア代表が
調整不足であったことは明らかであった。今
でも、スロヴァキアのオールドファンは、当
時のサッカー協会が適切な支援を行っていれ
ば、チェコスロヴァキアが同大会で好成績を
残していたはずだと信じて疑っていない。

　失意のメキシコ・ワールドカップの6年
後、チェコスロヴァキアはヨーロッパ・チャ
ンピオンの栄光を手にする。1976年にユー
ゴスラヴィアで行われた欧州選手権で、チェ

コスロヴァキアは、当時世界最高の選手と言
われていたクライフ擁するオランダを準決勝
で、サッカー界の皇帝と呼ばれたベッケンバ
ウアーが健在の西ドイツを決勝で破り、見事
優勝した。決勝はPK戦までもつれ込む熱戦
となったが、パネンカ Antonín Panenka（チェ
コ人）が大胆にもチップキックで最後のペナ
ルティ・キックを決めて、世界を驚かせた。
パネンカの印象が強く残った大会であった
が、それでもチェコスロヴァキア代表の大半
はスロヴァキア人で構成されていた。決勝の
西ドイツ戦に立った11人スターティングメン
バーのうち、実に8人がスロヴァキアの
選手であり、キャプテンはスロヴァキア人の
オンドルシュ Anton Ondruš が務めた。

　チェコスロヴァキアは、1980年にイタリ
アで行われた欧州選手権でも3位に入賞し
ている。同年に開催されたモスクワ・オリン
ピックではスロヴァキア人選手は2名しか
選出されなかったが、そのうちの1人のゴー
ルキーパーのセマン Stanislav Seman が僅か
1失点しか許さない圧巻のパフォーマンスを
見せ、サッカー競技では初めてとなるチェコ
スロヴァキアの金メダル獲得に貢献した。

黄昏のチェコスロヴァキア代表

　チェコスロヴァキアとして出場した最後の
メジャー大会は、1990年のイタリア・ワー
ルドカップであった。チェコスロヴァキアで
は前年のビロード革命で社会主義政権が崩壊

チェヘルネー・ポレ（国立競技場）

2010 年ワールドカップのスロヴァキア代表（出典：スロヴァキア・サッカー協会 HP）

しており、自由旅行が解禁されたことで一般市民がイタリアまでサッカー観戦に押し寄せた。知将ヴェングロシュ Jozef Vengloš（スロヴァキア人）に率いられたチェコスロヴァキアは、準々決勝で西ドイツ（同大会の優勝国）に０−１で惜しくも敗れた。同大会のチェコスロヴァキア代表メンバー 22 人のうち、半数にあたる 11 人がスロヴァキア人選手であった。

1992 年の春、1994 年アメリカ・ワールドカップのヨーロッパ地区予選が始まった。予選開始時点では、チェコスロヴァキアは 1 つの国であったので、チェコとスロヴァキアの合同チームとして予選に参加した。結局、同大会の予選を突破することはできず、両国独立後の「統一チーム」としての出場は果たせなかった。予選終了後の 1994 年に、代表チームも国と同様 2 つに分かれた（国内リーグは 1993 年に別々になった）。

新生スロヴァキア代表

独立後のスロヴァキアは、好選手を揃えていたものの、メジャー大会になかなか出場することはできなかった。また、他の旧社会主義国同様、優秀な選手は資金力がある西欧の強豪チームに引き抜かれてしまい、国内リーグの競争力が低下した。サッカースロヴァキア代表は、2000 年のシドニーオリンピックに出場したが、決勝トーナメントに進むことはできなかった（日本は、グループリーグでスロヴァキアと対戦し、2−1 で勝利している）。

一方のチェコは、1996 年にイングランドで行われた欧州選手権でいきなり準優勝となり、強豪チェコスロヴァキアの「後継国」としての面目を保った。チェコは、これまでのところワールドカップの出場は 2006 年ドイツ大会の一度だけ（結果はグループリーグ敗退）であるが、欧州選手権に関しては、独立後全ての大会に出場するという驚異的な記録を継続している（2004 年ポルトガル大会では、ベスト 4 進出という好成績を残した）。

スロヴァキアがワールドカップに「初出場」したのは、2010 年南アフリカ・ワールドカップ のことであった。スロヴァキアはこの大会で、前回優勝国のイタリアに勝利して、グループリーグを突破した。決勝トーナメント第 1 回戦では、この大会で準優勝することになるオランダに 1−2 の僅差で破れたが、「初出場」ながらベスト 16 に進出し、世界を驚かせた。スロヴァキアは、2016 年にフランスで開催された欧州選手権にも出場し、こちらの大会も「初出場」ながらベスト 16 に進んだ。

その後、2018 年と 2022 年のワールドカップ出場は逃したが、2020 年（コロナのため翌年に延期）と 2024 年の欧州選手権には出場している。

スロヴァキア人の選手は日本でもプレーしており、これまでに 7 人の選手が J リーグに出場した。直近では、2024 年にスロヴァン・ブラチスラヴァのチャヴリッチ（元々セルビア人だがスロヴァキア国籍を取得）が鹿島アントラーズに移籍した。

スポーツ

ラジスラウ・クバラ　Ladislav Kubala　1927～2002

　　クバラは、ハンガリーの首都ブダペシュトで生まれたため、一般的にはハ
ンガリー人として認識されている（ハンガリー語名は、クバラ・ラースロー
Kubala László）。しかし、クバラの両親はスロヴァキア系で、キャリアの初
期にはチェコスロヴァキア代表として試合に出場している（後に、ハンガリー
代表、スペイン代表としてもプレー。当時は、複数の国で代表選手となるこ
とができた）。

　　クバラは、地元ブダペシュトの強豪フェレンツバーロシュでデビューする
が、1年後にはスロヴァン・ブラチスラヴァに移籍した（ハンガリーでの徴
兵を避けるためだったと言われている）。ブラチスラヴァでは1946年から
1948年までプレーし、ダウチーク Ferdinand Daučík 監督（スロヴァキア人）の娘と結婚した。

　　その後ハンガリーに戻るが、共産党政権を嫌いイタリアのミラノに脱出した。クバラは、ハンガリー政
府の圧力により、1年間サッカーの公式戦に出場することが禁止されたが、スロヴァン・ブラチスラヴァ
時代の監督ダウチーク（つまり、妻の父）と合流し、共産国からイタリアに
脱出したサッカー選手（チェコスロヴァキア人、ハンガリー人、ルーマニア
人など）を集めて、練習試合を行うためのチームを結成する。

　　クバラは亡命中の身ではあったが、その天才的なサッカー能力に驚嘆した
ヨーロッパの強豪チームが、こぞってクバラの獲得を試みる。クバラは、移
籍先を決めるにあたり、義父のダウチークを監督に就任させることを条件と
し、スペインの強豪 FC バルセロナでプレーすることが決まった。

　　クバラはバルセロナで1951年から1961年までプレーし、219試合で152
ゴールを挙げて、4度のリーグ優勝に貢献した。クバラのプレーを一目見る
ために、バルセロナのソシオ（会員）数は急増し、チームは収容人数が多い
新スタジアムを作る必要に迫られた。こうして、1957年に9万人超の観客
を収容できるカンプ・ノウ・スタジアム が完成した。1999年、FC バルセロ
ナのサポーターは、チームの20世紀最優秀選手にクバラを選出している。

ラジスラウ・クバラ（カン
プ・ノウ・スタジアム前の
銅像）

ヨゼフ・ヴェングロシュ　Jozef Vengloš　1936～2021

　　スロヴァキアが誇る名監督。1976年にチェコスロヴァキア代表のアシスタントコーチとして欧州選手
権制覇に貢献すると、1978年に監督に昇格し1980年の欧州選手権で3位
入賞。1990年のワールドカップではベスト8に進出した。同年、イングラ
ンドの古豪アストン・ヴィラの監督に就任したが、長い歴史を誇るイングラ
ンドのサッカーリーグでイギリス人でない者が監督を務めたのは、ヴェング
ロシュが初めてのことであった。1993年にはスロヴァキア代表の初代監督
に選ばれる。

　　世界各国で監督を務めてきたヴェングロシュが最後に指揮したチームは、
日本のジェフ市原であった。在籍期間は2002年シーズンのみであったが、
リーグ戦で7位、天皇杯でベスト4とまずまずの成績を残した。

　　ヴェングロシュは、チェコスロヴァキアを代表する知将として、国内外から高い評価を受けていた。ま
た、スロヴァキア大統領のスポーツ顧問を務め、国際サッカー連盟（FIFA）や欧州サッカー連盟（UEFA）
の役職も歴任したスロヴァキア・サッカー界の重鎮であった。心理学と生理学の博士号を所持していたヴェ
ングロシュの指導方針は革新的であり、対戦相手の詳細な分析、高地トレーニングの導入、試合後のトレー
ニングの実施、選手に対する食事制限など、現代のサッカーに与えた影響は少なくない。

スロヴァキア・サッカー界の偉人

ヤーン・ポプルハール　Ján Popluhár　1935 ～ 2011

1960 年代に世界最高のディフェンダーとして君臨。チェコスロヴァキア代表として、第 1 回欧州選手権 3 位（1960 年）と、チリ・ワールドカップ準優勝（1962 年）に貢献した。キャリアの大半をスロヴァン・ブラチスラヴァで過ごしたが、1963 年にイングランドのサッカー協会創立 100 周年記念試合で世界選抜のメンバーに選出されるなど、共産圏の選手でありながら、西側諸国でも広く知られた存在であった。スロヴァキアサッカー協会によって、スロヴァキアの 20 世紀最優秀選手に選ばれている。

ヨゼフ・アダメツ　Jozef Adamec　1942 ～ 2018

主にスパルタク・トルナヴァで活躍し、チェコスロヴァキアリーグで 4 度の得点王に輝いた。代表では、44 試合で 14 ゴールを挙げて、1962 年と 1970 年のワールドカップに出場。1968 年にブラチスラヴァで行われたブラジルとの親善試合で、アダメツはハットトリック（3 得点）を決めて 3 － 2 の勝利の立役者となった。キャリアの晩年は、チェコ系移民によって創設されたオーストリアのサッカーチーム「スロヴァン・ウィーン」に移籍した（前述のポプルハールも、引退前にこのチームでプレーした）。

リュボミール・モラウチーク　Ľubomír Moravčík　1965 ～

スロヴァキアが生んだファンタジスタ。右足でも左足でもフリーキックを蹴る選手として有名。スコットランドの強豪セルティックで大活躍し、カリスマ的な人気を誇った。後にセルティックでプレーした中村俊輔は、モラウチークと同じ背番号（25 番）を付けたが、両者共にチームのレジェンドとして認識されている。キャリアの晩年は J リーグのジェフユナイテッド市原でもプレー。2002 年、スロヴァキアサッカー協会が実施したアンケートで、独立後 10 年間の最優秀選手に選出された。

ペテル・ドゥボウスキー　Peter Dubovský　1972 ～ 2000

スロヴァン・ブラチスラヴァで 2 年連続得点王を獲得し、弱冠 22 歳でチェコスロヴァキアリーグ最優秀選手に選ばれた。1993 年から 2 年間、スロヴァキア人として初めて、スペインの強豪レアル・マドリードでプレーするが、厚い選手層に阻まれて本来の実力を発揮できなかった。その後移籍したスペインのオヴィエドでは、主力として活躍し、地元サポーターの人気を集める。しかし、2000 年にバカンスで訪れたタイのサムイ島で、誤って滝に落下し帰らぬ人となった。28 歳の若さであった。

マルティン・シュクルテル　Martin Škrtel　1984 ～

2008 年から 8 シーズンもの間、イングランドの強豪リヴァプールでプレーし、242 試合に出場し 16 ゴールを挙げた。強面な見た目とは裏腹に、ディフェンスながらもプレーは紳士的であり、2010 － 2011 年シーズンはリーグ戦全試合に出場したが 1 度の警告（イエローカード）も受けなかった。代表では 100 試合以上に出場し、2010 年ワールドカップと 2016 年欧州選手権（ともにベスト 16 に進出）で活躍。2022 年に怪我のためプロ選手を引退したが、生まれ故郷にある 8 部リーグ所属のチームでサッカーを続けている。

マレク・ハムシーク　Marek Hamšík　1987 ～

最も有名なスロヴァキア人サッカー選手。2007 年から 12 年間イタリアのナポリでプレーし、中盤の選手ながら得点を量産。クラブのレジェンドであるマラドーナが保持していたチーム歴代最多得点記録を更新した。スロヴァキア代表でも、歴代最多出場記録と歴代最多得点記録の保持者であり、2010 年ワールドカップと 2016 年欧州選手権ではチームの決勝トーナメント進出の立役者となった。2018 年には自身の名前を冠したワイナリーを創設した（ただし取り扱っているのは、北イタリアのプロセッコ）。

テニス　数々の名選手を輩出

　2019年、大坂なおみが日本人として初めて全豪オープンの女子シングルスで優勝した際、決勝の相手はチェコ人選手のペトラ・クヴィトヴァーであった。その5年前の2014年、中国人の李娜がアジア人として初めて全豪オープンの女子シングルスで優勝した時、決勝の相手はスロヴァキア人のチブルコヴァーであった。チェコもスロヴァキアも小国ながらテニスの強豪国として知られている。チェコ人のマルチナ・ナブラーチロヴァー（日本語ではマルチナ・ナブラチロワと表記されることが多い。グランドスラムで通算18度優勝）やイヴァン・レンドル（同通算8度優勝）はテニス史に残る往年の名選手であるが、スロヴァキアもスター選手を輩出してきた。

グランドスラム決勝に出場したスロヴァキア人選手（チェコスロヴァキア時代も含む。2023年現在）

	ウィンブルドン
ハントゥホヴァー	2001年複合ダブルス優勝：チェコ人フリードルとのペア。2002年複合ダブルス準優勝：ジンバブエ人ウリエットとのペア
	全仏オープン
ハントゥホヴァー	2005年複合ダブルス優勝：フランス人サントロとのペア。2006年女子ダブルス準優勝：日本人の杉山愛とのペア
	全米オープン
メチーシュ	1986年男子シングルス準優勝
フサーロヴァー	2002年女子ダブルス準優勝：ロシア人デメンチェワとのペア
ハントゥホヴァー	2005年複合ダブルス優勝：インド人ブパシとのペア
	全豪オープン
メチーシュ	1989年男子シングルス準優勝
チブルコヴァー	2014年女子シングルス準優勝
ハントゥホヴァー	2002年女子ダブルス準優勝：スペイン人サンチェスとのペア。2002年複合ダブルス優勝：ジンバブエ人ウリエットとのペア。2009年女子ダブルス準優勝：日本人の杉山愛とのペア

メチーシュ　Miloslav Mečíř　1964〜

苗字はチェコ系だがスロヴァキア出身のスロヴァキア人。ソウル五輪のテニス代表に選ばれ、男子シングルスで金メダル、男子ダブルス（チェコ人シュレイベルとのペア）で銀メダルを獲得した。ATPツアー通算で、シングルスで9回、ダブルスで11回優勝した（そのうち7回はチェコ人のシュミードとペアを組んだ）。全米オープン（1986年）と全豪オープン（1989年）の男子シングルスでも決勝に進んだが、いずれもチェコ人のイヴァン・レンドルの前に敗れている。

フルバティー　Dominik Hrbatý　1978〜

2000年代を代表する名選手。2005年のホップマン・カップ（国対抗の男女混合ペア大会）で、後述のハントゥホヴァーとペアを組み優勝した。2005年のデビスカップ（男子の国別対抗戦）でも、スロヴァキアを初の決勝の舞台に導いた（決勝戦ではクロアチアに敗れて準優勝）。ATPツアー通算で、シングルスで6回、ダブルスで2回優勝した。現在はアメリカ在住で、ロックスターのジョン・ボン・ジョヴィ（父方の祖母がスロヴァキア人）とテニスに興じたこともあるという。

ハントゥホヴァー　Daniela Hantuchová　1983 ～

日本語ではハンチュコバと表記されることが多い。混合ペアでグランドスラム（ウィンブルドン、全仏、全米、全豪）制覇を達成するという快挙を成し遂げた。国別対抗戦でも、2002 年にスロヴァキアをフェド・カップ（女子の国別対抗戦）初優勝に導いた。杉山愛とダブルスを組んで全仏オープンと全豪オープンで準優勝したことから、日本国内でも非常に知名度が高い。WTA ツアー通算で、シングルスで 7 回、ダブルスで 9 回優勝した。その美貌を生かしてモデルとしても活躍。

チブルコヴァー　Dominika Cibulková　1989 ～

161cm と小柄ながら、パワフルなプレーが持ち味であった。冒頭でも紹介した通り、2004 年に全豪オープンで決勝に進んだが、スロヴァキア人女性選手がシングルスのグランドスラムの決勝の舞台に立ったのは初めてのことであった。2009 年、フルバティーとペアを組み、ホップマンカップで優勝した。WTA ツアー通算で、シングルスで 8 回、ダブルスで 1 回優勝。キャリア自己最高ランキングは 4 位で、これはメサージュと並びスロヴァキア人選手としては最高位である。2019 年に現役を引退。

スロヴァキアのテニス選手

マルチナ・ヒンギス　Martina Hingis　1980 ～

天才少女と騒がれ、史上最年少の 16 歳 6 か月で世界ランキング 1 位になったヒンギスは、スロヴァキア第 2 の都市コシツェ出身である。父親はスロヴァキア人、母親はチェコ人であった。チェコのスター選手マルチナ・ナブラーチロヴァーにあやかり、マルチナと名付けられた。幼少期をチェコで過ごしたヒンギスは、6 歳の時に両親が離婚し、母親とともにスイスに移住した。上記の経歴のため、スロヴァキア語のメディアの取材に対しては、スロヴァキア語とチェコ語が混合した言葉を話している。

ベリンダ・ベンチッチ　Belinda Bencic　1997 ～

スイスで「ヒンギス 2 世」と呼ばれ、2021 年に開催された東京オリンピックの女子シングルスで金メダルを獲得したベンチッチも、両親は社会主義時代にスイスに移民したスロヴァキア人である。また、興味深いことに、ベンチッチは幼少期からヒンギスの母親の指導を受けていた。ベンチッチ本人はスイス生まれであるが、家庭ではスロヴァキア語を話しており、パートナーもスロヴァキア人（元サッカー選手で、現在はベンチッチのフィジカル・トレーナー）だ。

ミロスラヴァ・ヴァヴリネック　Miroslava Vavrinec　1978 ～

スイスと言えば、テニス界のレジェンドであるロジャー・フェデラーが有名だが、妻のミロスラヴァ（愛称はミルカ）も、スロヴァキア出身の元テニス選手である。ミルカは、スロヴァキア西部ボイニツェで生まれ、幼少期に一家でスイスに移民した。二人が知り合ったのは、スイス代表選手として出場した 2000 年のシドニー五輪の時のことであった。ミルカは怪我のため 24 歳の若さでテニス選手を引退したが、以後フェデラーのマネージャーとして、第 2 のテニス人生を歩んでいる。

アイスホッケー　人気ナンバーワン・スポーツ

ブラチスラヴァのアイスホッケー・スタジアム

　スロヴァキアでもチェコでも、見るスポーツとして最も人気があるのはアイスホッケーだ。両国はチェコスロヴァキア時代からアイスホッケーの強豪国で、独立した後も両国ともに世界選手権で優勝経験があり、オリンピックでもメダルを獲得している。北米のナショナル・ホッケー・リーグ（NHL）で活躍するチェコ人とスロヴァキア人の選手も多い。

　チェコスロヴァキアでは、独立直後の1920年代から、アイスホッケーが普及し始めた。そして、第二次世界大戦後に強豪国としての地位を確立するが、それに大きく貢献したのがスロヴァキア系カナダ人のアイスホッケー指導者であるブツクナ Mike Buckna だ。スロヴァキア人の両親を持ちカナダで生まれたブツクナは、戦後間もない1946年にプラハに渡り、アイスホッケーのチェコスロヴァキア代表監督に就任すると、1947年の世界選手権でチェコスロヴァキアを初の優勝に導き、1948年のサンモリッツ冬季オリンピックで銀メダルを獲得した。

　チェコスロヴァキアは1992年の連邦解体までの間に、世界選手権で6度優勝した。チェコスロヴァキアの代表チームでは、スロヴァキア人よりもチェコ人の活躍の方が目立ったが、スロヴァキアもズリラ Vladimír Dzurilla（1970年代にゴールテンダーとして活躍）や、ルスナーク Dárius Rusnák（1985年の

世界選手権優勝時のキャプテン）などの名選手を輩出している。

　アイスホッケーの世界選手権は、いくつかのディヴィジョンに分かれており、最高峰のトップ・ディヴィジョンに所属する国の間で優勝争いが行われる。1993年にチェコとスロヴァキアが独立すると、チェコはチェコスロヴァキア時代の成績を受け継ぎ、トップ・ディヴィジョンに留まったが、スロヴァキアはチェコとは異なり新規加盟国扱いされ、上から3つ目のC1ディヴィジョンから世界選手権に出場することになった。スロヴァキア人の往年のアイスホッケー・ファンは、スロヴァキアがチェコと異なり下位ディヴィジョンからのスタートになったことについて、今でも不満を述べ続けている。もっとも、地力に勝るスロヴァキアは、すぐにトップ・ディヴィジョンに昇格し、チェコには及ばないものの国際舞台で好成績を残している。

　チェコは1998年の長野オリンピックで金メダルを獲得し、1999年から2001年にかけて世界選手権を3連覇という偉業を成し遂げている。しかし、その翌年の2002年の世界選手権では、スロヴァキアが決勝でロシアを破り初優勝した。なお、2000年の世界選手権では決勝戦でチェコとスロヴァキアの兄弟国対決が実現している（スロヴァキアはチェコに敗れて準優勝）。スロヴァキアはオ

2002年世界選手権で優勝したスロヴァキア（出典：スロヴァキア・オリンピック委員会HP）

リンピックでも好成績を残しており、2022年の北京オリンピックで銅メダルを獲得した。銅メダル獲得に貢献したスラフコウスキー Juraj Slafkovský は、同年行われた NHL のドラフトで全体 1 位に指名され、大きな話題となった（入団チームはモントリオール・カナディアンズ）。

スロヴァキア出身の著名アイスホッケー選手・関連人物

ミキタ　Stan Mikita　1940 ～ 2018

1960 年代の NHL で最高のセンターと称えられたカナダ人選手。出身はスロヴァキアで、1948 年に両親の下を離れ、カナダに移民していた親戚の家庭の下に移り住んだ。ミキタの出身地であるスロヴァキア北部のソコルツェ村は、ダム湖の下に沈んだため現在は存在しない。現役時代は一貫してシカゴ・ブラックホークスでプレーし、スロヴァキア出身の人物として初めて、1983 年にホッケーの殿堂入りした。1970 年に、カナダ代表の一員として、プラハで行われたチェコスロヴァキア代表との試合に出場している。

シュチャストニー　Peter Šťastný　1956 ～

1974 年に地元のスロヴァン・ブラチスラヴァでキャリアを開始し、同じく名選手であった兄のマリアーン、弟のアントンと共に多彩な攻撃を牽引して「シュチャストニー・トリオ」と呼ばれた。1980 年、3 兄弟揃ってカナダに亡命し、ケベック・ノルディクスに入団した。中でもペテルは、1980 年代の NHL で「アイスホッケーの神様」と呼ばれたグレツキーに次ぐ高成績を残し、ホッケーの殿堂入りを果たす。引退後に政治家に転身し、2004 ～ 2014 年にはスロヴァキア選出の欧州議会議員を務めた。

シャタン　Miroslav Šatan　1974 ～

スロヴァキア代表史上最高のフォワード。代表通算で 86 得点をマークし、最多記録を樹立した。2002 年の世界選手権でキャプテンとしてスロヴァキアの初優勝に貢献した。スロヴァキアが独立した 1993 年に NHL に移籍し、バッファロー・セイバーズなどでプレー。NHL での登録名は、スロヴァキア語名のシャタン Šatan ではなく、英語でSatan と表記されたため、対戦相手のサポーターからはサタン（悪魔）として恐れられた。引退後はスロヴァキア・アイスホッケー連盟の会長を務めている。

ハーラ　Zdeno Chára　1977 ～

NHL のボストン・ブルーインズでキャプテンを務めた名ディフェンダー。NHL で 2 度のオールスターに選ばれている。NHL 史上最も身長が高い（206cm）選手として、ギネスブックに登録された。アメリカでは、英語風に「チャラ」と呼ばれ、その高身長から「Big Z」の愛称で親しまれた。スロヴァキア代表では、世界選手権で 2 度の銀メダル獲得に貢献。父親のズデニェクは、チェコ出身でスロヴァキアに移り住んだ元レスリング選手で、チェコスロヴァキア代表として世界大会への出場歴がある。

グロス　George Gross　1923 ～ 2008

NHL 史上最も著名な新聞記者で、ジャーナリストとして初めてホッケーの殿堂入りした。ブラチスラヴァで生まれ、記者としてスロヴァキアで働いていたが、政治的な理由で共産党の弾圧を受けて、1950 年にドナウ川を越えてオーストリア経由でカナダに亡命した。当初は農場に住み込みで働いていたが、新聞記者の職を得て、以後亡くなる直前まで健筆を振るった。サッカーやテニスについても造詣が深く、サッカー・ワールドカップを 7 回取材し、14 年間ウィンブルドンに関する記事を書いた。

オリンピック選手　世界に名を馳せたアスリートたち

　チェコはオリンピック（五輪）の名選手を輩出してきた。人間機関車と呼ばれた陸上選手のザトペック、オリンピックの名花と謳われた体操選手のチャースラフスカー、やり投げの世界記録保持者のゼレズニーは、日本でも比較的よく知られているチェコ人選手だろう。これらの選手は、いずれもチェコスロヴァキア時代に（ゼレズニーはチェコの独立後も）金メダルを獲得している。

　スロヴァキアのオリンピック選手についてはあまり耳にする機会がないが、1世紀以上に渡る五輪の歴史の中で、数々の栄誉を手にしてきた。とはいえ、スロヴァキアが1993年に独立するまでは、ハンガリー王国あるいはチェコスロヴァキアの代表選手として、五輪に出場していた。その中には、民族的にスロヴァキア人でない者も含まれている。ここでは、スロヴァキア出身の、あるいはスロヴァキアを拠点にしているアスリートを10人紹介しよう。

ソコル　Alojz Sokol　1871〜1932

スロヴァキア人が初めてオリンピックに出場したのは、意外なことに第1回アテネ五輪（1896年）である。スロヴァキア中部フロニェツ村出身のソコルは、両親も祖父母もスロヴァキア人であるが、当時はチェコスロヴァキアが独立する前のことであり、ハンガリー王国の陸上選手として出場して、100m走で3位に入賞した。現在であれば銅メダル獲得の栄誉に輝いていたはずだが、第1回五輪では、1位と2位の選手のみにメダルが授与されていたという。

ハルマイ　Zoltán Halmay　1881〜1956

スロヴァキア出身の人物として初めてオリンピックで金メダルを獲得した競泳選手。現在に至るまで、最も多くのメダルを五輪で獲得したスロヴァキア出身のスポーツ選手でもある。ハンガリー王国代表として3度の五輪に出場し、1900年のパリ五輪で2つの銀メダルと1つの銅メダル、1904年のセントルイス五輪で2つの金メダル、1908年のロンドン五輪で2つの銀メダルを獲得した。スロヴァキア西部のヴィスカー・プリ・モラヴェで生まれたが、11歳の時にブダペシュトに移住している。

パールフィオヴァー　Matylda Pálfyová　1912〜1944

スロヴァキア人女性アスリート初の五輪メダリスト。1936年のベルリン五輪で、チェコスロヴァキア代表の体操選手として選出され、団体種目で銀メダル獲得に貢献した（他のメンバーは全員チェコ人であった）。1938年、フリンカ親衛隊（ナチスの突撃隊を模して創設された準軍事組織）の体操教育団体で練習することを拒否し、体操選手としてのキャリアを終え、その6年後に落馬事故により32歳の若さで亡くなった。2005年、スポーツ分野で最も活躍した女性に対して与えられる「マチルダ・パールフィオヴァー賞」が創設された。

トルマ　Július Torma　1922〜1991

1948年ロンドン五輪で金メダルを獲得したボクシング選手。生涯で約1000試合戦って7回しか負けたことがないという伝説的なボクサーであった。スロヴァキア人の両親の下にブダペシュトで生まれ、13歳でボクシングを始めると、ハンガリーの全国大会で6回優勝する。第二次世界大戦中は、ユダヤ系であったコーチのアドラーを収容所から救出し、終戦まで匿ったという。戦後、チェコスロヴァキアとハンガリーの間で住民交換が行われると、スロヴァキアに移住した。

クルナーチ　Jozef Krnáč　1977 〜

スロヴァキアでも、空手、合気道、柔道などの日本発祥の武道が盛んであり、多くの愛好家がいる。その中で、柔道家としてスロヴァキアに五輪のメダルをもたらしたのが、クルナーチだ。2004 年のアテネ五輪で、66kg 級で決勝戦に進出し、内柴正人に負けたものの、銀メダルを獲得した。2002 年のヨーロッパ選手権でも銀メダルを獲得したことがあるが、世界的には無名の選手であり、五輪でのメダル獲得は母国スロヴァキアでもサプライズとして報じられた。

マルティカーン　Michal Martikán　1979 〜

1993 年にスロヴァキアが独立して以降、オリンピックで最も多くのメダルを獲得している競技はカヌーだ。例えば、双子のホフショルネル兄弟 Peter a Pavol Hochschornerovci は、二人組のカヌー・スラロームの種目で、2000 年シドニー五輪、2004 年アテネ五輪、2008 年の北京五輪で大会 3 連覇を達成した。マルティカーンも伝説的なカヌー選手であり、1996 年アトランタ五輪でスロヴァキアに独立後初めての金メダルをもたらし、2012 年ロンドン五輪まで 5 大会連続でメダルを獲得した。

羽根田卓也　Takuya Haneda　1987 〜

上記のマルティカーンに憧れてスロヴァキアに渡ったのが、日本のカヌー選手である羽根田卓也である。高校卒業後にスロヴァキアを拠点に活動し、ブラチスラヴァのコメンスキー大学の大学院を卒業。2016 年のリオデジャネイロ五輪で、スラローム（カナディアン・シングル）の種目で銅メダルを獲得。アジア人として初めてのカヌー競技でのメダル獲得の快挙を成し遂げた。日本とスロヴァキアのメディアにも度々出演しており、両国の交流の架け橋となっている。

サガン　Peter Sagan　1990 〜

自転車競技（ロードレース）の世界的スター選手で、日本にも多数のファンがいる。2015 年から 2017 年にかけて、史上初の世界選手権 3 連覇を達成した。ツール・ド・フランスでは、過去最多となる 7 度のポイント賞を受賞している。2016 年のリオ五輪では、専門のロードレース競技ではなく、マウンテンバイクの種目で出場した（結果は35 位）。日本のレースにも何度も出場しており、直近では 2023 年にさいたま市で開催されたツール・ド・フランスさいたまクリテリウムで 3 位に入賞した。

クズミナ　Anastasiya Kuzmina　1984 〜

バイアスロン（クロスカントリースキーとライフル射撃を組み合わせたウィンタースポーツ）の選手で、2010 年ヴァンクーヴァ五輪、2014 年ソチ五輪、2018 年平昌五輪で、3 大会連続金メダルを獲得。出身国はロシアで、キャリアの初期にはロシア代表として活動していたが、国際大会で知り合ったクロスカントリー選手クズミン（ロシア出身でイスラエル代表）と結婚し、夫が当時活動拠点としていたスロヴァキアに引っ越したことをきっかけに、スロヴァキア国籍を取得した。

ヴルホヴァー　Petra Vlhová　1995 〜

アルペンスキー界の女王で、現在スロヴァキアで最も人気のあるスポーツ選手。日本ではブルホバとも表記される。2019 年にスウェーデンのオーレで開催された世界選手権で大回転（ジャイアント・スラローム）の種目で金メダルを獲得し、2021 年のワールドカップで総合優勝を果たした。2022 年北京五輪では回転（スラローム）の種目で金メダルを獲得。2019 年から 2022 年まで 4 年連続で、スロヴァキア・メディア団体の投票による最優秀スポーツ選手（男女問わず）に選出されている。

スポーツ

ヨーロッパ最古のマラソン大会　コシツェ・マラソン

コシツェ平和マラソンの表彰台

　1924 年に第一回大会が行われたコシツェ平和マラソンは、コシツェ旧市街を発着点とする都市型マラソンで、ヨーロッパで最も歴史が古いマラソン大会である（現在のメイン・スポンサーは、コシツェに製鉄所を有する US スチール）。世界的に見ても、ボストンマラソン（1897 年創設）、ヨンカーズマラソン（1907 年創設）に次いで、3 番目に歴史が古い。1924 年の 7 月にパリ五輪を視察したコシツェ出身のスポーツ愛好家が、マラソン競技に魅了されて、その年の秋にはコシツェで大会を開催した。その後、第二次世界大戦中も途切れることなく、現在に至るまで開催され続けている（コシツェがチェコスロヴァキアからハンガリーに割譲された 1938 年のみ、順位をつけない形で大会が実施された）。日本人選手も出場したことがあり、1976 年に宗猛（男子）が、2004 年に田橋里花（女子）が優勝している。

　毎年 10 月の最初の日曜日に開催されるコシツェ・マラソンは、2023 年に 100 回目を迎えた。英語のウェブサイトで簡単にエントリーすることができるので、興味がある方は欧州最古のマラソンに是非挑戦してみてはどうだろうか。

平和マラソン記念碑

日本に初めてスキーを伝えたレルヒ少佐

レルヒ少佐

　日本に初めてスキーを伝えたのは、ブラチスラヴァ出身のレルヒ Theodor Edler von Lerch 少佐という人物である。オーストリア・ハンガリー帝国の軍人であったレルヒは、1910 年から 1912 年まで日本に派遣され、新潟県高田市（現上越市）と北海道旭川市で、日本陸軍のためにスキー指導を行った（なお、レルヒは、日本滞在中に少佐から中佐に昇格している）。レルヒが日本で伝えたスキー技術は、1 本のストックのみを用いるもので、現在主流となっている 2 本のストックを用いる手法と異なるが、日本における「スキーの父」として認識されている。上越市では、レルヒの偉業を称えるため、毎年冬に「レルヒ祭」なるイベントが開催されており、新潟県では「レルヒさん」というゆるキャラまで登場した。「レルヒさん」は、スキーのみならず、新潟県の特産品も日本全国で PR しており大忙しだ（実在した人物をモデルとしたゆるキャラは珍しいかもしれない）。また、2014 年ソチ五輪のスキージャンプ競技で、ラージヒル団体の種目で銅メダル獲得に貢献した清水礼留飛（れるひ）選手は新潟県出身であるが、その名前はレルヒ少佐に因んで名づけられた。旭川空港にはレルヒ少佐の銅像が立っている。

「レルヒさん」（「本人」の公式 Twitter より）

フィギュアスケート　五輪でメダルを獲得した伝説的選手

札幌五輪金メダリスト

オンドレイ・ネペラ　Ondrej Nepela　1951 ～ 1989 年

　わずか 13 歳でオリンピック（インスブルック冬季五輪）に出場した天才フィギュアスケーター。1969 年から 1973 年にかけて欧州選手権で 5 連覇、1971 年から 1973 年にかけては世界選手権で 3 連覇を達成するという、凄まじい戦績を残している。そして、キャリアのピークで迎えた 1972 年札幌オリンピックで、貫禄の演技で金メダルを獲得した。
　ネペラがスロヴァキアの伝説的な存在になった理由は、数多くの金メダルを獲得したことに加え、38 歳の若さで急死したことも関係しているであろう。ネペラは、引退後にコーチとしての生活を送っていた西ドイツで、エイズの合併症により病死した。ネペラが指導した西ドイツのライストナー Claudia Leistner は、ネペラが亡くなる 2 週間前に開催された 1989 年の世界選手権で優勝している。ブラチスラヴァにあるアイススケートとフィギュアスケートの専用スタジアムは、オンドレイ・ネペラ冬季スタジアム Zimný štadión Ondreja Nepelu と名付けられている。
　スロヴァキアが独立した 1993 年以降、毎年 9 月にフィギュアスケートの国際大会「オンドレイ・ネペラ・メモリアル Ondrej Nepela Memorial」がブラチスラヴァで開催されている。若手選手の登竜門としての性格が強い大会で、これまでに、メドベージェワ（2018 年平昌五輪銀メダリスト、ロシア人）や、コストナー（2014 年ソチ五輪銅メダリスト、イタリア人）などの選手が、オリンピックの表彰台に立つ前に、同大会で金メダルを獲得している。日本人選手の活躍も目覚ましく、男子では中庭健介、佐々木彰生、村上大介、町田樹が、女子では今井遥、高山睦美、紀平梨花が表彰台の頂点に立っている。

世界で初めて 4 回転ジャンプに成功？

ヨゼフ・サボウチーク　Jozef Sabovčík　1963 年～

　人類史上初の 4 回転ジャンプに成功したと言われているフィギュアスケーター。1984 年のサラエボ五輪で銅メダルを獲得し、1985 年 1986 年の欧州選手権で 2 連覇を達成している。コペンハーゲンで開催された 1986 年の欧州選手権では、世界で初めて 4 回転トゥループジャンプに成功したとされる。ところが、国際フィギュアスケート連盟は、大会の数週間後になってから、サボウチークが着氷時に両足が着いていたとし、4 回転ジャンプの成功を正式に認定しなかった。その 2 年後、カナダ人のカート・ブラウニングがブダペシュトで行われた世界選手権で 4 回転トゥループジャンプを成功させ、国際フィギュアスケート連盟からも正式認定された。そのため、現在では、人類初の 4 回転ジャンプに成功したのはブラウニングだとされている。
　しかし、国際フィギュアスケート連盟の判断には異論も多く、例えば、スコット・ハミルトン（1984 年サラエボ五輪で金メダルを獲得、アメリカ人）やブライアン・ボイタノ（1988 年カルガリー五輪で金メダルを獲得、アメリカ人）といった著名フィギュアスケーターも、世界で初めて 4 回転ジャンプに成功したのはサボウチークであったと主張している。後日、世界初の 4 回転ジャンプについて、サボウチークとブラウニングが対談した際に、「二人とも世界で初めての 4 回転ジャンプに成功した」ということでお互いの意見が一致したそうである。

スポーツ

参考文献・読書案内

日本語文献

池本修一・松澤祐介『チェコ・スロバキア経済図説』東洋書店、2015 年

石川晃弘『くらしのなかの社会主義－チェコスロバキアの市民生活－』青木書店、1977 年

石川晃弘『スロヴァキア・スイッチ』２２世紀アート、2021 年

石川達夫『チェコ民族再生運動』岩波書店、2010 年

市川敏之『チェコスロヴァキア美術館：切手で鑑賞 至高の絵画コレクション』えにし書房、2018 年

市来達志『東欧グルーヴ・ディスクガイド 革命前夜の音を求めて』DU BOOKS、2023 年

井上匠「マチツァ・スロヴェンスカーの理念と実践 ―スロヴァキア国民形成運動におけるその位置づけ―」東欧史研究第 29 巻、2007 年

海老澤模奈人編『世界の建築・街並みガイド⑤オーストリア・ポーランド・チェコ・スロヴァキア他 6 国』エクスナレッジ、2012 年

岡田早由『東欧ブラックメタルガイドブック』パブリブ、2017 年

奥彩子・西成彦・沼野充義編『東欧の想像力 現代東欧文学ガイド』松籟社、2016 年

オラシオ監修『中央ヨーロッパ現在進行形ミュージックシーン・ディスクガイド』ディスクユニオン、2014 年

加賀美雅弘・木村汎編『朝倉世界地理講座 10 東ヨーロッパ・ロシア』朝倉書店、2007 年

加賀美雅弘『国境で読み解くヨーロッパ』朝倉書店、2022 年

加須屋明子他『中欧の現代美術』彩流社、2014 年

川﨑嘉元編『エスニック・アイデンティティの研究－流転するスロヴァキアの民』中央大学出版部、2007 年

神原ゆうこ『デモクラシーという作法－スロヴァキア村落における体制転換後の民族誌』九州大学出版会、2015 年

木村英明『まずはこれだけスロヴァキア語』国際語学社、2012 年

香坂直樹「スロヴァキア「首都」をめぐる戦間期の議論」スラヴ研究 No. 57、2010 年

小林浩二編『東欧革命後の中央ヨーロッパ』二宮書店、2000 年

小林浩二他『激動するスロヴァキアと日本 ―家族・暮らし・人口―』二宮書店、2008 年

小林浩二『中央ヨーロッパの再生と展望』古今書院、2005 年

薩摩秀登『図説 チェコとスロヴァキアの歴史』河出書房新社、2021 年

薩摩秀登、阿部賢一編『チェコを知るための 60 章』明石書店、2024 年

柴宜弘・伊東孝之・南塚信吾・直野敦・萩原直監修『新版 東欧を知る事典』平凡社、2015 年

近重亜郎『旅の指さし会話帳 80 スロバキア』情報センター出版局、2011 年

中央大学社会科学研究所研究チーム編『スロヴァキア文化の諸相』中央大学社会科学研究所、2006 年

羽場久美子他編『中欧・東欧文化事典』丸善出版、2021 年

中澤達哉『近代スロヴァキア国民形成思想史研究』刀水書房、2009 年

長與進『スロヴァキア語文法』大学書林、2004 年

長與進『チェコスロヴァキア軍団と日本 1918-1920』教育評論社、2023 年

長與進・神原ゆうこ編『スロヴァキアを知るための 64 章』明石書店、2023 年

沼野充義監修『中欧：ポーランド・チェコ・スロヴァキア・ハンガリー』新潮社、1996 年

橋本伸也編『せめぎあう中東欧・ロシアの歴史問題』ミネルヴァ書房、2017 年

林忠行『中欧の分裂と結合 ―マサリクとチェコスロヴァキア建国』中央公論新社、1993 年

林忠行『チェコスロヴァキア軍団 ある義勇軍をめぐる世界史』岩波書店、2021 年

平井ナタリア恵美『ヒップホップ東欧』パブリブ、2018 年

増田幸弘・集『不自由な自由 自由な不自由：チェコとスロヴァキアのグラフィック・デザイン』六耀社、2017 年

サムコ・ターレ（木村英明訳）『墓地の書』松籟社、2012 年

アレクサンデル・ドプチェク（イジー・ホフマン編、森泉淳訳）『希望は死なず：ドプチェク自伝』講談社、1993 年

コラム・マッキャン（栩木伸明訳）『ゾリ』みすず書房、2008 年

ヤーン・ユリーチェク（長與進訳）『彗星と飛行機と幻の祖国と ―ミラン・ラスチスラウ・シチェファーニクの生涯』成文社、2015 年

英語文献

James Noughton, *Colloquial Slovak,* Routledge, 2015.

Spectacular Slovakia, *Slovakia Travel Guide,* The Rock, 2022.

Mikuláš Teich et.al., *Slovakia in History,* Cambridge University Press, 2011.

The Encyclopaedia of Slovakia and the Slovaks, VEDA, 2006.

スロヴァキア語文献

Vladimír Hronský, *Sprievodca vínami Slovenska,* Slovart, 2020.

Andrea Kellö Žačoková, *SLOVENSKOpédia,* Slovart, 2021.

Pavol Kršák a kolektív, *Ottov historický atlas – Slovensko,* Ottovo nakladateľstvo, 2015.

Viliam Lauko a kolektív, *Geografia Slovenskej republiky - Humánna geografia,* Univerzita Komenského Bratislava, 2013.

Ladislav Tolmáči, Anton Magula, a kolektív, *Školský geografický atlas Slovensko, Mapa Slovakia,* 2019.

Slovensko, 2., doplnené a aktualizované vydanie, Ikar, 2020.

あとがき

　本書を執筆するきっかけを与えてくれたのは、スロヴァキアの隣国ウクライナに住む友人の平野高志氏である。平野氏は、在ウクライナ日本国大使館で専門調査員を務めた後に、ウクライナの国営通信社「ウクルインフォルム」で勤務しているが、2020 年に『ウクライナ・ファンブック』（パブリブ）を上梓していた。その平野氏より、「スロヴァキアについて本を書いてみたらどうか」と勧められ、パブリブ社の濱崎誉史朗氏に紹介してくれた。様々な分野を対象としたスロヴァキアについての本を一人で執筆するのは無謀な試みのように思えたが、私の人生を楽しくさせてくれているスロヴァキアへの恩返しの意味も込めて、挑戦することを決意した。

　大学時代にスロヴァキアという国の存在を知り、その魅力に引き込まれて勉強を始めた時から、いつも多くの方々のお世話になってきた。中でも、学部のゼミと修士課程の研究室でご指導頂いた早稲田大学教育・総合科学学術院の池俊介教授には、地理学的な視点からスロヴァキアについての研究をする上で非常に多くのことを教わり、今でも貴重な財産となっている。改めて感謝申し上げる。

　また、本書を執筆する過程でも、日本人とスロヴァキア人の研究者や専門家の方々、日本とスロヴァキアの大使館の上司や同僚、スロヴァキアに住んでいる日本人やスロヴァキア人の友人などに、有形無形のお力添えを頂いた。特に、早稲田大学名誉教授の長與進先生には、10 年以上前にスロヴァキア語を教えて頂いた時から折に触れてお世話になっているが、本書の原稿を入念に読んでくださり、貴重なコメントを頂くことができた。心より御礼申し上げる。

　最後に、本書のタイトル『チェコじゃないスロヴァキア』の生みの親であるパブリブ社の濱崎誉史朗氏にも心からの感謝を表明したい。博覧強記で、世界史やサブカルなど多種多数の本を世に送り出し続けている濱崎氏からは、写真の撮影方法から原稿の内容に至るまで、様々な助言を頂いた。濱崎氏のきめ細やかなサポートやアドバイスが無ければ、本書が完成することは無かったであろう。ジャクイェム・ペクニェ Ďakujem pekne（スロヴァキア語でどうもありがとう）！

2024 年 5 月　増根正悟

ニッチジャーニー Vol.3

チェコじゃないスロヴァキア
中欧の中央

2024 年 7 月 1 日初版第 1 刷発行

増根 正悟 （マシネ・ショウゴ）

1990 年生まれ。早稲田大学大学院教育学研究科社会
科教育専攻修了。駐日スロヴァキア大使館勤務。日本
スロバキア協会スロバキア語講師。2014 ～ 2015 年
にコメンスキー大学自然科学部地域地理・地域発展学
科に留学。2016 ～ 2022 年に在スロバキア日本国大
使館専門調査員。主な業績に、長與進・神原ゆうこ編『ス
ロヴァキアを知るための 64 章』明石書店、2023 年（3
つの章と 1 つのコラムを担当）。

メール：shogo410@gmail.com
X （旧 Twitter）：@jablkovica

著者	増根正悟
装幀＆デザイン	合同会社パブリブ
発行人	濱崎誉史朗
発行所	合同会社パブリブ
	東京都中央区東日本橋 2 丁目 28 番 4 号
	日本橋 CET ビル 2 階
	Tel 03-6383-1810
	https://publibjp.com/
印刷 & 製本	シナノ印刷株式会社